本书是陕西省社科界重大理论与现实问题研究合作项目“陕西自贸试验区能源产业高质量发展的法治保障研究”（项目批准号：20FX-52）和西安交通大学城市学院2020年度第二批校级科研项目“‘后巴黎’气候变化制度安排与陕西生态文明建设的政策选择研究”（项目批准号：202002Y05）的阶段性成果

U1070346

新发展格局下能源治理现代化研究

梁晓菲 ◎ 主编

知识产权出版社
全国百佳图书出版单位
—北京—

图书在版编目（CIP）数据

新发展格局下能源治理现代化研究/梁晓菲主编. —北京：知识产权出版社，2021.6
ISBN 978-7-5130-7558-9

Ⅰ.①新… Ⅱ.①梁… Ⅲ.①能源经济—研究—中国 Ⅳ.①F426.2

中国版本图书馆 CIP 数据核字（2021）第 106190 号

内容提要

党的十九届五中全会提出，要加快构建以国内大循环为主体、国内国际双循环相互促进的新发展格局，推进国家治理体系和治理能力现代化。为此，通过能源治理的制度性设计，提升能源效能，就成为实现能源国内国际双循环的关键举措。本书旨在总结当前中国对内对外能源治理实践，从理论高度剖析能源治理中存在的问题，进而创新性地提出未来在能源领域，构建起能源国内国际双循环的制度性安排，以期助益于实现国家能源治理体系和治理能力现代化的 2035 年远景目标。

责任编辑：张水华　　　**责任校对**：谷　洋
封面设计：臧　磊　　　**责任印制**：孙婷婷

新发展格局下能源治理现代化研究

梁晓菲　主编

出版发行：	知识产权出版社有限责任公司	**网　　址**：	http://www.ipph.cn
社　　址：	北京市海淀区气象路 50 号院	**邮　　编**：	100081
责编电话：	010-82000860 转 8389	**责编邮箱**：	46816202@qq.com
发行电话：	010-82000860 转 8101/8102	**发行传真**：	010-82000893/82005070/82000270
印　　刷：	北京虎彩文化传播有限公司	**经　　销**：	各大网上书店、新华书店及相关专业书店
开　　本：	720mm×1000mm　1/16	**印　　张**：	16.5
版　　次：	2021 年 6 月第 1 版	**印　　次**：	2021 年 6 月第 1 次印刷
字　　数：	280 千字	**定　　价**：	79.00 元

ISBN 978-7-5130-7558-9

出版权专有　侵权必究
如有印装质量问题，本社负责调换。

摘 要

2020年，党的十九届五中全会提出，加快构建以国内大循环为主体，国内国际双循环相互促进的新发展格局，推进国家治理体系和治理能力现代化。是以，如何实现能源国内大循环为主体，国内国际双循环相互促进的新发展格局，推动能源治理体系和治理能力现代化，就成为“十四五”期间以及今后较长一段时间内，能源领域的工作重点。无疑，通过法律政策手段保障双循环的新发展格局势必是实现这一目标的关键所在。为此，本书着重探讨了双循环新发展格局下能源治理现代化的法治保障进路，并从国内国际的现实背景出发，提出法律政策领域的相关建议。

本书除绪论和结论外，共有十章内容，其具体概括如下：

第一章　本章认为，从十八届五中全会到十九届四中全会有关运用法治思维和法治方式推动经济社会发展的决定，为努力构建具有中国特色社会主义能源法治体系指明了明确的方向和未来发展目标。同时，为贯彻中共中央关于我国能源安全战略的重大举措的会议精神，未来应加强能源法治建设，将能源、环境和法律三者进行有机的结合，在制度创新的基础上，进一步实现和完善具有中国特色社会主义的能源法治体系。

第二章　本章认为，能源领域供给侧结构性改革不仅确保了我国“十三五”期间能源结构的优化，亦是未来更长时期内经济健康持续发展的关键。然而我国能源供给侧仍存在诸多问题，且更多是制度性因素造成的，从而给能源供给侧改革带来了复杂性和艰巨性，为此，我们应从制度性改革入手，加强能源法治建设，将能源、环境和法律三者进行有机的结合，在制度创新的基础上，进一步实现和完善中国能源供给的良性运作。

第三章　本章认为，形式证成乃是能源法持存之根本。而“新”法律形式主义的阐释无疑为形式证成提供了重要的理论旨趣。是以，依“新”法律形式主义之观点，唯有端赖法律形式之表征，能源理性才能得以彰显，工具主义的危害才可消解，能源创新与进步才能成为可能。故未来能源法之形构应在坚守形式法治基础上，吸纳“新”法律形式主义在确定性、内在可理解性和演绎方法的洞识和批判，以基础语境方法为判准，实现能源基本法与能源政策法之形塑和再造，以期构架起包括能源司法在内的三者有机融贯的能源法体系。

第四章　本章认为，英国二十年能源法律政策的发展并未挽救其能源颓势；相反，却走向一个由繁盛到窘迫的能源困局。究其原因，这很大程度上与其对市场基础地位的背离相关联。不宁唯是，英国能源法律政策的二十年更是一次典型的能源制度设计的失败过程。这警示我们，在能源领域，一旦政府与市场的界限不明，过度的人类雄心往往会带来灾难性的后果。是以，在能源法律政策等制度设计方面，欲实现能源进步、保障能源安全，就应尊重能源发展规律，逐步确立起市场在资源配置中的决定性作用，并将其内化于制度设计之中。

第五章　本章认为，工业革命得以首发英国，与其能源变革密不可分，而土地保有制度、煤炭产权的规定及其变化，则有力地促进了这种转型的实现。因此，基于对工业革命缘起的历史反思，能源立法应确立起能源变革的首要地位，逐步完善新能源的制度性设计，打破路径依赖，推进能源创新，以二元观型构权力与市场，最终完成经济转型的历史重任。

第六章　本章认为，能源法规则命题的冲突，很大程度上在于其元规则命题的付之阙如。因此，构建起科学的能源法元规则无疑是冲突命题得以消解的关键。而在众多的能源规则命题中，能源变革一语则被赋予了这一重任。

这不仅是经由理论哲学与分析法学对能源变革一语的洞悉中得来的，而且亦是历史与实践经验对其持存的肯定。是以，在未来能源法规则体系的构建中，应适宜地确立起能源变革的元规则地位。

第七章 本章认为，2016年年底生效的《巴黎协定》将所有国家纳入到了全球减排行列。无疑，传统油气投资受到了温室气候减排带来的影响。然而，减排和能源合作其实并不是不能同时并存的，关键在于要有合理、科学的制度构建和安排。因此，在中国“一带一路”倡议走向深化之际，倘若既要实现《巴黎协定》下的国际法义务，又要促进“一带一路”倡议下的能源合作，就需尽快开展制度性设计研究，以期在维护中国国家核心利益的前提下，实现东道国与投资者的双赢格局。

第八章 本章认为，天然气作为一种低碳清洁的能源，逐渐在中国的能源结构中扮演着越来越重要的角色。随着我国一系列政策的进一步推进，未来的天然气消费量还将持续增长。本章试图探讨我国天然气使用的现实形势，并在分析中揭示当前所存在的问题，寻求在“一带一路”倡议开展的背景下，我国未来能够更好地应对环保压力与保证天然气供应安全的路径选择。

第九章 本章认为，外资法的通过、负面清单的升级以及“一带一路”建设的深化，使中国进入对外开放的一个全新时代。而这其中，投资争端及其解决势必是中国未来可再生能源发展所不可避免的现实问题。尽管《能源宪章条约》是目前国际上解决能源争端最普遍适用的机制规则，但其解决西班牙可再生能源争端的现实经验却表明，中国应审慎考虑加入《能源宪章条约》；相反，却应更多地加强自身能源投资的有序管理和对投资协定中公平与公正待遇的再谈判，从而在规则制度上扼制可再生能源投资风险的促发和失控。

第十章 本章认为，可从WTO和中国两个层面，对现行制度进行反思并提出完善建议。就WTO层面而言，提出了三个制度设想，第一，GATT第20条能否适用于《SCM协定》仍不确定，因此有必要对其进行澄清；第二，《SCM协定》关于不可诉补贴的规定条件和程序都过于烦琐，以至于即使恢复也意义不大，因此提议修改此条款；第三，结合《农业协定》的箱子模式，根据补贴的贸易扭曲程度和对环境的正外部性，将可再生能源补贴划分为绿箱、蓝箱和黄箱。就国内层面而言，必须提高相关政策的合规性，避免使用禁止性补贴，可采取研发补贴，逐步放宽对国有企业和私营企业的控制。

本书由梁晓菲副教授主编，她负责了全书的策划、组稿和定稿工作。其中，有关具体章节的分工安排如下（以撰写章节先后为序）：

梁晓菲（西安交通大学城市学院新时代中国特色社会主义研究所所长、副教授）：绪论、第一章、第二章、第七章；

吕江（西北政法大学丝绸之路区域合作与发展法律研究院教授）：第三章、第四章、第五章、第六章；

赵靖（西北政法大学国际法学院硕士研究生）：第八章和第九章；

刘敏敏（北京市天驰君泰（南京）律师事务所实习律师，法学硕士）：第十章。

目 录

绪论

构建能源内循环为主、内外循环互动的法治保障之路

党的十九届五中全会提出，要加快构建以国内大循环为主体、国内国际双循环相互促进的新发展格局，并要求到2035年基本实现国家治理体系和治理能力现代化的社会主义远景目标。毫无疑问，新发展格局和远景目标的设立亦为今后中国在能源以及能源制度建设方面提出了新的努力方向和工作重点。这就要求一方面，在能源建设方面，应加快构建起能源国内大循环为主体、国内国际双循环相互促进的新发展格局；另一方面，在能源制度建设方面，则应围绕能源治理体系和治理能力现代化展开相应的制度设计。而无论是能源双循环的新发展格局，还是能源治理现代化，都离不开法治的保障。这不仅是鉴于法治自身功能性的特点，而且亦是中国能源发展的国内、国外形势所决定的。

一、当前中国能源发展面临的挑战和困境

中华人民共和国成立以来，中国能源发展成绩斐然。特别是在改革开放的四十多年里，能源领域出现了翻天覆地的变化，这不仅表现在能源生产领域，我国已跃居世界能源大国，而且能源消费的逐步增加，在一定程度上有力地支撑了中国经济的迅速腾飞。[1] 然而，随着改革开放的不断深入，能源领域的新问题、新情况也开始逐渐凸显出来。特别是1993年，中国成为原油净

---

[1] 参见国家发展改革委宏观经济研究院能源研究所著：《伟大的飞跃：中国能源发展40年》，人民出版社2018年版，第1–9页。

进口国后，能源安全问题呈现出愈演愈烈之势。[1] 进入 21 世纪之后，这一问题并没有得到根本上的减缓；相反，在面对突如其来事件时，能源总是首当其冲地受到诸多负面影响。具体而言，当前中国能源发展面临的挑战与困境，可从以下三个方面来认识。

（一）能源结构不平衡制约中国能源稳健发展

国内能源结构的不平衡主要体现在能源供给侧方面。形成这种不平衡的原因，主要是受到客观环境的影响。这主要体现在中国的自然禀赋上。中国是一个多煤少油缺气的国家。国内的煤炭储量一直稳居世界前三，生产量更是多年保持第一的位置。而相对煤炭而言，无论是在储量，还是生产量方面，原油和天然气都相对不足。特别是原油生产量，尽管改革开放后，生产量逐渐攀升，但最近几年原油生产乏力，一直在 2 亿吨左右徘徊，更有下降的趋势。而天然气则一直未被积极开采，只是近年来，随着全球应对气候变化的需要，中国才大力开发天然气，每年的增速均在 8% 以上。[2] 但即便如此，在整个能源生产结构方面，2019 年天然气占比也仅在 12% 左右。

除了传统的化石能源以外，进入 21 世纪后，国内也开始加大可再生能源生产。在水电建设方面，自 2005 年后，中国一直稳居世界第一的位置。此外，自 2010 年国家将新能源列入战略性新兴产业后，风电、光伏等可再生能源的生产得到了快速发展。中国在风电和光伏方面的投资近年来一直居于全球第一的位置。然而，尽管如此，可再生能源在整个能源结构中所占比例仍不足 15%。

此外，从能源消费结构上来看，受能源生产的影响，国内能源消费也主要围绕着传统能源展开，形成了一种以煤为基的能源消费结构。特别是近年来，随着改革开放的深化，国内经济的快速扩张，传统能源中的油气消费也呈现出上升趋势。尽管 2018 年国内煤炭消费比例已降到 60% 以下，[3] 天然气和可再生能源消费比例不断攀升，但想在短期内实现能源结构的彻底改变仍

[1] 参见杨泽伟著：《中国能源安全法律保障研究》，中国政法大学出版社 2009 年版，第 15 页。

[2] 参见国家能源局石油天然气司、国务院发展研究中心资源与环境政策研究所、国土资源部油气资源战略研究中心编：《中国天然气发展报告 2018》，石油工业出版社 2018 年版，第 4 页。

[3] 参见生态环境部：《中国应对气候变化的政策与行动 2019 年度报告》，2019 年 12 月，第 14 页。

需下更大的力气。

(二) 能源对外依存度过高不利于保障能源安全

从中华人民共和国成立以来的历史来看，能源的对外依存度经历了一个U形线，这尤其体现在原油供应方面。中华人民共和国成立之初，受技术，特别是战争的影响，原油的对外依存度高达50%以上，严重影响到国家经济建设和能源安全。[1] 在党中央和国家政府的高度重视下，1959年在黑龙江省发现了大庆油田。[2] 该油田属于特大型砂岩油田，其发现并开采很大程度上满足了国内经济建设的需要。在大庆油田的基础上，国内相继又发现了辽河油田、胜利油田等大型油田，在一定程度上满足了国内经济建设的需要。[3] 特别是20世纪80年代，中国原油开始出口，为中国改革开放提供必要的资金和外汇支持，有力地促进了国内经济建设进入一个高速发展期。

然而，经济的迅猛发展使能源需求激增，不仅在煤炭，而且在原油、天然气领域都出现了供不应求的局面。1993年，中国从出口国转变为原油净进口国。进入21世纪后，这种能源局面不仅没有得到改观，相反原油进口随着经济规模的不断扩张也呈现出逐年上升的趋势。2015年，中国原油对外依存度突破了60%的红线，而到2019年原油对外依存度已上升到70%以上。除了原油进口以外，在应对气候变化和国内环境保护的压力影响，特别是煤改气政策出台后，国内天然气的使用量大增，2019年则进口了1352亿立方米，比2015年增加了738亿立方米。[4] 尽管煤炭一直是国内经济建设和能源安全的根本保障，但从2016年起煤炭进口量也开始增多。而且同样要应对气候变化、环境压力的影响，煤炭在未来的使用量将始终不会处于一个较高的层面。

(三) 能源治理体系和治理能力现代化尚未完全形成

自中华人民共和国成立以来，能源治理体系一直处于变动之中。这种变

---

[1] 参见李昕：《1949年以来中国石油进出口地位的演变》，载《西南石油大学学报》2014年第1期，第1页。

[2] 参见张立生编著：《论大庆油田发现真相》，中山大学出版社2015年版，导言Ⅰ-Ⅱ。

[3] 参见曾宪章等主编：《中国石油通史（三卷）》，中国石化出版社2003年版，前言。

[4] 参见国务院发展研究中心资源与环境政策研究所等编：《中国天然气高质量发展报告（2020）》，石油工业出版社2020年版，第3页。

动与当时的国内形势、工作重点等方面都有着密切联系。在 20 世纪 50 年代初期，国家成立了燃料工业部，下设煤炭管理总局、电业管理总局、水力发电工程局以及石油管理局。而 1955 年，国家撤销了燃料工业部，分别组建了煤炭部、石油工业部和电力工业部。1958 年又将水利部与电力工业部合并，成立了水利电力部。1970 年再次撤销石油部、煤炭工业部、化学工业部，合并为燃料化学工业部。1975 年撤销燃料化学工业部，重新成立煤炭工业部，并组建石油化学工业部。1978 年再次拆分石油化学工业部，分别设立化学工业部和石油工业部。

可以看出，从新中国成立到 20 世纪 70 年代，国家在能源治理体系方面一直处于一个不断摸索的过程，并随着国内经济形势和管理体系的变化，呈现出不同的治理模式和机构，或分或合，都是建立在治理的集中与分权上。党的十一届三中全会以后，随着改革开放和以经济建设为中心的确立，治理体制和部门改革开始向市场化方向迈进。

1980 年成立了国家能源委员会，负责管理煤炭、石油和电力三个部门。1982 年海洋石油业务独立，成立中国海洋石油总公司。1983 年，石油工业部下属炼油厂，与其他石化、化纤企业合并，成立了中国石油化工总公司。1988 年，撤销了煤炭、石油、水利电力、核工业部，组建了我国第一个能源部。1993 年能源部撤销，重组了煤炭工业部和电力部，并成立了独立的石油、核工业总公司。1998 年新一届政府机构改革中，撤销了煤炭部、电力部，改组为国家煤炭工业局，同时在国家经贸委下，重组中石化、中石油和中海油三家国有企业。2001 年，煤炭工业局、国家石油和化学工业局撤销，煤炭、油气工业由国家经贸委和国家计委管理。2002 年，国家启动新一轮电力体制改革，撤销了国家电力公司，组建了五大电力集团。2003 年，国务院机构改革中经贸委撤销，能源行业管理转归到国家发展和改革委员会能源局，同期组建了国家电监会，负责电力行业监管。2005 年，在国内能源形势较为严峻时期，国务院成立了国家能源领导小组，作为能源管理的最高议事协调机构。2008 年国家能源领导小组、国家发改委和原国防科工委的核电管理职能合并，成立国家能源局。2010 年，国务院成立了国家能源委员会，负责研究能源领域的战略性发展等重大问题。2013 年，国家能源局和电监会合并，重组国家能源局。

2014 年 6 月，习近平同志在中央财经领导小组第六次会议上提出能源生产和消费革命后，能源体制改革进入新一轮建设中。2019 年 12 月，国家石油天然气管网集团有限公司成立，正式将原三家国有油气总公司的管网部分剥离出来，形成单独的管网运行机构。但电力、煤炭、油气和可再生能源领域的治理改革仍在不断进行中。

二、构建能源内循环为主、内外循环互动的新发展格局是解决中国能源现实的必然之路

党的十九届五中全会提出以国内循环为主体、国内国际双循环互动的新发展格局与目前能源领域的改革十分契合。在一定程度上甚至可以说，能源内循环为主、内外循环互动将是解决中国能源现实的必然之路。之所以这样认为，是因为以下三点。

（一）目前中国能源的症结在于内循环不足

1993 年，中国转变为能源净进口国后，国家就开始多方面地拓展原油进口渠道。特别是在 2002 年后，这一形势变得更为紧迫。但在经过了近十年的全面布局之后，中国的能源进口渠道被全面打开。在一定程度上可以说，国内经济的稳健发展是国家在能源进口方面的多元化战略所带来的良性结果。然而，同时我们也应看到，国内能源生产问题没有得到更好的解决。这表现为如下三个方面。

第一，煤炭产业面临一个较为尴尬的生产局面。从自然禀赋上讲，煤炭在中国能源生产中一直处于一个关键位置。没有煤炭产业的发展，就不会有改革开放后中国经济的迅速腾飞，因此，可以说煤炭产业为目前中国庞大的规模经济奠定了坚实的能源基础，是能源体系中的“稳定器”和“压舱石”。然而，受到两方面的因素影响，煤炭产业目前面临一个较为尴尬的局面。一方面，从国内角度而言，经济建设带来的环境问题愈发突出了。火电和煤炭开采过程中造成的环境破坏和污染再也不能被忽视。特别是近几年国内频繁出现的雾霾天气对人民生活生产已造成了重大影响。因此，保护环境、限制火电发展都使得煤炭开采不能再没有限度地进行下去。

另一方面，自20世纪70年代开始，全球气候变暖问题越来越受到国际社会的关注。因气候变暖造成的海平面上升、粮食减产、自然灾害的增多，使得世界各国将目光都投向了应对气候变化这一政治议程上。1992年，在世界环境与发展大会上通过了《联合国气候变化框架公约》，正式启动了全球应对气候变化的国际历程。1996年通过的《京都议定书》，开始对发达国家的温室气体减排提出了具有法律拘束力的义务。2015年在中美两国共同努力下，应对气候变化的《巴黎协定》正式缔结，2016年中国批准了该公约。《巴黎协定》将发展中国家也纳入到了温室气体减排的行列中，因此，对于中国而言，在国内开展碳减排是必须承担的国际义务。而在所有化石燃料中，煤炭的碳排放是最高的，故而，要减少温室气体排放就必须减少对煤炭的开采和使用。尽管煤炭在中国储量丰富，除非碳捕获与封存技术获得商业性效益，否则将不能再像之前那样对煤炭进行大规模的开采。

第二，国内油气勘探开始出现下滑和不足。从世界油气开采的规模来看，中国一直在前五名以内，是一个名副其实的油气开采大国。但自2016年原油开采量跌破两亿吨后，连续两年都在不断下降，2019年有所好转，但仍徘徊在1.9亿吨左右。毫无疑问，这种原油开采量的不振极大地影响了国家的经济建设。而之所以出现这种局面，除了全球能源供过于求的现状影响以外，很大程度上与国内油气勘探开发不足有关。当然，形成这种状况的原因是多方面的，比如国内油气地质构造的复杂性、开采技术上的滞后以及开采成本等。但这种油气开采不足会直接影响到未来中国经济的进一步发展。近年来，国内天然气开采呈现出快速发展，但从短期来看，要让其马上承担起原油和煤炭所留下的不足亦是不现实的。

第三，国内可再生能源发展面临一个瓶颈问题。作为新能源产业的主要部分，近几年来可再生能源在中国的发展颇为强劲。但必须注意到的是，一方面这种发展是国家在可再生能源方面给予大量补贴带来的结果，而自2017年起国家在此方面的补贴开始收缩；另一方面，由于可再生能源投资过快，一些相应的配套设施没有及时跟上，国内出现较为严重的“弃风”“弃光”现象。总之，随着国家在可再生能源方面的补贴逐渐取消，未来可再生能源能否具有与传统化石能源相竞争的能力将存在更大的不确定性。即使可再生能源得到快速发展，而将其在能源消费结构比例中的占比提高到15%以上仍存在较大的艰巨性。

（二）国际能源形势严峻，“一带一路”面临新的挑战

2008年金融危机后，尽管原油价格有所波动，但国际能源形势总体上呈现出供大于求的局面。2013年“一带一路”倡议提出后，中国在油气进口的多元化发展方面进一步夯实，特别是2019年12月，中俄东线天然气管道投产通气使得中国油气进口多元化更为成熟，成为“一带一路”能源合作的重要标志之一。然而，随着国际能源形势的不断变化，“一带一路”能源合作也面临着诸多现实问题亟待解决，具体而言，包括了如下几个方面。

第一，国际油气市场出现重大变化，亟待“一带一路”做出积极应对。2020年新冠肺炎疫情在全球肆虐，并很快涉及油气市场。2020年3月，沙特和俄罗斯大打油气价格战，结果造成国际油价暴跌，波及美国、中国等多地股市。而且这一形势一直没有得到根本改观。尽管油价暴跌对于油气进口国是一件好事，但对于中国而言则并非如此，中国不仅是能源进口国，同时亦是全球重要的能源生产国，油价暴跌对国内能源企业特别是油企的伤害最为剧烈。因此，保能源安全成为2020年国家“六稳六保”的重要领域。如何在充分利用国际油价暴跌、充实国内油气储备的前提下，又不危及国内大型油企的正常生产，这就需要在能源供应方面实现平衡，需要“一带一路”做出相应的积极应对。

第二，国际能源秩序不稳定，面临全面改革压力。国际油价暴跌充分暴露了国际能源市场秩序混乱的不堪局面。尽管有石油输出国组织、国际能源署、能源宪章组织等众多国际能源机构，但面对新冠肺炎疫情下的油价暴跌，它们都无法通过自身的组织安排，实现全球油价稳定，故而国际能源组织亟待改革，而中国尚未充分利用“一带一路”能源合作方面的优势，发挥出对国际能源市场的制度性影响。

第三，大国纷纷开展能源革命，争抢未来能源制高点。自2009年起，美国页岩革命就成为一场席卷全球的能源革命风暴，尽管在2020年新冠肺炎疫情形势下，美国多家页岩企业破产，但其在过去所带来的技术领域的能源革命仍是其他国家积极仿效的对象。与美国不同的是，欧盟也投入到能源革命中，但却将重点放在了可再生能源领域。可以肯定的是，世界各国都在积极

探索能源革命之路，以期未来通过占领能源制高点实现国家竞争力的提升。而在“一带一路”上，如何发挥中国在可再生能源上的技术优势，支撑全球能源革命走向一条更为明朗之路将是必须考虑的现实问题。

（三）双循环互动是撬动内循环、实现供需平衡的关键

很显然，单靠加大国内自生力量发展或更多地依赖国际油气进口，不能从根本上解决当前中国在能源领域面临的各种困难和风险。因此，开展构建能源国内循环为主体、国内国际能源双循环互动的新发展格局就成为摆脱目前困境、实现能源供需平衡的关键所在。对此，可从两个方面加以理解。

一方面，中国能源无论如何发展，其立基的根本点一定是在国内。这是因为：第一，中国是一个大国，能源长期依赖海外进口，不仅不利于保障国家能源安全，而且也会对国内能源生产造成更多的消极影响；第二，只有将“炉子牢牢地生在自己家中”，才能按照我们自己的进度、合理地安排能源结构调整；第三，从目前中国能源现状可以看出，当前不是中国能源匮乏不足，而是我们在能源勘探开采、能源结构布局等方面存在很多亟待改进的地方。只有更好地改变这些不利的、消极的、阻碍能源发展的国内因素，才能推动和实现能源内循环，才能保障国家能源安全，为经济建设提供必要的能源支持。

另一方面，封闭的能源发展格局同样不利于中国实现能源革命、推动能源转型。当今的世界已经难以回到闭关锁国的状态，即使全球化在新冠肺炎疫情的影响下有所减弱，但完全脱离或抛弃全球化亦是不现实的。全球化使中国在能源建设方面能有一个转圜的空间，当国内能源建设出现突发问题时，国际能源进口或能带来一定的缓冲。因此，只有实现能源国内循环为主、国内国际双循环互动，才能将全球化为我所用，才能促进和支撑国内能源结构的稳步调整，进而实现能源革命，为国内经济建设提供可持续性的能源支持。

三、提升能源治理体系和治理能力是推动能源双循环新发展格局的关键举措

不言而喻，构建能源国内大循环为主体、国内国际双循环相互促进的新

发展格局是解决当前国内能源问题的关键所在，但没有能源治理体系和治理能力现代化的提升，是无法完成这一目标的，特别是在当前国内国际形势较为严峻的时期，后者具有更为重大的意义。对此，可从以下三个方面来加以认识。

（一）大国竞争的本质已转向治理体系与治理能力的较量上

自 1648 年威斯特伐利亚公会确立主权国家以来，大国间竞争的空间和场域在不断演化和迁移中。最初，国家间竞争军事实力占据了重要位置。然而，工业革命的爆发使经济成为国家间竞争的重要甚至是决定性力量。特别是两次世界大战后，尽管核武器和新型武器不断出现，但通过军事手段改变大国间力量对比已渐渐走向国际政治的边缘。相反，在后结构主义时代，以制度为代表的治理能力逐渐跃升为国家间竞争的主要战场。在一定程度上，现代国家间竞争已不再仅仅是军事、经济等硬实力之间的较量，更多的是网络、制度等软实力之间的竞争。或言之，大国之间在硬实力方面的趋同，使得大国竞争的本质开始转移到治理体系和治理能力的较量上。谁能拥有更好的治理体系、更强的治理能力，谁就能在未来的大国竞争中拔得头筹。

（二）提升对内能源治理是实现构建能源国内大循环为主体的制度举措

从中国能源的现实来看，出现的问题不只是物质层面的，而更多的是制度层面。或者说，国内能源问题的症结主要是能源治理不通畅造成的。例如，在油气勘探开发领域，多年以来，只有三家国有油企可以涉足，而其他民营、外资等均无法进入这一领域，从而造成技术方面的滞后、上游经济活力的不足。是以，构建能源国内大循环为主体，就是要尽快构建起适应中国国情的能源治理体系，借鉴那些先进国家的能源治理经验，提升国内能源治理能力，实现能源治理体系和能源治理能力现代化。

（三）能源治理体系和治理能力现代化是促进国内国际双循环互动的有力措施

正如前文所言，单纯地依靠国内能源大循环或国际能源进口，都不是解决中国能源问题的根本办法。要考虑到中国能源发展的复杂性和全局性，从战略高度入手，以能源国内国际双循环相互促进来实现能源革命和能源转型。在这一方面，就要求能源治理体系和能源治理能力现代化不仅仅是一个国内解决的问题，而是一个包含对国际能源形势准确研判，从更高层面进行的国内能源治理与国际能源治理相对接的过程。从当前来看，国内能源治理更多的是放在了市场对能源资源配置的基础性作用上，而国际能源治理则应建立在“一带一路”的基础上，实现国内国际双向治理的高度吻合，进而促进能源国内国际双循环的有机互动。

四、法治在提升能源治理和推动能源双循环方面的意义

在能源治理体系和治理能力现代化方面，法治的作用是不可忽视的。或言之，能源治理体系和治理能力现代化中的很大一部分是由法治部分构建的。其之所以具有这方面的优势，是由法的功能性特点决定的。就提升能源治理和推动能源双循环方面，其具体优势可从以下两个方面看出。

（一）能源法对构建能源国内大循环为主体、国内国际双循环相互促进新发展格局的意义

从法治的传统观点视角来看，法律更多的是保障公平公正的事后作用。或者说，只在出现争议的情况下，法律才凸显其作用。然而，从现代法治观来看，作为制度的一种表现，其不应仅仅是起到事后的保障作用，而且更多地应是起到推动和促进作用。是以，在能源领域，能源法的作用是双重的，一方面，它起到定纷止争的作用，保障主体在能源领域的基本权利；另一方面，它又起到推动和促进作用，首先将国家关于能源建设的战略和方向目标以法的形式确定下来，减少在能源行动中的不确定性。像《可再生能源法》在保障可再生能源的优惠措施方面就起到了这种作用。其次，能源法能够将能源发展中的规律性事实进行总结，当出现与这些事实相违背的能源实践时，能够避免不当的干预和走弯路。最后，在社会主义市场经济体制下，能源法能将市场在能源资源配置中的核心作用确定下来，通过反垄断法等法律将市场确定为唯一决定能源资源配置的手段。

（二）"一带一路"能源合作的法治保障是实现内外双循环的重要推手

能源国内大循环为主体，很大程度上需要国内国外双循环的相互促进。从能源进口角度来看，在对国内能源大循环形成促进作用的国际法治建设方面，主要是利用"一带一路"能源合作，通过制度性安排，加强对国内能源的推动和保障作用。从理论上来看，"一带一路"能源合作在能源治理的战略全局方面所起的作用不应是主导，而是一个补充、推动和保障作用。换言之，国内能源治理是实现能源国内大循环的主导方向，而"一带一路"能源合作主要是保障国内能源治理有一个良好的物质环境。这一方面体现在当国内能源治理出现不当时，"一带一路"能源合作可以通过进口能源来弥补国内能源发展上出现的突发性问题，为国内能源治理及时调整方向提供一个缓冲。另一方面，也可通过"一带一路"能源合作推动国内能源治理朝着一个良性发展方向前进，通过国际能源制度的义务性安排，对国内能源治理提出更高的要求。

第一章

国家治理现代化与中国特色社会主义能源法治体系的构建

【本章摘要】 从党的十八届五中全会到党的十九届四中全会关于运用法治思维和法治方式推动发展的决定，为努力构建具有中国特色社会主义能源法治体系指明了方向和未来发展目标。同时，为贯彻中共中央关于我国能源安全战略的重大举措的会议精神，应加强能源法治建设，将能源、环境和法律三者进行有机的结合，在制度创新的基础上，进一步实现和完善具有中国特色社会主义能源法治体系。

【关键词】 国家治理现代化；十八届五中全会；十九届四中全会；能源法

前 言

党的十八届三中全会通过的《中共中央关于全面深化改革若干重大问题的决定》提出“推进国家治理体系和治理能力现代化”。这里第一次把国家治理体系和治理能力与现代化联系起来。❶ 2015 年党的十八届五中全会明确指出，运用法治思维和法治方式推动发展，全面提高党依据宪法法律治国理政、依据党内法规管党治党的能力和水平。加强和创新社会治理，推进社会治理精细化，构建全民共建共享的社会治理格局。2019 年党的十九届四中全会再次从战略高度通过了《中共中央关于坚持和完善中国特色社会主义制度、推进国家治理体系和治理能力现代化若干重大问题的决定》。无疑，要实现中华

❶ 参见许耀桐：《应提“国家治理现代化”》，http://theory.people.com.cn/n/2014/0630/c49150-25216210.html（访问日期：2020-11-23）。

民族伟大复兴的中国梦，全面深化改革、完善和发展中国特色社会主义制度，提高党的执政能力和执政水平，就必须全面推进依法治国。而且，一个经济发展、政治清明、文化昌盛、社会公正、生态良好的局面和我国和平发展战略目标的实现，都必须更好地发挥法治的引领和规范作用。

不言而喻，党的十八届三中全会、五中全会以及党的十九届四中全会的决定为我们法学工作者指明了今后工作和发展的方向。中国法学会副会长张文显同志在提到国家治理现代化与法治的关系时，不无感慨地指出，法治是国家治理现代化的基本表征，法治化是国家治理现代化的必由之路，应在国家治理现代化的进程中，加快推进法治现代化。[1] 因此，在当前全面推进国家治理现代化和依法治国的总目标，即建设中国特色社会主义法治体系、建设社会主义法治国家之下，努力构建和完善中国特色社会主义能源法治体系，就具有特别重大的理论意蕴和现实意义。

一、能源法治建设的紧迫性

（一）中国的能源安全挑战

能源安全是关系国家经济社会发展的全局性、战略性问题，对国家繁荣发展、人民生活改善、社会长治久安至关重要。[2] 中国既是世界能源生产大国，更是能源消费大国。随着中国经济的快速发展，人民生活水平的提高，能源需求量持续增加，能源安全问题也日益突出。在能源安全领域，中国面临的挑战主要表现在以下五个方面。

（1）能源技术水平总体落后，新能源开发利用进展缓慢。我国能源技术水平虽然已经有了明显提高，但与经济发展的要求相比还存在较大的差距。尽管中国在风能、太阳能等新能源领域已经形成了一定的产业规模，但总体水平仍然较低，技术的开发相对滞后，造成了资源浪费乃至无法实现大规模乃至全国范围的应用。

（2）能源利用结构单一。我国富煤贫油少气的能源资源结构特点，决定

---

[1] 参见张文显：《法治与国家治理现代化》，载《中国法学》2014 年第 4 期，第 6-21 页。

[2] 参见习近平：积极推动我国能源生产和消费革命，http://news.xinhuanet.com/politics/2014-06/13/c_1111139161.htm（访问日期 2020-11-23）。

了煤炭在一次能源消费结构中占有相当大的比重，尽管我国目前已经形成了煤炭、电力、石油、天然气、新能源、可再生能源全面发展的能源供给体系，但由于技术水平和发展规模等条件的限制，煤炭的地位仍是不可取代的。

（3）生态环境破坏严重。我国以煤炭等化石燃料为主的能源利用模式，对生态环境造成了严重的损害，由此产生的环境污染与温室气体排放问题，也使得我国面临能源安全和气候变化的双重挑战。

（4）缺乏完整、有效的激励机制。由于资源分布较为分散，新能源产业大多规模较小，始终存在经济成本高、收益难的“不经济”问题。[1] 目前国家对新能源的激励政策太过抽象，多为“国家鼓励”“国家支持”等，缺乏明确具体的规定，操作性不强，缺乏适用性，在实践中难以落实优惠政策，无法为社会各主体参与新能源领域的实践提供必要的动力支持。

（5）缺乏规范性的制度理念。当前能源法体系中存在着“碎片化”问题，即没有一套体系性的制度机制。这种制度机制的缺乏，最根本的原因在于，没有形成能源法体系的制度理念，而制度理念在所有法律体系中是居于核心地位的。没有相关制度理念，能源安全的举措无疑是杂乱的、非理性的，并最终会影响到能源安全的基本保障。

（二）能源法治建设的重要性

法治就是依法治理，运用法律和制度治理国家，要求在立法、执法、司法、守法等各个环节、各个领域都能够实现法治化。法律具有权威性，一切组织机构的活动都必须在宪法和法律规定的范围内进行。法制是法治的基础和前提条件，要实行法治，必然要求完备法制，加强法律制度建设。[2] 能源体制的运行建立在完备的能源法律体系基础之上。我们应当贯彻落实“依法治国”的基本治国方略，加强能源法治建设，建立健全中国特色社会主义能源法律体系，利用法律的手段，发展清洁能源、提高能源效率、优化能源结构、保障能源安全，促进我国经济健康发展。

能源在人类文明进步史上具有极其重要的意义。从火的使用到柴薪，再

[1] 参见吕江著：《英国新能源法律与政策研究》，武汉大学出版社 2012 年版，第 235 页。
[2] 参见叶荣泗：《加强能源法治研究助推低碳发展》载《中国能源》2010 年第 9 期，第 16 页。

从柴薪到煤炭，从煤炭到石油，能源在变革的同时，也促进人类社会发生了翻天覆地的变化。[1] 毫无疑问，能源推动力的背后是制度在起作用，没有制度，或言之，没有一个良性的制度，能源发展不仅不会前行，甚至会出现倒退。因此，这就要求有一个理性的、科学的能源法治建设的存在。在一定意义上，能源法治的现代化，是国家治理现代化的必然要求，是人类文明进步的主要推动力量。

二、加强能源立法对构建中国特色社会主义能源法治体系的意义

相对于静态的法律体系，法治体系是动态的，“指一国法律制度、法律典则、法律运行、法律实现等有关法的综合交织的因素形成的法之实践体系”。[2] 十八届四中全会通过的《中共中央关于全面推进依法治国若干重大问题的决定》指出，全面推进依法治国，总目标是建设中国特色社会主义法治体系，建设社会主义法治国家。而建设社会主义法治体系，首先要形成完备的法律规范体系，没有完善的法律，一个国家不可能实现法治。这就要求坚持立法先行，发挥立法的引领和推动作用。立法是为了执法，使法律规范能够得到有效的实施，通过执法的方式实现法治。科学立法是前提，没有立法，执法、司法与守法皆为空谈。

《中共中央关于全面深化改革若干重大问题的决定》指出，要健全自然资源资产产权制度和用途管制制度。对水流、森林、山岭、草原、荒地、滩涂等自然生态空间进行统一确权登记，形成归属清晰、权责明确、监管有效的自然资源资产产权制度。建立空间规划体系，划定生产、生活、生态空间开发管制界限，落实用途管制。健全能源、水、土地节约集约使用制度。

此外，《中共中央关于全面推进依法治国若干重大问题的决定》也提出，要加强能源领域的立法，制定和完善能源方面的法律法规。这是十八届四中全会对能源方面的规定，为构建中国特色社会主义能源法治体系提供了前提和基础。在法律规范体系形成之后，才有法治实施体系、法治监督体系和法治保障体系，才能更好地解决有法必依、执法必严、违法必究的问题。法律

---

[1] 参见［美］克劳士比著：《人类能源史：危机与希望》，王正林、王权译，中国青年出版社2009年版，第1-10页。

[2] 参见张淑芳：《法律体系与法治体系之比较》载《探索与争鸣》2011年第9期，第12页。

体系是手段，法治体系是目的，完善能源法律体系是为建设能源法治体系服务的。[1] 完善的法律能够规范和监督能源领域的各项活动，做到有法可依。

在中国特色社会主义法治体系中，必须承认，能源立法是相对薄弱的一部分。这一方面是由于，能源问题在改革开放之初并没有对国内经济建设形成桎梏，中国不存在国外发达国家所产生的能源安全问题。然而，现实的变化是剧烈的。1993 年，中国成为石油净进口国。进入 21 世纪后，中国相继在天然气、煤炭等领域都成为全球重要的进口国。我们的能源安全面临严峻挑战，此时，能源问题才较为正式地纳入到国家立法之中。另一方面，从整个法律体系来看，能源法尚未形成独立的法律门类，而观其近年来的发展，不是在经济法之下，就是将其划入资源环境法之下，体系上的不清晰，进一步造成能源立法迟迟不能出台。

因此，加强能源立法，是一种从根本上解决中国能源安全、实现能源法治现代化的理想路径，只有加强能源立法，才能保障中国特色社会主义法律体系的完整性和全面性。

三、中国特色社会主义能源法治体系的理论架构

（一）加快能源法律体系的完善

就我国能源立法的现状而言，仍然处于早期的发展阶段，立法门类并不齐全，结构性缺陷较为明显，[2] 要在能源领域切实做到“有法可依”还有一定的距离。我们应当将能源立法作为国家立法的重点领域，尽快出台能源法，制定和修改能源单行法以及相关的行政法规和规章，从而形成较为完整的能源法律体系。

第一，加快制定能源法。作为综合性、基础性的能源基本法，能源法的地位和作用是不可替代的。能源法的制定是构建中国能源法治体系中重要的一环，统领其他能源单行法和能源法规，共同构成较为完整的能源法律体系。

---

[1] 参见桂理昕：从“法律体系”到“法治体系”的一字之变，http://news.gxnews.com.cn/staticpages/20141104/newgx545806d8-11516579.shtml（访问日期：2020-11-23）。

[2] 参见张璐：《论我国能源法律体系的应然构建与完善发展》，载《北京理工大学学报（社会科学版）》2011 年第 5 期，第 107 页。

第二，弥补单行法的空白。应当尽快完成《电力法》《可再生能源法》等能源单行法的修改，使其与我国目前市场经济发展水平相适应。制定《石油天然气法》《原子能法》《风能法》《太阳能法》等能源单行法，使石油、天然气、新能源等重要能源的开发利用等活动能够有法可依，得到有效的规范和监管。

第三，提高法律法规的可操作性，完善相关的实施细则和配套法规。法律的生命力在于实施，法律的权威也在于实施，若是法律缺乏适用性和可操作性，就无法达到法律原本的效果。因此，应当完善相关的实施细则和配套法规，加强能源法律的可操作性，以保障能源基本法和能源专门法的贯彻实施。法律法规还应当明确界定政府管理机构的设置及其主要权限，以减少责任推诿现象，保证法律法规的有效实施。

（二）鼓励能源技术研发，实现能源消费多样化

我国是能源禀赋以煤炭为主的国家，即使我国已经形成了煤炭、电力、石油、天然气、新能源、可再生能源全面发展的能源供给体系，但煤炭依然在能源消费中占据很大的比重，以煤炭为主的能源消费结构在短时期内难以改变。而风能、太阳能等可再生能源整体上处于发展的初级阶段，由于其本身的局限性以及受技术水平和成本的限制，数量上近期还远远无法满足经济快速增长的需求。[1] 要鼓励能源技术研发，逐步增加风能、太阳能等清洁能源的比重，实行二氧化碳的捕集与长久封存，为新能源和可再生能源体系的建立争取时间。

因此，不论是为了保障能源安全，抑或是为了减少环境污染、应对气候变化，发展能源技术、提高能源技术水平，都是一个行之有效的方法。应将煤炭清洁利用技术、碳捕获与封存技术等列入《能源法》中规定的能源技术重点支持领域，并对重点技术进行专门立法，进行更加细致具体的规定，建立相应的监管框架。同时应规定加强技术研发的国际合作，引进国外的先进技术，吸收国外的成功经验。

---

[1] 参见中国21世纪议程管理中心编著：《碳捕集、利用与封存技术进展与展望》，科学出版社2012年版，第12-13页。

（三）制定具体有效的激励机制

能源法治是以一种制度的面貌来促进技术的发展，如发展新能源、研发新技术的成本较高，短期内难以收益，需要辅之以激励政策，提高企业参与的积极性。那么，就要在能源立法中明确规定具体有效的激励措施，例如：采取鼓励节能的税收优惠政策；运用税收政策，鼓励先进能源技术和设备的研发和使用；设立专项财政补贴，扶持能源技术创新等。激励机制的具体设计，要紧密围绕科学立法展开，要充分考虑发达国家在此方面的经验教训和我们国家特有的国情，唯有如此，能源法中的激励机制才能真正发挥其功效。

（四）重视生态环境的保护

在能源的开发和利用过程中，要合理地开发利用，不能以破坏环境和能源为代价，不能只追求高利益，应当构建可持续发展的能源法律体系。大力发展清洁能源，减少化石燃料的使用比重；发展清洁煤技术，减少污染排放；发展碳捕获与封存技术，减少温室气体排放；明确责任条款，约束能源开发利用过程中的生态破坏行为。

（五）加强公众参与与监督

公众的接受和认同是法律政策得以顺利推进和实施的前提。要运用多种形式对公民开展节能减排教育和普法宣传，树立公众的节能意识，增强公民对能源法律和节能减排的认同感和接受度。实行信息公开，保障公民的知情权和监督权。公众可以通过各种方式，对企业是否遵守能源法的行为进行监督，也可对执法主体的执法行为是否合法进行监督。

结　语

能源是国民经济发展的重要基础，能源安全问题关系到我国的经济安全。保障能源安全、维护生态环境，对实现经济社会的可持续发展具有重要意义。坚持走中国特色社会主义法治道路，建设中国特色社会主义法治体系，无疑，能源法治体系的构建是符合党的十八届五中全会主旨的。我们要努力构建能源法治体系，使各项能源活动都能有法可依，使我国能源法律制度得以有效实施，保障能源安全，促进我国经济健康持续发展。

第二章

法治架构与供给侧改革：以能源为视角

【本章摘要】 能源领域供给侧结构性改革不仅确保了我国“十三五”期间能源结构的优化，亦是未来更长时期内经济健康持续发展的关键。然而我国能源供给侧仍存在诸多问题，且更多是制度性因素造成的，从而给能源供给侧改革带来了复杂性和艰巨性。为此，我们应从制度性改革入手，加强能源法治建设，将能源、环境和法律三者进行有机的结合，在制度创新的基础上，进一步实现和完善中国能源供给的良性运作。

【关键词】 供给侧改革；法治体系；能源法

2015 年 11 月 10 日在中央财经领导小组第十一次会议上，习近平总书记首次提出“供给侧改革”的思路。他强调“推进经济结构性改革，是贯彻落实党的十八届五中全会精神的一个重要举措”。为此，应“在适度扩大总需求的同时，着力加强供给侧结构性改革，着力提高供给体系质量和效率，增强经济持续增长动力，推动我国社会生产力水平实现整体跃升”。无疑，供给侧改革包括了经济建设的各个方面，但这其中，能源领域的供给侧改革具有更为重大而深远的意义，这是因为能源在整个国民经济中具有基础性地位。然而，当前新常态下能源发展面临着诸多问题与挑战，如传统能源产能过剩、可再生能源发展瓶颈制约、能源系统整体运行效率不高等突出问题。因此，能源领域供给侧结构性改革已势在必行。但是，作为能源改革的制度保障，当前国内的能源法治尚未起到应有作用，这在无形中对推进能源领域供给侧结构性改革构成了桎梏。是以，构建起科学、合理的能源法治体系将是未来能源供给侧改革顺利进行的核心任务。

一、我国能源“供给侧”的现状及问题

我国能源供给侧的现状及问题具体表现在以下四个方面。

第一，能源生产结构单一。据国家统计局最新数据显示，2019年中国一次能源生产总量达21866.2亿吨标准煤，其中原煤产量39.7亿吨，原油产量38.5万吨，天然气19101.4亿立方米，[1] 可见，与发达国家相比，我国能源生产结构中煤炭占比过高，天然气、核能等能源占比过低。据英国能源部（Department for Business, Energy and Industrial Strategy）发布的统计数据，2019年，英国煤炭消费首次跌破千万吨，降为791.8万吨，同比下降33.6%，[2] 而美国作为全球最大的煤炭储量国，其能源信息管理局（EIA）数据显示，2019年，美国煤炭总产量为7.06亿短吨（MMst），比2018年的7.56亿短吨下降7%。[3] 无疑，能源生产结构单一是当前中国能源发展面临的重大问题。它所产生的危害包括但不限于以下三个方面：首先，不利于能源安全的保障。这种以煤为主的能源生产结构使中国经济过度依赖于煤炭，能源安全处于脆弱的结构状态，一旦该领域出现问题将影响到整个经济运行。其次，不利于温室气体减排。中国是世界上最大的温室气体排放国，其最主要的原因是中国以煤为主的能源结构，而煤炭是温室气体排放最多的化石能源。最后，不利于为经济新常态提供能源支持。经济新常态的典型特征就是经济结构的优化，而能源生产中过度依赖于化石能源的粗放型开采，新能源所占比例偏低等，都不利于向经济新常态的转化，甚至会造成严重的资源与环境问题。

第二，能源供给过剩的悖论问题。通常意义上而言，能源供给过剩应是指供大于求的现象。然而中国的能源供给却存在着过剩悖论问题。或言之，并不是严格意义上的能源供给过剩，而是存在着能源生产过剩和国内能源消费仍需大量进口并存的现象。具体而言，一方面，国内能源生产存在过剩问题，例如，在传统能源领域，煤炭市场疲软，煤炭积压较严重。尽管2019年

---

[1] 参见国家统计局：《中国2019年国民经济和社会发展统计公报》，2020年2月28日，http://www.tjcn.org/tjgb/00zg/36162_2.html（访问日期：2020-12-06）。

[2] 参见《煤大事：2019年英国煤炭消费下降33.6%，“弃煤”步伐继续加大》，2020年3月13日，https://www.sohu.com/a/379553985_120587435l（访问日期：2020-11-20）。

[3] 参见《2019年美国煤炭总产量降至1978年以来最低水平》2020年7月29日，https://www.sohu.com/a/410335497_249929（访问日期：2020-11-20）。

年末，重点煤炭企业存煤 5385 万吨，[1] 煤炭库存保持在合理水平，但这不排除诸多消极因素仍未消失，未来煤炭仍有积压的问题。另外，在新能源产业方面，弃光情况仍较为突出，如西藏高达 24.1%、新疆 7.4%、青海 7.2%。[2]

但另一方面，国内能源消费仍需大量进口。2019 年《国民经济和社会发展统计公报》显示，2019 年中国原油进口为 50572 万吨，比上年增长 9.5%，[3] 成品油出口压力加大，全年净出口总量首破 5000 万吨，猛增 34%。[4] 能源安全仍面临巨大挑战。因此，在一定意义上而言，国内能源供给过剩不同于其他产业，无法通过减少生产达到能源供需平衡的目标。且这也进一步证明，在能源领域的供给侧改革将更多的是从结构上进行调整，而非简单地减少生产。

第三，能源技术缺乏突破性进展。近年来，随着中国经济发展，国内能源技术取得了不菲的成绩，然而我们也必须承认，作为中国能源的龙头企业，中石化、国家电网、中海油、中石油、中化以及五矿等几大公司，其研发密度仍低于国际平均水平。数据显示，中国最具创新力能源企业 Top30 的平均研发密度仅为 0.76%，甚至低于国际上能源企业的平均水平。与其他企业相比，这一数值低于中国联合会 2014 年发布的中国 500 强企业 1.25% 的水平，更低于同一排行榜制造业 500 强的 1.78%。而根据经济合作与发展组织（OECD）的标准，研发强度值为 1%~4% 仅属于创新能力中等的标准区间。[5]

具体而言，如在页岩气领域，尽管我们是世界上最大的页岩气储量国，但至今未能掌握页岩气开采的相关核心技术，这严重影响了国内能源的有效供给。此外，在有利于减少温室气体的二氧化碳捕集与封存（CCS）技术的

---

[1] 参见国家煤炭工业网：《2019 煤炭行业发展年度报告》，2020 年 5 月 14 日，http://www.chinacaj.net/i34107980.html（访问日期：2020-11-15）。

[2] 参见全国新能源消纳监测预警中心：《西藏弃光 24%！各省风电、光伏消纳压力图》，https://xueqiu.com/2733868088/142838074?page=2 2020 年 3 月 4 日（访问日期：2020-11-15）。

[3] 参见国家统计局：《2019 年国民经济和社会发展统计公报》，2020 年 02 月 28 日，http://www.stats.gov.cn/tjsj/zxfb/202002/t20200228_1728913.html（访问日期：2020-11-15）。

[4] 参见中国经济周刊：《〈2019 年国内外油气行业发展报告〉：国内石油产量止跌回升，油气对外依存度快速提升势头得到遏制》2020 年 01 月 13 日，https://finance.ifeng.com/c/7tCb58rey5w（访问日期：2020-11-15）。

[5] 参见中国日报：《中国能源企业创新力远低于国际水平》，载《青海科技》2015 年 4 期，第 46-47 页。

商业应用方面，我们于 2013 年才刚刚开始示范性操作[1]，这都远远迟于英国等西方国家在此方面开展的商业性示范。[2] 因此，在一定程度上，能源技术的匮乏造成了中国能源供给侧无法提供有效的能源安全保障，加大了实现中国能源独立的困难性。

第四，能源环境问题严重。能源对环境的破坏历来是传统能源开采中较为突出的问题。例如，近年来国内煤炭开采已对土地、地下水、植被等造成严重破坏，“能源诅咒”带来的不仅是经济的下滑，而且也是环境的恶化。进入 21 世纪之后，中国能源环境问题并没有得到根本上的医治，相反，一些之前没有的能源环境问题，随着中国工业化程度的加深，逐渐凸显出来。当前最突出的是大中型城市不断出现的雾霾问题。毫无疑问，燃煤发电是造成城市雾霾的主要原因，倘若不从根本上对燃煤发电进行规制，那么雾霾问题将得不到彻底性解决。这正如学者所言，我国以煤炭等化石燃料为主的能源利用模式，对生态环境造成了严重的损害，由此产生的严重环境污染与温室气体排放问题，也使得我国面临能源安全和气候变化的双重挑战。[3] 因此，能源供给侧改革不仅仅是从经济角度入手的，也辐射到与其相关的各个方面，这其中，能源环境问题将是能源供给侧改革亟待解决的又一现实且紧迫的任务。

二、我国能源“供给侧”问题的法律缺失的表现

如上所述，能源自身存在的问题使能源供给侧改革之路更加复杂和艰巨。简单地以降低能源生产来应对当前能源生产过剩等相关问题，显然不能从根本上解决问题，甚至有可能适得其反。通过分析可以看出，中国能源供给侧出现的问题更多是由体制上的原因造成的，因此，唯有进行相关的制度和体制改革，才能实现能源供给侧的良性运转。然而，我国缺乏完整的能源法律框架，进行各项能源活动时无法做到有法可依；许多规定笼统、不具体，使

---

[1] 参见国家发展与改革委员会：《国家发展改革委关于推动碳捕集、利用和封存试验示范的通知（发改气候〔2013〕849 号）》，2013 年 4 月 27 日。

[2] 参见吕江：《社会秩序规则二元观与新能源立法的制度性设计——以英国〈2010 年能源法〉为例》，载《法学评论》2011 年 6 期，第 83-85 页。

[3] 参见吕江著：《气候变化与能源转型：一种法律的语境范式》，法律出版社 2013 年版，第 205-218 页。

得执法效果较差，达不到法律原本的目的，因此难以保障能源“供给侧改革”的顺利推进。这表现在如下四点。

（1）缺少能源基本法。作为综合性、基础性的法律，能源基本法可以为单行法的制定或修改提供法律依据和统一的指导思路，还可以作概括性的规定以补充单行法的漏洞；能源基本法还能够协调整个能源法体系与其他法律体系，如资源法、环境法等体系相互间的衔接关系，为解决我国的能源安全问题提供法律保障。然而，尽管温家宝总理早在2005年9月批示要求立即起草《能源法》，但作为能源法律体系的龙头法的《能源法》迄今为止仍未出台。加强能源基本法立法，建立健全中国能源法律体系，是调整重大能源法律关系、规范能源主体行为、建立能源法治秩序的基本要求，对依法推进能源“供给侧改革”具有重要意义。

（2）相关能源单行法空白。在能源领域，主要有1995年的《电力法》，1996年颁布2013年修订的《煤炭法》，1997年制定《节约能源法》（2007年修订）和2005年的《可再生能源法》（2013年修订）四部单行法。这些单行法制定的时间较早，其中部分法律内容已与现阶段市场经济发展不相适应，需要尽快对其进行修改和完善。另外，我国目前已经形成了煤炭、电力、石油、天然气、新能源、可再生能源全面发展的能源供给体系，但是与天然气、新能源相匹配的单行法却没有应运而生，使得重要能源的开发利用没有法律可依，重要能源领域的建设、管理和运营也无法得到有效的规范和监管。应加强相关能源单行法的立法，使能源“供给侧改革”于法有据。

（3）缺乏具体的配套措施。已制定的能源单行法中许多规定为原则性或宏观性的规定，使得法律法规在实践中缺乏可操作性，适用性不强，这使能源“供给侧”具体改革缺乏可操作性。如《可再生能源法》第十八条规定，国家鼓励和支持农村地区的可再生能源开发利用。县级以上地方人民政府管理能源工作的部门会同有关部门，根据当地经济社会发展、生态保护和卫生综合治理需要等实际情况，制定农村地区可再生能源发展规划，因地制宜地推广应用沼气等生物质资源转化、户用太阳能、小型风能、小型水能等技术。县级以上人民政府应当对农村地区的可再生能源利用项目提供财政支持。而没有规定如果没有这样做，要负什么法律责任，以保障能源专门法的贯彻实施。

（4）缺乏规范性的制度理念。当前能源法体系中存在着“碎片化”问题，即没有一套体系性的制度机制。这种制度机制的缺乏，最根本的原因在于，没有形成能源法体系的制度理念，而制度理念在所有法律体系中是居于核心地位的。没有相关制度理念，能源“供给侧改革”的举措无疑是杂乱的、非理性的，并最终会影响到改革的成败。

三、未来能源“供给侧改革”的法治架构

如上所述，能源法律的缺失，实际上，是能源法治体系的缺失，无法对能源供给侧改革提供有效的法治保障。因此，在未来能源供给侧改革中，应首先加强制度建设，特别是对能源法治体系的构建。其具体可从如下五个方面来加以完善。

（一）科学立法，完善能源法律体系

能源供给侧的法治架构，首先应是完善能源法律体系。到目前为止，国内《能源法》尚未出台。这在一定程度上限制了能源供给侧效能的发挥。特别是中国特色社会主义进入新时代，对能源立法提出了更高的要求。这不仅体现在传统的能源安全领域，而且亦包含了对新能源和可再生能源利用的诉求。为此，未来的《能源法》应建立在科学立法的基础上，从能源自身发展规律入手，以制度反映能源规律，以法律优化能源供给。尤其是对可再生能源生产消费的制度性设计，应尽可能体现出能源的规律性发展。其次，未来的《能源法》更大程度上是一部宏观性的、指导性的法律，其具体实践则有待于其他单行法的支撑，这就需要对已有的《电力法》《可再生能源法》进行修订，加快出台《石油天然气法》等单行法。最后，能源法律体系的构建同样离不开能源司法、能源执法的保障。因此，能源法律体系应该形成一个能源立法、能源司法和能源执法的统一体，在强化能源立法的同时，不偏废能源司法和执法的作用，特别是在这三个领域，要充分将习近平法治思想的基本要义融合进去，形成新时代中国特色社会主义的能源法律体系。

（二）制定具体有效的能源互联网激励机制

当前，能源互联网已成为解决当前中国能源生产过剩的有效方式。所谓能源互联网，是指以电力系统为核心、以互联网及其他前沿信息技术为基础、

以分布式可再生能源为主要一次能源，与天然气网络、交通网络等其他系统紧密耦合而形成的复杂多网流系统。[1] 通过建设广泛意义的能源互联网，以横向多源互补，纵向源—网—荷—储协调构建一张纵横交错的能源供给网络，加强网络内能源供给各环节以及不同能源的有机结合、互为补充、相互协调，形成有效供给，满足综合能源需求，实现整体供需平衡的能源供给侧改革目的。[2] 那么，就要在能源立法中明确规定具体有效的激励措施，打破能源垄断，建立起分布式能源网络。此外，应充分利用“一带一路”倡议，将能源互联网扩大到周边国家，通过合作，加强能源相互协调，一方面化解中国能源过剩问题，另一方面实现能源安全的多元化保障。

(三) 构建以市场为导向的法治路径

要开展能源供给侧改革，必须坚持市场导向原则，发挥市场优化配置资源的决定性作用。因此，一方面，要进一步完善、规范能源市场准入许可制度。在能源市场里，能源企业同时处于纵向的管理关系与横向平等的法律关系中。而能源市场准入制度则处于这两种能源法律关系的连接点，是监管机构对能源企业进行规制的依据。[3] 另一方面，为促进能源结构多元化，以及全球应对气候变化对温室气体减排的要求，应根据 2015 年通过的《巴黎协定》的减排要求，建立相关碳交易市场规则。毫无疑问，对碳交易制度有影响的宏观法律政策、建立碳交易制度所直接需要的法律依据以及规范碳交易有序进行的交易规则等都直接关系到国内碳交易体系的建立和发展。[4]

结 语

推动能源供给侧结构性改革是适应和引领经济新常态的战略行动。我们要努力构建起科学、合理的能源法治体系，使各项能源活动都能有法可依，以期确保能源供给侧结构性改革有效实施，促进我国经济健康持续发展。

---

[1] 参见董朝阳、赵俊华、文福拴等：《从智能电网到能源互联网：基本概念与研究框架》，载《电力系统自动化》2014 年第 15 期，第 1-11 页。

[2] 参见曾鸣、贾景姿：《能源行业中的供给侧改革》，载《中国能源报》2016 年 1 月 15 日，第 2 版。

[3] 参见郑佳宁：《能源市场准入许可制度法律规制刍议》，载《河北法学》2012 年第 8 期，第 134-138 页。

[4] 参见李挚萍、程凌香：《碳交易立法的基本领域探讨》，载《江苏大学学报（社会科学版）》2012 年 3 期，第 22-27 页。

第三章

形式理性与能源立法：基于“新”法律形式主义的认知

【本章摘要】 形式证成乃是能源法持存之根本。而“新”法律形式主义的阐释无疑为形式证成提供了重要的理论旨趣。是以，依“新”法律形式主义之观点，唯有端赖法律形式之表征，能源理性才能得以彰显，工具主义的危害才可消解，能源创新与进步才能成为可能。故未来能源法之形构应在坚守形式法治基础上，吸纳“新”法律形式主义在确定性、内在可理解性和演绎方法的洞识和批判，以基础语境方法为判准，实现能源基本法与能源政策法之形塑和再造，以期构架起包括能源司法在内的三者有机融贯的能源法体系。

【关键词】 能源法；法律形式主义；能源立法；形式理性

自2007年12月《能源法》（征求意见稿）公布以来，《能源法》始终处于酝酿中。虽然2014年习近平总书记提出能源生产与消费革命后，国内在电力、石油天然气领域的体制改革已如火如荼展开[1]，但对于出台《能源法》

---

[1] 2014年6月13日，习近平总书记在中央财经领导小组第六次会议上，提出“积极推动我国能源生产和消费革命”的号召，参见新华网，http://news.xinhuanet.com/politics/2014-06/13/c_1111139161.htm；2015年3月15日，中共中央、国务院印发了《关于进一步深化电力体制改革的若干意见》，国家发改委网站，http://tgs.ndrc.gov.cn/zywj/201601/t20160129_773852.html；2015年11月26日，国家发改委、国家能源局出台了《关于印发电力体制改革配套文件的通知》，国家能源局网站，http://www.nea.gov.cn/2015-11/30/c_134867851.htm；2017年5月，中共中央、国务院印发了《关于深化石油天然气体制改革的若干意见》，国务院网站，http://www.gov.cn/xinwen/2017-05/21/content_5195683.htm（访问日期：2020-11-23）。

的呼声似乎愈加孱弱。[1] 其中原因是多方面的，但不容回避的现实是，自2008年至今国际油价的低迷，加之多元化能源战略的布局，国家能源安全的紧张局势得到一定程度缓解，故而能源立法的紧迫性也随之下降。所幸的是，这也给了学界一次深刻的反思机会：我们究竟需不需要《能源法》?

从立法机构和多数学者的观点来看，《能源法》之所以迟迟不能出台，在于它的定位不准确。[2] 其实，这就预设了一项前提，即能源是需要法律的。尽管如此，从实用主义的角度来看，倘若能源问题能够经由政策等非法律方式予以解决，那么，出台《能源法》就有画蛇添足之虞。换言之，倘若学界不能向社会证成“能源需要法律”的正当性，那么，就如同哈特（H. L. A. Hart）所言，“如果这种社会的成员没有广泛地抱持内在观点来看待这些规则，则逻辑上来说这些规则就不可能存在”。[3] 是以，证成“能源需要法律”的必要性就具有重要的理论和现实意义。

20世纪90年代，法律形式主义出现了由方法论向价值观回归等新的法律洞见。笔者认为，“新”法律形式主义就形式对法律的意义阐释，极好地为“能源需要法律”提供了必要的理论支撑。它在一定程度上解读了：为什么能源需要法律？或者从更一般意义上说，为什么能源需要“形式意义”上的法律？亦即“形式意义”上的法律对能源进步有意义吗？显然，要回答这一问题，就必然要对“新”法律形式主义的观点、立场及其变化有所认知。

一、“新”法律形式主义及其认知

“新”法律形式主义的产生与演进乃是建立在传统法律形式主义及其现实

---

[1] 2016年《能源法》曾列入国务院2016年立法工作计划，但2017年、2018年国务院立法工作计划中则又无法找到其身影了。参见《国务院办公厅关于印发国务院2016年立法工作计划的通知》，国务院网站，http://www.gov.cn/zhengce/content/2016-04/13/content_5063670.htm；又见《国务院办公厅关于印发国务院2017年立法工作计划的通知》，国务院网站，http://www.gov.cn/zhengce/content/2017-03/20/content_5178909.htm；《国务院办公厅关于印发国务院2018年立法工作计划的通知》，国务院网站，www.gov.cn/zhengce/content/2018-03/14/content_5274006.htm（访问日期：2020-11-23）。

[2] 参见张要波：《〈能源法〉起草的几个重点问题》，载肖国兴、叶荣泗主编：《中国能源法研究报告（2009）》，法律出版社2010年版，第3-9页。又见石少华：《关于〈能源法（送审稿）〉修改稿的顶层设计》，载中国能源法研究会编：《中国能源法研究报告（2015）》，立信会计出版社2016年版，第3-12页。

[3] 参见［英］哈特著：《法律的概念》，许家馨、李冠宜译，法律出版社2006年版，第111页。

主义批判基础之上的。所以，对二者的体认势必会对“新”法律形式主义之嚆矢有着更为适切的把握和认知。

（一）法律形式主义及其批判

1. 概念法学与美国法律形式主义

法律形式主义肇始于古罗马[1]，19 世纪随着欧陆法典化之兴起而蔚为大观。此时，启蒙时代的自然法理念已让位于实证主义，而脱胎于历史法学的概念法学，则成为欧陆法律形式主义的集中体现。对此，德国法学家拉伦茨（Karl Larenz）曾指出，19 世纪初，萨维尼（Fredrich Carl von Savigny）提出的历史法学认可了“在历史中逐渐成形的‘实证’法有一种‘内在的理性’，它促成实证法的统一及关联性，体系地进行的法学也是透过它才被发现的”，而萨维尼的弟子普赫塔（Georg Friedrich Puchta）则“将此等‘体系’解为形式—逻辑的以及抽象—概念的体系，并因此走向‘概念法学’之途”。[2] 无疑，拉伦茨清晰地阐述了实证主义、历史法学与概念法学三者之间的传承脉络。除普赫塔以外，概念法学的代表人还有德国法学家温德沙伊德（Bernhard Windscheid）和早期的耶林（Rudolf von Jhering）。[3] 他们均认为，法律有一个不可变的逻辑—概念“被冻结”在法律概念和它们相互系统之关联中，法律科学的任务就是旨在建构起一个系统的法律整体，然后将具体法律问题置于其中，进而做出判决以及做出高度概念化、系统化下的解释。[4]

毋庸讳言，法典化与概念法学的理论贡献使法律形式主义成为 19 世纪欧洲法律的典型特征。对此，德国社会学家韦伯（Marx Web）将其概括为五个方面：第一，法律决定都是抽象的法律命题对具体事实情况的适用；第二，在每个具体案件中，借由法律逻辑均可从法律命题中推导出决定；第三，法律必须实际或事实上是一个“无漏洞”的命题体系，或者至少必须对待它如

---

[1] 参见［英］尼古拉斯著：《罗马法概论》，黄风译，法律出版社 2004 年版，第 64-67 页。

[2] 参见［德］拉伦茨著：《法学方法论》，陈爱娥译，商务印书馆 2003 年版，第 49 页。

[3] 需要注意的是，耶林后期思想转向了利益法学。参见［德］耶林著：《法学的概念天国》，柯伟才、于庆生译，中国法制出版社 2009 年版。

[4] See Raimo Siltala, *Law, Truth, and Reason: A Treatise on Legal Argumentation*, New York: Springer, 2011, pp. 187-192.

同是无漏洞的；第四，那些不能在法律术语上理性构建起来的内容将与法律无关；第五，人类的社会行为必须总是被视为法律命题的“适用”或“执行”，或对它的“违反”。[1]

同样，19 世纪后半叶，美国也进入一个法律形式主义的时代。[2] 在兰德尔（Christopher Columbus Langdell）作为美国哈佛法学院首任院长之时，法律形式主义的品性逐渐彰显出来。兰德尔指出，“法律，被视为一门科学，是由特定的原则或教义所组成的。而真正的律师正是要精通，并将其适用于那些纷繁复杂的人类事务中。……这些基础的法律教义要比我们通常认为的要少得多，同样的教义有着不同的伪装外表，而后者在法律著述中的不断重复正是引起误解的原因。倘若这些教义能被分类或排列，就能发现其合适的位置而不是被张冠李戴，其数目则会大大减少”。[3] 对此，正如美国法学家格雷（Thomas Grey）所言，“兰德尔相信，通过科学的方法，法律可以从一些基本原则和概念推导出正确的法律判决”。[4]

由是观之，这种对法律原则和教义的参照亦是一种典型的形式主义指征。[5] 因为其符合了形式主义所要求的立场，即“探求被普遍认为有效的理论规则；坚持从全面的理论体系的角度来分析和考虑所有的具体事物。如果解决问题的方法符合这种理论体系，那么它们就是正确的，否则就是错误的”。[6] 此外，从现实背景来看，兰德尔的学说亦是对 1850 年后美国法转向形式主义的有力提升和理论反映，这如同霍维茨（Morton J. Horwitz）所指出的，“在

---

[1] See Max Weber, *Economy and Society: An Outline of Interpretive Sociology*, US, Berkeley: University of California Press, 1978, pp. 657-658.

[2] 尽管从美国 19 世纪早期法学著作来看，它们也谈到了法律形式，但却并没有从效用角度来赋予其应有之义。See Robert S. Summers, "How Law is Formal and Why It Matters," *Cornell Law Review*, Vol. 82, 1997, p. 1169.

[3] See C. C. Langdell, *A Selection of Cases on the Law of Contracts*, Boston: Little, Brown, and Company, 1871, preface vi-vii.

[4] 参见［美］托马斯·格雷著：《美国法的形式主义与实用主义》，黄宗智、田雷选编，法律出版社 2014 年版，第 36 页。

[5] See Marcia Speziale, "Langdell's Concept of Law as Science: The Beginning of Anti-Formalism in American Legal Theory," *Vermont Law Review*, Vol. 5, No. 1, 1980, p. 13.

[6] 参见［美］格兰特·吉尔莫著：《美国法的时代》，董春华译，法律出版社 2009 年版，第 171 页。

1850 年后，美国出现了将法律推向形式主义的极其深刻的和有力的潮流”。❶

2. 法律形式主义的批判：德国自由法运动与美国法律现实主义

然而，在法律形式主义大行其道之际，大西洋两岸一股反法律形式主义的暗流也悄然形成，这突出地表现在德国自由法运动和美国法律现实主义。在德国最早对法律形式主义提出质疑和指摘的是耶林，他认为，“在尘世中，人们只是因为应用而需要法律，而不是因为法律本身”，“但是，在概念法学的领土上，一些法律关系并不把尘世事物的所有变迁当回事”，它们不仅与现实世界毫无关联，且期冀仅凭逻辑思维就能完成法学之目的。❷ 基于这种认识，后期的耶林思想转向了反对法律形式主义的利益法学。❸

据此，受耶林和法国法学家惹尼（Francois Gény）的影响，一场反对法律形式主义的“自由法运动”（Free Law Movement）登上了德国舞台。❶ 这一运动的主要代表人物有福克斯（Ernst Fuchs）、埃利希（Eugen Ehrlich）和康特罗威茨（Hermann Kantorowicz）等人，其中康特罗威茨首先提出“自由法”

❶ 参见［美］莫顿·J. 霍维茨著：《美国法的变迁：1780—1860》，谢鸿飞译，中国政法大学出版社 2004 年版，第 400 页。

❷ 参见［德］耶林著：《法学的概念天国》，柯伟才、于庆生译，中国法制出版社 2009 年版，第 63、73-74、79 页。此外，英国法学家哈特在研习耶林的《法学的概念天国》一书时，用现代法律话语从五个方面总结了其旨在批判概念法学和倡导的思想：（1）过度沉溺于那些抽象的法律概念，从而脱离了这些概念在现实生活中适用时的条件。（2）对社会与个人的利益视而不见，而在对法律概念的使用与发展中，必须将它们与其他一些实际问题联系起来进行综合考量。（3）一种这样的秉持：将一个法律规则或概念的本质与法律后果相区分是有可能的，因此，我们必须像普赫塔在分析“占有”时那样，“全盘脱离实际效用”，对概念进行抽象的思考。这导致在处理问题时出现一种胡言乱语：借此我们可以说，类似于占有之类的概念，“在事实上，其本质结果就如同法律”。因此，“事实与法律是同一的”。（4）无视法律的目标与宗旨，并且拒绝去问这样的问题：为何法律是这样的？在《法学的概念天国》中，“没有人问为什么”，那些因受功利性考虑而被“扭曲”的概念，则被引入了“解剖病理学概念手册”。（5）错误地将法律科学的那些概念与方法等归入数学之中；因此，所有的法律推理都成了纯粹的算计问题，逻辑推演就是在这些算计之中展开法律概念的内容。参见［英］哈特著：《法理学与哲学论文集》，支振锋译，法律出版社 2005 年版，第 280-281 页。

❸ See Rudolf von Jhering, *Law as A Means to An End*, Boston, US: The Boston Book Company, 1913, pp. liii-lix. See also Edwin W. Patterson, *Jurisprudence: Men and Ideas of the Law*, Brooklyn, US: The Foundation Press, Inc., 1953, pp. 459-464.

❶ 有学者将耶林也纳入自由法运动中，并称其为创始人，是受康特罗威茨著述的影响。但自由法运动的代表人物并不完全赞同耶林的观点，因此，从这一角度来看，耶林仅是对自由法运动有所影响，而非真正的代表人物。See Albert S. Foulkes, “On the German Free Law School,” *Archives for Philosophy of Law and Social Philosophy*, Vol. 55, No. 3, 1969, pp. 377-378.

的术语。[1] 根据福克斯的观点，自由法运动是指：第一，要把法律科学从书本转向生活本身；第二，要将真正事实的发现作为法律最重要的部分，并提升到科学高度；第三，解释和适用法律既不应囿于字面含义、抽象概念，也不应依赖于抽象结构和秘密社会学；第四，依据上述三点，应改革现有的法律教育。[2]

彼时的美国，19 世纪末，除受德国自由法运动的影响以外，[3] 其本土一股反形式主义潮流也开始在所有学科中蔓延开来，这直接为法律现实主义的发轫提供了坚实的理论基石。[4] 其与德国自由法运动的不同在于：一方面，从其产生之初，美国法律现实主义就建立在其特有的实用主义哲学基础上，[5] 这相比短暂的德国自由法运动而言，[6] 保证了其持久的生命力，且这种反形式主义的立场亦被后来的批判法学所继承；[7] 另一方面，美国普通法传统也使其主要论战是发生在司法领域，而不同于发生在立法和行政层面的德国。

按照霍维茨的观点，“法律现实主义既不是一场一致的智识运动，也不是一致或系统的法理学。……事实上，准确定义法律现实主义不是一件容易的事情”。[8] 例如，霍姆斯（Oliver Wendell Holmes）、杜威（John Dewey）、庞德

---

[1] See Stanley L. Paulson, “Formalism, ‘Free Law’, and the ‘Cognition’ Quandary: Hans Kelsen's Approaches to Legal Interpretation,” *The University of Queensland Law Journal*, Vol. 27, No. 2, 2008, p. 16.

[2] See Albert S. Foulkes, “On the German Free Law School,” *Archives for Philosophy of Law and Social Philosophy*, Vol. 55, No. 3, 1969, pp. 382-383.

[3] See James E. Herget & Stephen Wallace, “The German Free Law Movement as the Source of American Legal Realism,” *Virginia Law Review*, Vol. 73, 1987, pp. 399-455. See also David M. Rabban, *Law's History: American Legal Thought and the Transatlantic Turn to History*, Cambridge: Cambridge University Press, 2013, pp. 106-108.

[4] See Morton White, *Social Thought in America: The Revolt against Formalism*, Oxford: Oxford University Press, 1976, pp. 11-31.

[5] See Wilfrid E. Rumble, *American Legal Realism: Skepticism, Reform, and the Judicial Process*, Ithaca: Cornell University Press, 1968, pp. 4-8.

[6] 尽管理论上对德国自由法与纳粹德国之间的关系存在诸多争议，但就其随着“二战”德国战败而衰落的事实则没有太多异议。See Vivian Grosswald Curran, “Rethinking Hermann Kantorowicz: Free Law, American Legal Realism and the Legacy of Anti-Formalism,” in Annelise Riles ed., *Rethinking the Masters of Comparative Law*, Oxford: Hart Publishing, 2001, pp. 66-84.

[7] See Roberto Mangabeira Unger, *The Critical Legal Studies Movement*, Cambridge, Massachusetts: Harvard University Press, 1986, pp. 5-14.

[8] See Morton J. Horwitz, *The Transformation of American Law 1870-1960: The Crisis of Legal Orthodoxy*, Oxford: Oxford University Press, 1992, p. 169.

（Roscoe Pound）和卡多佐（Benjamin N. Cardozo）等人都曾从不同侧面给予法律现实主义以理论支持。[1] 大多数学者认为，美国法律现实主义者应是在 20 世纪 20—30 年代，包括卢埃林（Karl N. Llewellyn）、弗兰克（Jerome Frank）、柯亨（Morris R. Cohen）、奥里芬特（Herman Oliphant）、库克（Walter W. Cook）等在内的一批法学教授和律师。他们认为，法官决定案件，不是按规则产生的特定结果，而是按案件事实如何对法官产生影响。因此，最终判决不仅是法律的产物，而且是各种心理和社会因素的产物。[2]

不言而喻，在这场运动中，质疑和抨击以逻辑方法和寻求确定性为特征的法律形式主义就成为主流。例如，美国最高法院大法官霍姆斯曾直言不讳地指出，"法律的生命在于经验，而不是逻辑"。[3] 庞德则将法律形式主义的方法称为"机械法理学"。[4] 卡多佐也愤慨地指出，"形式主义的恶魔以科学秩序的诱惑力来欺骗我们的智识"。[5] 而作为法律现实主义最主要的代表人物卢埃林则认为，"在法律生活的任何方面的结果中看不到存在绝对的确定性"，而"结果上的持续'确定性'是……一种并非由逻辑演绎得出而是由社会力量相互冲撞所达到的确定性"。[6] 是以，这些观点如同哈特所印证的，"在面对法律所必然具有的模糊面向时，如果有人坚持仍然要以'规则'来理解法律，这种立场通常被贬为所谓的'概念法学'或'形式主义'"。[7]

20 世纪后半叶，美国法学进入一个繁盛期。然而，尽管各种法学流派粉墨登场，但却像哈克尼（James R. Hackney）教授所认识到的，当代美国法学理论均是对法律现实主义核心命题的回应。[8] 这其中，作为最早回应的批判

---

[1] See William W. Fisher III, Morton J. Horwitz & Thomas A. Reed ed., *American Legal Realism*, Oxford: Oxford University Press, 1993, p. 9, pp. 39-44, pp. 172-178, pp. 185-194.

[2] See Brian Leiter, "American Legal Realism," in Dennis Patterson ed., *A Companion to Philosophy of Law and Legal Theory*, Oxford: Wiley-Blackwell, 2010, p. 249.

[3] See O. W. Holmes, JR., *The Common Law*, Boston: Little, Brown, and Company, 1881, p. 1.

[4] See Roscoe Pound, "Mechanical Jurisprudence," *Columbia Law Review*, Vol. 8, No. 8, 1908, pp. 605-623.

[5] 参见［美］卡多佐著:《司法过程的性质》，苏力译，商务印书馆 2000 年版，第 40 页。

[6] 参见［美］卢埃林著:《普通法传统》，陈绪刚等译，中国政法大学出版社 2002 年版，第 16、219-220 页。

[7] 参见［英］哈特著:《法律的概念》，许家馨、李冠宜译，法律出版社 2006 年版，第 118 页。

[8] See James R. Hackney, Jr. ed., *Legal Intellectuals in Conversation: Reflections of Contemporary American Legal Theory*, New York: New York University Press, 2012, p. 5.

法学和法经济学，虽观点不尽相同且论战不断，[1] 但它们的共同点却都是旨在对法律形式主义的批驳。例如，批判法学的代表人物肯尼迪（Duncan Kennedy）就曾严厉指出，“随着分歧的积累，旧的规则最终将无法适用于新的形势。但形式却不管计划与现实之间这种非连续性有多么剧烈，仍坚持要消极地适用于诉讼当事人”。[2] 同样，法经济学的集大成者波斯纳（Richard Posner）也批评道，“采用某些法条主义的元规则可能打发由此而来的某些不确定性……但这些规则……却不可能以逻辑或准逻辑手段从一致同意的前提中推演出来；它们本身并不是法条主义推理的结果或范例”。[3]

因此，反法律形式主义者始终认为，法律形式掩盖了关系、经济地位和风险的现实，反形式主义的核心乃是要抓住和控制现实生活中交易和关系的实质而不是形式，贯彻法的精神而不是文字。[4] 这种反法律形式主义的论争在整个法学理论演进中从未停止过，且又扩大到其他国家和部门法领域。[5] 例如，除了德国自由法运动和美国的法律现实主义以外，在北欧法学界亦形成了斯堪的纳维亚现实主义，[6] 尽管其在理论方向上与德国、美国之间有所区

---

[1] See Morton Horwitz, "Law and Economics: Science or Politics?" *Hofstra Law Review*, Vol. 8, No. 4, 1980, pp. 905-912. ［美］波斯纳著：《法理学问题》，苏力译，中国政法大学出版社2001年版，第194-198页。

[2] See Duncan Kennedy, "Legal Formality," *Journal of Legal Studies*, Vol. 2, No. 3, 1973, pp. 381-382.

[3] 参见［美］波斯纳著：《法官是如何思考的》，苏力译，北京大学出版社2009年版，第44页。

[4] See Doreen McBarnet & Christopher Whelan, "The Elusive Spirit of the Law: Formalism and the Struggle for Legal Control," *Modern Law Review*, Vol. 54, No. 6, 1991, pp. 848-873.

[5] See Frank Carrigan, "A Blast from the Past: The Resurgence of Legal Formalism," *Melbourne University Law Review*, Vol. 27, 2003, pp. 163-185. See also Jude Wallace & John Fiocco, "Recent Criticisms of Formalism in Legal Theory and Legal Education," *Adelaide Law Review*, Vol. 7, 1980, pp. 309-322. Randall P. Bezahson, "The Myths of Formalism," *Iowa Law Review*, Vol. 69, 1984, pp. 957-974. Mark P. Gergen, "Territoriality and the Perils of Formalism," *Michigan Law Review*, Vol. 86, 1988, pp. 1735-1742. David Dyzenhaus, "Formalism's Hollow Victory," *New Zealand Law Review*, Vol. 2002, 2002, pp. 525-556. Gary Lawson, "Territorial Governments and the Limits of Formalism," *California Law Review*, Vol. 78, 1990, pp. 853-911.

[6] See Mauro Zamboni, "Legal Realisms and the Dilemma of the Relationship of Contemporary Law and Politics," *Scandinavian Studies in Law*, Vol. 48, 2005, pp. 583-606. 关于斯堪的纳维亚现实主义的观点，亦可参见哈特的《斯堪的纳维亚现实主义》一文，载于［英］哈特著：《法理学与哲学论文集》，支振锋译，法律出版社2005年版，第171-180页。

别，但都将矛头直指向了法律形式主义。[1] 这种一致性犹如美国华盛顿大学奥尔特曼（Andrew Altman）教授所指出的，“在现实主义者的眼中，形式主义有着根本性的缺陷，因为它是一种过于死板和束缚的法律概念。它阻碍了社会进步，使法律无法满足社会的现实需求”。[2]

（二）“新”法律形式主义的兴起与演进

不可否认，法律现实主义对形式主义的批判极大地促进了法律改革和社会进步。[3] 然而，随着社会的不断演进和理论研究的持续深化，那种反法律形式主义的瑕疵逐渐显露出来，这反而促使人们又开始重新审视对法律形式主义的种种批判是否正确。“新”法律形式主义正是在这种背景下开始登上法学舞台。

1. 在法律形式主义方面新的学术研讨

1988 年，《耶鲁法律杂志》在第 4、第 6 期发表了两篇文章，它们分别是密歇根法学院肖尔（Frederick Schauer）教授的《形式主义》[4] 和加拿大多伦多大学法律系温里伯（Ernest J. Weinrib）教授的《法律形式主义：论法的内在可理解性》。[5] 这两篇文章的发表拉开了“新”法律形式主义的序幕。至此，围绕着法律形式主义，在美国法学界形成了四场声势浩大的研讨会，这些研讨成果分别发表于 1992 年《爱荷华法律评论》的第 77 卷，1993 年《哈佛法律与公共政策杂志》的第 16 卷与 1998 年的第 22 卷，以及 1999 年《芝加哥大学法律评论》的第 66 卷。

1992 年《爱荷华法律评论》第 77 卷共收录了包括温里伯教授在内的 13

---

[1] See Raymond Wacks, *Understanding Jurisprudence: An Introduction to Legal Theory*, Oxford: Oxford University Press, 2012, pp. 145–146.

[2] See Andrew Altman, *Arguing about Law: An Introduction to Legal Philosophy*, Belmont, CA: Wadsworth Publishing Company, 2001, p. 293.

[3] 参见［美］格兰特·吉尔莫著：《美国法的时代》，董春华译，法律出版社 2009 年版，第 142–143 页。

[4] See Frederick Schauer, “Formalism,” *Yale Law Journal*, Vol. 97, 1988, pp. 509–548.

[5] See Ernest J. Weinrib, “Legal Formalism: On the Immanent Rationality of Law,” *Yale Law Journal*, Vol. 97, 1988, pp. 949–1016.

篇法律形式主义的文章。[1] 这些论文是1991年3月8—9日间，在美国爱荷华法学院召开的一次题为“矫正正义与形式主义：对邻居的亏欠”（Corrective Justice and Formalism：The Care One Owes One’s Neighbors）学术研讨会的成果。据爱荷华法学院克雷斯（Ken Kress）教授的介绍，研讨会主要聚焦在四个议题，即为何需要法律形式主义，为何要反思矫正正义，为何又涉及侵权法，以及是怎样的进路将三者凝聚在一起的。在这场研讨中，以温里伯教授的观点为依托，形式主义与反形式主义展开了激烈交锋。[2]

1992年，美国法学院联合会“法律与解释”小组在德克萨斯州圣安尼奥再次召开了“法律形式主义”的研讨会。曾参与过爱荷华研讨会的多数学者又辗转于此。在随后的讨论中，6篇探讨法律形式主义的文章被《哈佛法律与公共政策杂志》第16卷收录。[3] 此次研讨会与爱荷华研讨会的不同之处在于，更多地聚集在了法律形式主义的法理分析上，同时一个鲜明的论断也被

[1] 这些文章具体为：Ken Kress，“Formalism，Corrective Justice and Tort Law，” *Iowa Law Review*，Vol. 77，1992，pp. i–xii. Ernest J. Weinrib，“Corrective Justice，” *Iowa Law Review*，Vol. 77，1992，pp. 403–425. Jules L. Coleman，“The Mixed Conception of Corrective Justice，” *Iowa Law Review*，Vol. 77，1992，pp. 427–444. Ernest J. Weinrib，“Non–Relational Relationships：A Note on Coleman’s New Theory，” *Iowa Law Review*，Vol. 77，1992，pp. 445–448. Stephen R. Perry，“The Moral Foundations of Tort Law，” *Iowa Law Review*，Vol. 77，1992，pp. 449–514. Peter Benson，“The Basis of Corrective Justice and Its Relation to Distributive Justice，” *Iowa Law Review*，Vol. 77，1992，pp. 515–624. Richard W. Wright，“Substantive Corrective Justice，” *Iowa Law Review*，Vol. 77，1992，pp. 625–711. Anita L. Allen & Maria H. Morales，“Hobbes，Formalism，and Corrective Justice，” *Iowa Law Review*，Vol. 77，1992，pp. 713–739. Dennis Patterson，“The Metaphysics of Legal Formalism，” *Iowa Law Review*，Vol. 77，1992，pp. 741–771. John Stick，“Formalism as the Method of Maximally Coherent Classification，” *Iowa Law Review*，Vol. 77，1992，pp. 773–803. Richard Hyland，“The Spinozist，” *Iowa Law Review*，Vol. 77，1992，pp. 805–835. Marlena G. Corcoran，“Aristotle’s Poetic Justice，” *Iowa Law Review*，Vol. 77，1992，pp. 837–850. Steven J. Heyman，“Aristotle on Political Justice，” *Iowa Law Review*，Vol. 77，1992，pp. 851–863.

[2] See Ken Kress，“Formalism，Corrective Justice and Tort Law，” *Iowa Law Review*，Vol. 77，1992，pp. i–xii.

[3] 这6篇文章分别为：Dennis M. Patterson，“Foreword：The Challenge of Legal Formalism，” *Harvard Journal of Law & Public Policy*，Vol. 16，1993，pp. 579–582. Ernest J. Weinrib，“The Jurisprudence of Legal Formalism，” *Harvard Journal of Law & Public Policy*，Vol. 16，1993，pp. 583–595. Stephen R. Perry，“Professor Weinrib’s Formalism：The Not–So–Empty Sepulcher，” *Harvard Journal of Law & Public Policy*，Vol. 16，1993，pp. 597–626. Jean C. Love，“Legal Formalism from the Perspective of a Reasonable Law Professor，” *Harvard Journal of Law & Public Policy*，Vol. 16，1993，pp. 627–637. Ken Kress，“Coherence and Formalism，” *Harvard Journal of Law & Public Policy*，Vol. 16，1993，pp. 639–682. Ernest J. Weinrib，“Formalism and Practical Reason，or How to Avoid Seeing Ghosts in the Empty Sepulcher，” *Harvard Journal of Law & Public Policy*，Vol. 16，1993，pp. 683–699.

提出，即“法律形式主义死亡的谣言已被打破”。[1]

6年后即1998年，第17届美国学生联邦主义者协会发起了一场关于“结构宪法与反多数者困境”的研讨会，其中的一个论题乃是“形式主义与功能主义的再思考”，这一研讨中的4篇与法律形式主义相关的文章再次被《哈佛法律与公共政策杂志》所收录。[2] 毋庸讳言，从其主题可以看出，形式主义与功能主义的法律关系已成为“结构宪法与反多数者困境”研讨会的理论支撑点。

时隔一年，1999年2月5—6日，在芝加哥法学院召开了一次更为宏大的法律形式主义研讨会。其汇集了哈佛、耶鲁、芝加哥、哥伦比亚等9所美国法学重镇的众多知名学者。研讨会探讨的范围也从法律形式主义与道德，[3] 拓展到了形式主义与法定解释等内涵概念的关联上。[4] 显然，此次研讨会将法律形式主义推向了一个高潮，“新”法律形式主义的面貌已基本定型，这不仅体现在“新法律形式主义”这样的术语上，[5] 且亦呈现出向商法、税法等各个

---

[1] See Ernest J. Weinrib, “The Jurisprudence of Legal Formalism,” *Harvard Journal of Law & Public Policy*, Vol. 16, 1993, pp. 583.

[2] 这四篇文章分别为：Frank H. Easterbrook, “Formalism, Functionalism, Ignorance, Judges,” *Harvard Journal of law & Public Policy*, Vol. 22, 1998, pp. 13-20. William N. Eskridge, Jr., “Relationships between Formalism and Functionalism in Separation of Powers Cases,” *Harvard Journal of law & Public Policy*, Vol. 22, 1998, pp. 21-29. Thomas W. Merrill, “Toward a Principled interpretation of the Commerce Clause,” *Harvard Journal of law & Public Policy*, Vol. 22, 1998, pp. 131-42. Burt Neuborne, “Formalism, Fuctionalism, and the Separation of Powers,” *Harvard Journal of law & Public Policy*, Vol. 22, 1998, pp. 45-52.

[3] See Larry Alexander, “‘With Me, It's All EN NUTHIN’: Formalism in Law and Morality,” *University of Chicago Law Review*, Vol. 66, 1999, pp. 530-565. Leo Katz, “Form and Substance in Law and Morality,” *University of Chicago Law Review*, Vol. 66, 1999, pp. 566-596. Daniel A. Farber, “Legal Formalism and the Red-Hot Knife,” *University of Chicago Law Review*, Vol. 66, 1999, pp. 597-606. Richard H. Pildes, “Forms of Formalism,” *University of Chicago Law Review*, Vol. 66, 1999, pp. 607-621. Mark D. Rosen, “Nonformalistic Law in Time and Space,” *University of Chicago Law Review*, Vol. 66, 1999, pp. 622-634.

[4] See Cass R. Sunstein, “Must Formalism be Defended Empirically?” *University of Chicago Law Review*, Vol. 66, 1999, pp. 636-670. William N. Eskridge, Jr., “Norms, Empiricism, and Canons in Statutory Interpretation,” *University of Chicago Law Review*, Vol. 66, 1999, pp. 671-684. John F. Manning, “Constitutional Structure and Statutory Formalism,” *University of Chicago Law Review*, Vol. 66, 1999, pp. 685-697. Adrian Vermeule, “Interpretation, Empiricism, and the Closure Problem,” *University of Chicago Law Review*, Vol. 66, 1999, pp. 698-708.

[5] See David Charny, “The New Formalism in Contract,” *University of Chicago Law Review*, Vol. 66, 1999, pp. 842-857.

法学支脉拓展的有力趋势。[1] 为此，《芝加哥大学法律评论》将此次研讨会的论文和回应文章共计19篇收录在其1999年的第66卷。

2. 一批“新”法律形式主义学者及其相关解释学说开始展露学术舞台

20世纪90年代起，一批新的法律形式主义学者开始活跃于法学领域。如上文所言的加拿大多伦多大学的温里伯教授，1988年在《耶鲁法学杂志》发表《法律形式主义：法的内在可理解性》之后，他不仅积极地参与到法律形式主义的研讨中，而且又相继发表了《为什么是法律形式主义》[2]《形式主义与实践理性》[3]《法律形式主义的法理学》[4]《法律形式主义》[5] 等相关文章，在理论架构上为“新”法律形式主义的到来提供了重要的智识支持。

同样，在美国法律界也活跃着一批支持法律形式主义的法官和学者，包括斯卡利亚（Antonin Scalia）、肖尔（Fred Schauer）、萨默斯（Robert Summers）和爱泼斯坦（Richard Epstein）等人。其中最有影响力的当属美国最高法院大法官斯卡利亚。[6] 他是一名坚定的法律形式主义者，用孙斯坦的话讲，

---

[1] See Lisa Bernstein, “The Questionable Empirical Basis of Article 2's Incorporation Strategy: A Preliminary Study,” *University of Chicago Law Review*, Vol. 66, 1999, pp. 710-780. Omri Ben-Shahar, “The Tentative Case against Flexibility in Commercial Law,” *University of Chicago Law Review*, Vol. 66, 1999, pp. 781-820. Richard A. Epstein, “Confusion about Custom: Disentangling Informal Customs from Standard Contractual Provisions,” *University of Chicago Law Review*, Vol. 66, 1999, pp. 821-835. Ian Ayres, “Eroding Entitlements as Litigation Commitment,” *University of Chicago Law Review*, Vol. 66, 1999, pp. 836-841. David A. Weisbach, “Formalism in the Tax Law,” *University of Chicago Law Review*, Vol. 66, 1999, pp. 860-886. Ehud Kamar, “Shareholder Litigation under Indeterminate Corporate Law,” *University of Chicago Law Review*, Vol. 66, 1999, pp. 887-914. Saul Levmore, “Double Blind Lawmaking and Other Comments on Formalism in the Tax Law,” *University of Chicago Law Review*, Vol. 66, 1999, pp. 915-921. Paul G. Mahoney, “The First Thing We Do, Let's Pay All the Lawyers,” *University of Chicago Law Review*, Vol. 66, 1999, pp. 922-932.

[2] See Ernest J. Weinrib, “Why Legal Formalism,” in Robert George ed., *Natural Law Theory: Contemporary Essays*, Oxford: Clarendon Press, 1992, pp. 341-364.

[3] See Ernest J. Weinrib, “Formalism and Practical Reason, or How to Avoid Seeing Ghosts in the Empty Sepulcher,” *Harvard Journal of Law & Public Policy*, Vol. 16, 1993, pp. 683-699.

[4] See Ernest J. Weinrib, “The Jurisprudence of Legal Formalism,” *Harvard Journal of Law & Public Policy*, Vol. 16, 1993, pp. 583-595.

[5] See Ernest J. Weinrib, “Legal Formalism,” in Dennis Patterson ed., *A Companion to Philosophy of Law and Legal Theory*, Oxford: Wiley-Blackwell, 2010, pp. 327-338.

[6] 安东尼·斯卡利亚（1936—2016），于1986年由里根总统任命为联邦最高法院大法官，于2016年在任上去世，是美国历史上在最高法院服务时间最长和最资深的大法官。

他是一位倡导“民主形式主义”的大法官。[1] 他认为，法官无权探寻法律中过于宽泛的立法目的，更无权创制新的法律。而他的那句名言至今仍是法律形式主义最鲜明的旗帜，即“在所有对文本解释的批评意见中，最没有见地的应该是指责文本解释过于‘形式主义’。我对这一观点的回应就是，文本解释当然是形式主义的！因为法治在很大程度上就是一种形式”。[2]

如上所及，在“新”法律形式主义方面，文本主义（Textualism）和原旨主义（Originalism）成为其最具特色的法解释学说。文本主义相信，法律文本是有客观意义的，其客观意义独立于其文本，法律在解释和适用时应当符合这一意义。[3] 其与法律解释的目的主义（Purposivism）相对立，后者则主张应绕开文本，以制定者的意图作为决定因素。[4] 原旨主义则是指凭借起草文本时的历史资料证据，结合其文本的结构和关系而作出的具有公共含义的解释。[5] 当然，原旨主义所依据的历史资料并不是指体现制定者意图的文献，而是强调“原初含义”的文献。[6] 因此，尽管文本主义和原旨主义在理论解释上迥异，但二者均不涉及意图、具体哲学或道德理论，且文本是其作出解释的重要载体。因此，“新”法律形式主义者普遍认同文本主义和原旨主义是法律形式主义的重要体现。[7]

同样在欧陆，受德国自由法运动批判之后，欧陆传统上的法律研究方法开始出现转变，但这种影响与其说来自前者，毋宁说来自 20 世纪德国本体论转折后的哲学解释学，从而形成了在“法律论证理论”上的“新”的法教义学。它强调，当代的法教义学不同于概念法学，它呈现的是一种开放体系，

---

[1] See Cass R. Sunstein, “Justice Scalia's Democratic Formalism,” *Yale Law Journal*, Vol. 107, 1997, pp. 529-567.

[2] 参见［美］安东宁·斯卡利亚著：《联邦法院如何解释法律》，蒋惠岭、黄斌译，中国法制出版社 2017 年版，第 34 页。

[3] 参见［美］比克斯著：《牛津法律理论词典》，邱昭继等译，法律出版社 2007 年版，第 229 页。

[4] See John F. Manning, “The New Purposivism,” *Supreme Court Review*, Vol. 20, 2011, pp. 113-182.

[5] See Johnathan O'Neill, *Originalism in American Law and Politics: A Constitutional History*, Baltimore: The Johns Hopkins University Press, 2005, p. 2.

[6] 参见［美］巴尔金著：《活的原旨主义》，刘边泰、刘玉姿译，厦门大学出版社 2015 年版，第 74-80 页。

[7] See Gary Lawson, “Territorial Governments and the Limits of Formalism,” *California Law Review*, Vol. 78, 1990, pp. 859.

通过法律论证的一致性达致法所追求的基本诉求。当然这其中论证的根基仍在于法律形式，这一如德国法学家考夫曼（Arthur Kaufmann）所言，“批判地检验一条法律规范，法律信条论（法教义学——引者注）仍是在体系范围内论证，也就是说，现行有效的体系并未被碰触”。❶

3. 法学界普遍认可了“新”法律形式主义的潮流

除了“新”法律形式主义的研讨会与一批支持的学者和学说以外，美国法学界也逐渐认可了“新”法律形式主义的这股潮流。这表现在以下三个方面。

第一，学者在标题和内容中直接提及“新法律形式主义”的术语。20世纪90年代起，❷ 学者在论文标题和内容中所体现出的“新”形式主义或“新”法律形式主义具有了浓厚的学理性质。它们或直接经由“新”法律形式主义来论证相关问题，❸ 或在文章中直指“新”法律形式主义的出现。❹ 第二，尽管学者没有使用“新形式主义”这一术语，但实质上却肯定了其存在的必要性。例如，加拿大阿尔伯塔法学院的德科斯特（F. C. DeCoste）从学史角度指出形式主义与现实主义的弊端后，认为一个修正后的形式主义确实存在。❺ 又如，英国利兹大学法学教授坎贝尔（David Campbell）和兰卡斯特大学法学教授皮乔托（Sol Picciotto）均认为，任何经济都离不开形式，贝克和波斯纳那种不要形式主义的观点显然是错误的，制度经济学应建立在新的形

❶ 参见［德］考夫曼著：《法律哲学》，刘幸义等译，法律出版社2003年版，第15页。

❷ 其实，早在20世纪80年代，已有学者在标题中直接使用新法律形式主义这一术语，但从文章来看，它并没有涉及法律形式主义本身的论证上，而更多的是提出一种视角而已。See William H. Simon, “Homo Psychologicus: Notes on A New Legal Formalism,” *Stanford Law Review*, Vol. 32, 1980, pp. 487-559.

❸ See Michel Rosenfeld, “Deconstruction and Legal Interpretation: Conflict, Indeterminacy and the Temptations of the New Legal Formalism,” *Cardozo Law Review*, Vol. 11, 1990, pp. 1211-1267.

❹ See Cass R. Sunstein, “Must Formalism be Defended Empirically?” *University of Chicago Law Review*, Vol. 66, 1999, pp. 636-670. See also Larry A DiMatteo, “Cardozo, Anti-Formalism, and the Fiction of Noninterventionism,” *Pace Law Review*, Vol. 28, 2008, pp. 315-355. Peer Zumbansen, “Law after the Welfare State: Formalism, Functionalism, and the Ironic Turn of Reflexive Law,” *American Journal of Comparative Law*, Vol. 56, 2008, pp. 769-808.

❺ See F. C. DeCoste, “From Formalism to Feminism: Seventy-Five Years of Theory in the Legal Academy,” *Alberta Law Review*, Vol. 189, 1997, pp. 206-207.

式基础上。[1] 第三，一些法律实践领域开始回归到“新”法律形式主义的名下。例如，在上文所述的芝加哥“新”形式主义研讨会中，已有学者从商法、税法角度论及“新”形式主义。[2] 又如剑桥法学院的摩根（Jonathan Morgan）在其著作中业已开始剖析合同法的“新”形式主义问题。[3] 此外，在外交关系法、分级审查、继承法等实践领域，“新”法律形式主义也跃然纸上。[4]

以上种种法律形式主义的潮流，不禁让人想起早在 20 世纪 70 年代哈特在探讨美国法理学时，就曾预见性地指出，那种“想要以一种生动的，对经验、生命、演进、过程、语境以及功能的现实关注来代替形式主义……它无论如何都是一个令人疑窦丛生或本身就晦暗不明的主题”。[5] 是以，如果说霍维茨或吉尔摩将美国法划分为三个时代，即宏大风格的普通法时代、法律形式主义时代以及 20 世纪 20—30 年代兴起的法律现实主义时代，[6] 那么，从 20 世纪 90 年代起，“新”法律形式主义的诸多征兆则预示着向形式主义的回归，抑或是第四个时代的到来。[7] 而进入 21 世纪之后，这种“新”法律形式主义

[1] See David Campbell & Sol Picciotto, “Exploring the Interaction between Law and Economics: The Limits of Formalism,” *Legal Studies*, Vol. 18, No. 3, 1998, pp. 249-278.

[2] See David Charny, “The New Formalism in Contract,” *University of Chicago Law Review*, Vol. 66, 1999, pp. 842-857. See also David A. Weisbach, “Formalism in the Tax Law,” *University of Chicago Law Review*, Vol. 66, 1999, pp. 860-886. Ehud Kamar, “Shareholder Litigation under Indeterminate Corporate Law,” *University of Chicago Law Review*, Vol. 66, 1999, pp. 887-914. Saul Levmore, “Double Blind Lawmaking and Other Comments on Formalism in the Tax Law,” *University of Chicago Law Review*, Vol. 66, 1999, pp. 915-921.

[3] See Jonathan Morgan, *Contract Law Minimalism: A Formalist Restatement of Commercial Contract Law*, Cambridge: Cambridge University Press, 2013, pp. 89-113.

[4] See Jack L. Goldsmith, “The New Formalism in United States Foreign Relations Law,” *University of Colorado Law Review*, Vol. 70, 1999, pp. 1395-1438. See also Calvin Massey, “The New Formalism: Requiem for Tiered Scrutiny,” *Journal of Constitutional Law*, Vol. 6, No. 5, 2004, pp. 945 - 997. James Lindgren, “The Fall of Formalism,” *Albany Law Review*, Vol. 55, 1992, pp. 1009-1033.

[5] 参见哈特著:《法理学与哲学论文集》，支振锋译，法律出版社 2005 年版，第 138 页。

[6] 参见［美］莫顿·J. 霍维茨著:《美国法的变迁：1780—1860》，谢鸿飞译，中国政法大学出版社 2004 年版，第 383-400 页。［美］格兰特·吉尔莫著:《美国法的时代》，董春华译，法律出版社 2009 年版，第 16-25 页。See Morton J. Horwitz, *The Transformation of American Law 1870—1960: The Crisis of Legal Orthodoxy*, Oxford: Oxford University Press, 1992, pp. 169-272.

[7] See Daniel Farber, “The Age of American Formalism,” *Northwestern University Law Review*, Vol. 90, 1995, pp. 89-106.

的转向意识则更加明显，[1] 且在大西洋两岸形成了一股统一的理论态势。

（三）“新”法律形式主义的观点

审视这种肇始于20世纪末，凸显于21世纪的“新”法律形式主义，可以发现，其演进基本上是在两个方向上同时进行的：一方面，是方法论上的变化，呈现出对法律形式主义的重新解读；另一方面，则体现在价值论上，出现对法律传统抑或法治的回归。具体而言，这种“新”法律形式主义的观点至少包括以下五个方面的论断。

1. 不存在一个严格意义上的法律形式主义

法律现实主义的缺陷是明显的，例如，美国波士顿法学院辛格（Joseph William Singer）就曾尖锐地指出，“现实主义的核心缺陷”乃在于，“法官和律师是经由形式主义开展规范性论证的，而现实主义者却无法产生一个能替代前者且又令人满意的策略或方法”，[2] 尽管如此，“新”法律形式主义者却不再坚持一个严格意义上的形式主义论断，相反，其走向了“相对法律形式主义”的道路。他们认为：

第一，从法律实践角度来看，存活于“真空”中的法律形式主义是不存在的。现实主义如同一面镜子，不断砥砺着法律形式主义的模态。但随着批判的深入，人们逐渐意识到，现实中的法律形式主义并不像现实主义所想象的那样，是生活在“真空”中的。例如，美国纽黑文律师戈奇（Charles C. Goetsch）通过实证研究发现，在卢埃林等人所宣称的法律形式主义时代，案件审理中均考虑了一定的经济、政治因素。[3] 因此，美国学者塔玛纳哈（Brian Z. Tamanaha）对“是否存在一个被现实主义所反对的形式主义时代”，表现出极度怀疑。[4]

---

[1] See Lawrence B. Solum, “The Positive Foundations of Formalism: False Necessity and American Legal Realism,” *Harvard Law Review*, Vol. 127, 2014, pp. 2464-2497.

[2] See Joseph William Singer, “Legal Realism Now,” *California Law Review*, Vol. 76, 1988, pp. 467-468.

[3] See Charles C. Goetsch, “The Future of Legal Formalism,” *American Journal of Legal History*, Vol. 24, 1980, pp. 221-256.

[4] See Brian Z. Tamanaha, *Beyond the Formalist-Realist Divide: The Role of Politics in Judging*, Princeton: Princeton University Press, 2010, pp. 1-9.

第二，一些法律现实主义学者在一定程度上认可法律形式的存在。这表现在，一方面，并不是所有的法律现实主义者都绝对地拒绝法律形式。例如，美国佛罗里达州法学院布里奇曼（Curtis Bridgeman）通过研究就指出，作为对法律现实主义有重要影响的卡多佐法官所持的立场，其实是一个“弱”法律形式主义。[1] 又如，芬兰赫尔辛基大学法学教授赞博尼（Mauro Zamboni）认为，法律现代主义的代表人物卢埃林所支持的，并不是不要规则，而是在规则方面设定了文字和内容视角。[2] 此外，在历史上，德国自由法运动和斯堪的纳维亚现实主义要比美国法律现实主义更强调法律形式的意义。另一方面，也有学者指出像波斯纳、孙斯坦等人本身就是形式主义者。[3] 之所以这样认为，是因为法律的经济分析，其实质也是一种形式主义，只不过它没有用法律形式，而是采用经济形式来看待法律问题，如理性选择、成本分析等都是一种形式。[4]

第三，出现了法律现实主义者的形式主义转向或融合。所谓法律现实主义者的转向，是指法律现实主义学者认可了法律形式在司法过程中的基础地位。例如，康奈尔法学院教授萨默斯（Robert S. Summers）在其后期思想中更加重视法律形式的意义，[5] 将法律的形式作为法律功能实现的目标保障。[6] 除了此种在法律形式主义方面的转向之外，更多的学者则提出了法律现实主义与形式主义必须融合的诉求，并在此基础上展开了各自认可的方式或策略。[7]

---

[1] See Curtis Bridgeman, “Allegheny College Revisited: Cardozo, Consideration, and Formalism in Context,” *U. C. Davis Law Review*, Vol. 39, 2005, pp. 149-186.

[2] See Mauro Zamboni, “Legal Realisms and the Dilemma of the Relationship of Contemporary Law and Politics,” *Scandinavian Studies in Law*, Vol. 48, 2005, p. 592.

[3] See Burt Neuborne, “Of Sausage Factories and Syllogism Machines: Formalism, Realism, and Exclusionary Selection Techniques,” *New York University Law Review*, Vol. 67, 1992, p. 420.

[4] See Adolfo Giuliani, *What is Comparative Legal History? Legal Historiography and the Revolt against Formalism, 1930—1960*, from https://papers.ssrn.com/sol3/papers.cfm?abstract_id=2849438.

[5] See Robert S. Summers, “How Law is Formal and Why It Matters,” *Cornell Law Review*, Vol. 82, 1997, p. 1166.

[6] See Robert S. Summers, *Form and Function in A Legal System-A General Study*, Cambridge: Cambridge University Press, 2006, pp. 3-36. See also Deborah A. DeMott, “Appropriating Form: A Comment on Summers, ‘How Law is Formal and Why It Matters’,” *Cornell Law Review*, Vol. 82, 1997, pp. 1230-1242.

[7] See Pierre Schlag, “Formalism and Realism in Ruins (Mapping the Logics of Collapse),” *Iowa Law Review*, Vol. 95, 2009, pp. 195-244. See also Burt Neuborne, “Of Sausage Factories and Syllogism Machines: Formalism, Realism, and Exclusionary Selection Techniques,” *New York University Law Review*, Vol. 67, 1992, p. 420. James G. Wilson, “The Morality of Formalism,” *UCLA Law Review*, Vol. 33, 1985, pp. 431-484.

由是观之，在法律形式主义方面的这些变化均表明了“新”法律形式主义更多地走向了相对性，而这种相对性用孙斯坦的话来说，就是“真正的问题是‘什么程度的形式主义’，而不是形式主义有无的问题”。[1]

2. 仅有形式逻辑无法完全代表法律形式主义

“新”法律形式主义的提倡者们不再强调逻辑三段论作为法律形式主义最主要的表现形式，或言之，在一定程度上，他们接受了法律现实主义的批判。例如，温里伯明确地指出，“我所提出的形式主义的概念不同于当代法学界中滑稽之风，形式主义——通过被认为是确定规则的机械应用——在这种风气中主要是一个‘随意地被滥用的术语’”。[2] 又如美国学者莱特（Brian Leiter）将形式主义划分为两类，即庸俗的法律形式主义（Vulgar legal formalism）和精致的法律形式主义（Delicate legal formalism），而那种将形式逻辑完全等同于法律形式主义的论断，正是庸俗法律形式主义的集中表现。[3]

其实，早在1924年，美国哲学家杜威（John Dewey）就已撰文指出形式逻辑与法律论证之间的不等价性。[4] 因此，那种来自于自然科学的，仅经由公理或可推导出结论的形式演绎或推理是无法完全适用于法律领域的。[5] 这正如美国法学家夏皮罗（Scott J. Shapiro）教授所批判的，“法律推理的目标是发现法律；而作出司法裁判的目的是解决纠纷。……只有当法律能够解决所有的问题，司法裁判才完全等同于法律推理。但是如果法律有漏洞或者有不一致的地方，必须作出判决的法官就不能仅仅依赖于法律推理”。[6]

---

[1] See Cass R. Sunstein, “Must Formalism be Defended Empirically?” *University of Chicago Law Review*, Vol. 66, 1999, p. 640. 同样，纽约大学法学教授怀曼（Katrina Miriam Wyman）更是认为，形式主义是不可避免的。See Katrina Miriam Wyman, “Is Formalism Inevitable?” *University of Toronto Law Journal*, Vol. 57, 2007, pp. 685-704.

[2] 参见［加］欧内斯特·J. 温里伯：《法律形式主义》，载［美］帕特森编：《布莱克维尔法哲学和法律理论指南》，汪庆华等译，上海人民出版社2012年版，第337页。

[3] See Brian Leiter, “Legal Formalism and Legal Realism: What is the Issue,” *Legal Theory*, Vol. 16, No. 2, 2010, pp. 111-133.

[4] See John Dewey, “Logical Method and Law,” *Cornell Law Review*, Vol. 10, No. 1, 1924, p. 21.

[5] See Csaba Varga, “The Quest for Formalism in Law: Ideals of Systemicity and Axiomatisability between Utopianism and Heuristic Assertion,” *Acta Juridica Hungarica*, Vol. 50, No. 1, 2009, pp. 23-30.

[6] 参见［美］夏皮罗著：《合法性》，郑玉双、刘叶深译，中国法制出版社2016年版，第320页。

3. “新”法律形式主义对确定性的理解凸显出多元化

法律或规则具有确定性，这是传统法律形式主义所坚持的。然而，“新”法律形式主义在确定性方面表现出正反两个方面论证：第一，“新”法律形式主义者不再坚守法律或规则具有绝对的确定性，他们承认法律中存在着不确定性。例如，温里伯在其文章中已认可这一点。[1] 第二，“新”法律形式主义者认为，尽管法律现实主义指摘法律形式主义的不确定性，但法律现实主义对不确定性的批判，只是“提供了一种态度，而没有提出解决办法，在这层意义上，现实主义也仅是一个未竟的事业”。[2] 第三，相比法律现实主义，“新”法律形式主义者认为，由于法律现实主义考虑到更多的法外因素，因此，法律现实主义所带来的不确定性要远远多于法律形式主义，换言之，后者在一定意义上要比前者更益于带来确定性。[3] 第四，法律存在不确定性并不意味法律形式无法实现确定性。这正如肖尔所言，法律形式同样可以带来确定性，但这种确定性不是内容的确定，而是选择的确定。[4]

4. 法律形式主义的意义在于“内在可理解性”

就“新”法律形式主义在方法论方面的贡献，恐怕非温里伯教授莫属。其观点聚焦于司法判决，直面法律现实主义的批判要点，是法律形式主义在方法论上的“新”阐释和“新”解读。[5] 温里伯教授认为，法律形式就是旨在赋予法律学者对一种可理解秩序的感知以意义。这也就是为什么近两个世纪以来，法律形式主义一再被戕害，却依然屹立不倒的主要原因。那种意在从外部理解法律的行为是毫无意义的，法律是作为一种内在融贯现象而被理

---

[1] See Ernest J. Weinrib, “Legal Formalism: On the Immanent Rationality of Law,” *Yale Law Journal*, Vol. 97, 1988, pp. 957-958.

[2] See F. C. DeCoste, “From Formalism to Feminism: Seventy-Five Years of Theory in the Legal Academy,” *Alberta Law Review*, Vol. 189, 1997, p. 203. 又见［美］奥利弗·E. 威廉姆森：《再探法律现实主义：法律-经济学-组织视角》，载于［美］斯蒂文·G. 米德玛主编：《科斯经济学：法与经济学和新制度经济学》，上海三联书店 2007 年版，第 119-120 页。

[3] See Paul N. Cox, “An Interpretation and (Partial) Defense of Legal Formalism,” *Indiana Law Review*, Vol. 36, 2003, pp. 72-73.

[4] See Frederick Schauer, “Formalism,” *Yale Law Journal*, Vol. 97, 1988, pp. 509-548.

[5] See John Stick, “Formalism as the Method of Maximally Coherent Classification,” *Iowa Law Review*, Vol. 77, 1992, pp. 773-803.

解的。而这种法律形式主义的内在可理解性正是奠基在西方哲学理性传统之上。[1] 据此，温里伯认为，首先，就司法裁判而言，法律形式主义者的分析组成不是建立在外部观念要素上的，而仅是来自于法律的内部预设。其次，形式主义意在联系司法考量和话语的意义是在其自身术语内发生的。换言之，形式主义者是从内部理解法律的，而不是经由一种外来语言，亦即通过其他学科——像经济学——的术语翻译来理解的。最后，形式主义强调融贯是其自身的内在概念。它提供了一种自我限制和内部参照的循环。[2]

由是观之，温里伯的法律形式主义“内在可理解性”：一方面，强调了法是一套不依赖于外部观念的自治体系，法律可以与政治、经济等外部因素相联系，但却无法与它们实现本质上的“通约”。[3] 即使是司法过程亦是如此，这一如哈特所言，“在任何的时刻，法官都是体系的一部分……法院将规则的核心意义视为某种他们在运用权威作出在体系内不容挑战之司法裁决时，所不能任意加以忽视的东西”。[4] 另一方面，其是用“内视观点”来理解法律的。或言之，唯有经由法律形式，才能将一般的经验实在“内化”为法律，而在此之前，其根本不是法律，而仅仅是法的一种渊源。[5]

5. 法律形式主义是法治的根本保障

如果说传统法律形式主义更多地着墨于方法论，那么，“新”法律形式主义则更强调价值论的意义，亦即对法治价值的反思和回归。[6] 而这种价值论的回归则具体体现在立法和司法裁判两个层面上。

就立法层面而言，“新”法律形式主义认为，正是由于抛弃了对法律形式应有的持存，特别是法律形式所固化的，自启蒙时代以来人类所拥有的那些

---

[1] See Ernest J. Weinrib, “Legal Formalism: On the Immanent Rationality of Law,” *Yale Law Journal*, Vol. 97, 1988, pp. 949-1016.

[2] See Ernest J. Weinrib, “The Jurisprudence of Legal Formalism,” *Harvard Journal of Law & Public Policy*, Vol. 16, 1993, pp. 592-593.

[3] See Michael Corrado, “The Place of Formalism in Legal Theory,” *North Carolina Law Review*, Vol. 70, 1992, pp. 1545-1561.

[4] 参见［英］哈特著：《法律的概念》，许家馨、李冠宜译，法律出版社2006年版，第140页。

[5] See Anthony D'Amato, “The Limits of Legal Realism,” *Yale Law Journal*, Vol. 87, 1978, pp. 478-479.

[6] See Wessel Le Roux, “Trapped between the Truth and Logic of Legal Formalism,” *South African Law Journal*, Vol. 116, 1999, p. 877.

传统价值，我们才不断遭遇着种种困境。[1] 对于德国自由法运动是否给纳粹上台提供了理论支持，无论学术上存在何种争议，[2] 但“二战”后，德国自由法运动的迅速消逝，则从另一个侧面表明，法律形式对维护法治的重大意义。[3] 同样，无论是美国新政，[4] 还是沃伦法院的能动司法，法律现实主义及其遗产都对以法律形式为特征的法治产生了最直接的冲击。[5] 因此，尽管法律形式主义有着诸多缺陷，但它却是保障法治的最后屏障，正如印第安纳法学院考克斯（Paul N. Cox）教授所指出的，形式主义的概念性特征在一定程度上有助于防范人们对社会的过度管理。[6]

就司法裁判而言，“新”法律形式主义亦认为，法律形式是防止自由裁量权滥用的基本手段。或言之，唯有通过赋予规则以优先性来约束法官的自由裁量权，才能服务于法律的整体“概念秩序”，从而使法官有一种义务，即在对裁判事实考量时，总是建立在形式规则的框架之下。[7] 因此，在一定意义上，法律的形式规则乃是防范非法律机制的最后限制。总之，一如拉兹（Joseph Raz）所言，“法治通常被认为是为保护人民的自由，并限制任意的权力。它是一种超越政治理想，是非政治性的，至少在某种程度上，它保护了人们不受政治竞争的影响”。[8] 而“新”法律形式主义亦是此种认知，认为法治的形式面向将产生一种“法律暗影”（the shadows of law），[9] 并经由它实现对那

---

[1] 哈耶克在“法治的衰微”一文中曾具体指出各国抛弃法治所产生的种种现实危害及对此的担忧。参见［英］哈耶克著：《自由秩序原理》，邓正来译，三联书店 1997 年版，第 295-314 页。

[2] See Albert S. Foulkes, “On the German Free Law School,” *Archives for Philosophy of Law and Social Philosophy*, Vol. 55, No. 3, 1969, p. 371, pp. 399-403.

[3] See Guido Calabresi, “Two Functions of Formalism,” *University of Chicago Law Review*, Vol. 67, 2000, pp. 479-488.

[4] See Melody Reis & Bret Beheim, “A Theory of Social Formalism: The Four Horsemen and the New Deal,” *Law and Society Review*, Vol. 2, 2003, pp. 85-94.

[5] 参见［美］布雷恩·Z. 塔玛纳哈著：《论法治：历史、政治和理论》，李桂林译，武汉大学出版社 2010 年版，第 94-116 页。

[6] See Paul N. Cox, “An Interpretation and (Partial) Defense of Legal Formalism,” *Indiana Law Review*, Vol. 36, 2003, pp. 96-97.

[7] See Michael Stokes, “Formalism, Realism, and The Concept of Law,” *Law and Philosophy*, Vol. 13, 1994, pp. 115-159.

[8] See Joseph Raz, “Formalism and the Rule of Law,” in Robert P. George ed., *Natural Law Theory: Contemporary Essays*, Oxford: Clarendon Press, 1992, p. 309.

[9] See Fiona Haines & David Gurney, “The Shadows of the Law: Contemporary Approaches to Regulation and the Problem of Regulatory Conflict,” *Law & Policy*, 2003, Vol. 25, pp. 353-380.

些人类所拥有的根本价值的保护。

二、“新”法律形式主义对能源立法必要性的启示

“我们已埋葬了行动的形式，但它们仍从坟墓中统治着我们”，[1] 梅特兰（F. W. Maitland）此言不虚！但为何是这样呢？对此，美国法学家帕特森（Dennis Patterson）一针见血地指出了症结。他说，“形式主义是当今法理学方法中名声最不好的一种。然而，在数不清的批判之后，这种方法依然存活下来。对它仍然存活下来的一个解释是它在某种层面上诉诸了我们关于法律的最深的直觉”。[2]

毋庸置疑，仅凭一己之力，形式主义是难以独撑起法律这棵参天大树的。然而，它的不可或缺性却在于，其解决的不是正误问题，而是判断的基准问题；没有它，人类将无法展开行动。[3] 换言之，虽然“想象的世界无论怎样不同于真实的世界，它应该有与真实世界共同的某种东西——某种形式”，[4] 而正是经由形式这一桥梁，我们才认识和把握住外在世界。或者说，如若人类赖以生存的生活方式乃是遵循规则，那么规则的语法必将显现为形式。[5] 由此可见，“新”法律形式主义再一次揭橥了形式对于法律的意义。同样，倘若我们期冀能源能发挥其有益的作用，促进人类社会进步和国家繁盛，对能源法律的形式诉求就是必不可少的。这是因为以下几点。

（一）只有能源借助法律形式，能源理性才能发挥其作用

韦伯曾言之，“所有的形式的法，至少在形式上，相对而言是理性的”，或者说，“法律之所以可能达成现代意义上的那种特殊专门的、法学上的提升纯化，唯其因为其具有形式的性格”。[6] 所以，我们若意在使能源在社会中所

---

[1] See F. W. Maitland, *Equity*, *also The Forms of Action at Common Law*: *Two Courses of Lectures*, Cambridge: The University Press, 1929, p. 296.

[2] 参见［美］帕特森著：《法律与真理》，陈锐译，中国法制出版社 2007 年版，第 32 页。

[3] See Celia Wasserstein Fassberg, “Form and Formalism: A Case Study,” *American Journal of Comparative Law*, Vol. 31, 1983, p. 631.

[4] 参见［奥］维特根斯坦著：《逻辑哲学论》，郭英译，商务印书馆 1985 年版，第 24 页。

[5] See James Penner, “The Rules of Law: Wittgenstein, Davidson, and Weinrib's Formalism,” *University of Toronto Faculty of Law Review*, Vol. 46, No. 2, 1988, pp. 488-521.

[6] 参见［德］韦伯著：《法律社会学》，康乐、简惠美译，广西师范大学出版社 2005 年版，第 28 页。

发挥的作用，不仅仅是作为一种生活所需品，而是成为推动社会进步或实现更高文明的力量；那么，就须借助于法律形式，让理性宰制能源。这样，至少可以在两个方面有所裨益。

1. 借助法律形式，可廓清能源在精神世界中的真正意义

在我们生活的现实世界中，能源到底是什么？倘若我们对这一问题没有一个统一的认识，那么，能源在实践领域必是无序且混乱不堪的。当前，这突出地表现在对能源认识的物理世界与精神世界之间的分裂上。就物理世界而言，对自然的发现和探索有力地推动了近代文明的产生与进步，这已是不争的事实。[1] 且亦没有人怀疑，它必将继续发挥更大的作用。然而，随着自然科学研究的深入，物理世界自 20 世纪 20 年代起，已出现了由物质向能源研究的转向，其典型特征就是相对论与量子理论的提出。[2] 能源已成为当代自然科学研究的基本面，或言之，我们生活的物理世界正在迈向一个能源时代。[3]

然而颇为吊诡的是，当物理世界在向能源大踏步进军之时，我们的精神世界却踌躇不前，能源仅被当作社会其他领域的"附庸"，俨然丧失了其作为"实在"而持存的理由和意义。例如，在市场经济中，我们认为能源就是经济问题。[4] 而随着 20 世纪 70 年代环境保护兴起，它又成为环境问题。[5] 能源在摇摆中前行，却总找不到自己应有的位置。而这带来的危害却是，倘若我们不能抓住能源的根本属性，那么在社会层面上的能源价值冲突将是不可避免的，能源治理不仅会淹没在此种价值冲突的纷争中，且更严重的可能是当能源危机到来之时，我们将束手无策。

---

[1] 参见［英］A. N. 怀特海著：《科学与近代世界》，何钦译，商务印书馆 1959 年版，第 1-19 页。

[2] 参见［美］帕格尔斯著：《宇宙密码：作为自然界语言的量子物理》，郭竹第译，上海辞书出版社 2011 年版，第 3-167 页。

[3] 参见［加］曼宁、［美］加本著：《新能源突破：量子跃迁将如何改变世界》，杨跃青译，知识产权出版社 2013 年版，第 18-28 页。

[4] 将社会中的所有问题都阐释为经济问题似乎已是一项司空见惯的事情了，人们对此习焉不察。而美国学者波兰尼认为这恰恰正是我们今天面临诸多问题和挑战的根源。参见［英］卡尔·波兰尼著：《大转型：我们时代的政治与经济起源》，冯钢、刘阳译，浙江人民出版社 2007 年版，第 3-4，25 页。

[5] 在法学学科划分上，能源法被纳入到环境资源法学科之内就是此种认识。

是故，经济不能代表能源，❶ 环境亦不能涵盖能源，因为能源即是世界。它不仅是物理世界的基础，亦是我们精神世界的依托。唯有正本清源，恢复其在精神世界的真正意义，才可避免那些不必要的纷扰。而肩负起这一责任的则非法律形式莫属。因为，法律形式是一种认知，❷ 且是一种权威的认知。❸ 其对能源的裨益在于：一方面，普通民众无须掌握深奥的能源知识，即可明了其意义；另一方面，也可避免被极端或错误的理念所引导而使能源实践误入歧途。

2. 借助法律形式，可实现能源理性的体系化和规范化

从一定意义上而言，能源发展不是杂乱无章的，亦不是随性而为的事情，它有着自身发展的内在取向。当社会按照这种能源理性去行动时，则会呈现出一种加速度式的进步；但当人们忽视抑或扭曲这种理性时，它则会阻碍社会进步，甚至摧毁自己一度建立起来的繁盛。例如，英国由于煤炭的使用，实现了从有机能源向无机能源的转变，最终促发工业革命。❶ 其所产生的巨大推动力，用经济史学家兰德斯（David Landes）的话来说，就是“不得不承认，法国等国工业革命的步伐与英国相比还是缓慢很多。尽管……却花了几代人的时间才完成消化、吸收这些技术，进而又花了更长时间才追赶上英国”。❺ 可见，能源变革是英国工业革命成功的关键。但遗憾的是，在后期发展中英国却固守于煤炭，最终被以电力和石油为基础来建构社会的美国、德国两国所超越。

由此可知，尽管英国利用煤炭并最终引发工业革命纯属是多种因素共同作用的偶然结果，但其成功之处却在于契合了能源变革，而其失败亦是由于

---

❶ 有学者指出，“经济学家研究能源时更多关注能源价格对短期经济增长和通货膨胀的影响。这种状况与能源的实际地位和作用很不相称”。参见宁留甫著：《能源转换的政治经济学分析》，吉林出版集团股份有限公司2015年版，第5页。

❷ See Christoph Bezemek, “Pure Formalism? Kelsenian Interpretative Theory between Textualism and Realism,” in D. A. Jeremy Telman ed., *Hans Kelsen in America-Selective Affinities and the Mysteries of Academic Influence*, Switzerland: Springer, 2016, p. 253.

❸ See Brian Leiter, “Positivism, Formalism, Realism,” *Columbia Law Review*, Vol. 99, 1999, p. 1163.

❶ See E. A. Wrigley, *Energy and the English Industrial Revolution*, Cambridge: Cambridge University Press, 2010, pp. 1-6.

❺ 参见［英］大卫·兰德斯著：《解除束缚的普罗米修斯——1750年迄今西欧的技术变革和工业发展》，谢怀筑译，华夏出版社2007年第2版，第125页。

忽视了这一点。因此，唯有积极发现能源理性，运用能源理性，才能摆脱这种偶然的、不确定式的能源发展，才能防范能源扭曲所带来的种种弊端。而在发挥能源理性的诸多保障中，经由法律形式确立起来的无疑是一种较为理想的选择。究其原因：其一，法律形式可实现能源理性的体系化。任何法律形式的初创必然是建立在事实基础上的，或言之，法律形式所体现出来的法律概念是人们对社会实践的历史总结。是以，与其他揭橥能源理性的载体一样，法律形式亦可在其范畴内实现对能源理性的归纳。但与政策、经济等载体所不同的是，法律形式破除了它们在能源理性归纳方面的碎片化，从而使能源理性形成一个互动的关联体。且更为重要的是，并不是所有来自于能源事实的理性都能进入这一体系中，而只有那些彼此融贯的能源理性才会被接纳。

其二，法律形式赋予能源理性以规范价值。与其他载体不同，法律形式为能源理性带来了规范价值。一方面，它实现了与能源事实理性相区别的功能，将社会、经济等领域总结出来的能源理性与之相分离；另一方面，它发挥的作用是外在的，因而又不同于能源道德所产生的内在规范性。所以，这种能源规范理性具备了更强的可操作性和社会的可接受度，在一定层面上，它既避免了由能源事实所归纳出的能源理性之间的冲突，又降低了人们从事能源实践的成本。

（二）只有能源借助法律形式，工具主义的危害才能被限定在一个合理的范围

今天，将法律作为我们意欲实现目标的工具，就如同塔玛纳哈所形容的，它“像我们呼吸的空气一样，被当作是理所当然的事情”。❶ 人们认为，法律规则和其他形式的法律本质上是被人们设计出来的经世济用的工具，现行法律的拓展和细化应依据从普遍需求与利益中总结出的政策目标，而非假想的固属于概念的逻辑或“完美的”概念体系。❷

---

❶ See Brian Z. Tamanaha, *Law as a Means to an End*: *Threat to the Rule of Law*, Cambridge: Cambridge University Press, 2006, p. 1.

❷ 参见［美］萨默斯著：《美国实用工具主义法学》，柯华庆译，中国法制出版社 2010 年版，第 2-10 页。

毋庸讳言，这一理念正是法律工具主义者所倡导的。其滥觞于20世纪20年代，曾有力地支持了罗斯福“新政”，并成为法律现实主义的主要论断，[1]且为20世纪50—70年代美国能动司法主义提供了重要的理论支撑。[2]然而，正如美国法学家菲尔德曼（Stephen M. Feldman）指出的，“在后现代主义中，这种把法律以及司法和其他法律规定的权威性当作工具进行使用，变得充满了问题”。[3]确如其言，在现代文明中，法律极尽其所能，发挥着任何其他领域所无法替代的工具效用。但是，当社会走向更深层面时，工具理性的运用愈发背离法的本性，其所产生的危害则越大。

此种危害同样也突出地反映在能源法领域。例如，美国“新政”之前，其油气生产领域仅有普通法的“捕获规则”（rule of capture）适用，而无其他相关规定。[4]这一制度简单却有力，为20世纪前叶美国成为一个油气充沛的国家奠定了坚实的法律基础。[5]不过，当能源充沛到市场无法消纳时也会出现严重问题。在捕获规则下，20世纪30年代起，美国油气出现了大量过剩，从而引发市场混乱。然而，此时美国政府并未从能源理性出发，相反却依据“大萧条”之后出台的《全国工业复兴法》授权政府直接限制石油产量。所幸的是，1935年美国最高法院宣布该法违宪。尽管国会最终再次通过了《康纳利热油法》，但这一法律限定政府仅有建议权，而并不强制各州遵守产量配额，从而在制度上保证了捕获规则免于被破坏。[6]

但是“新政”已是潮流，最高法院最终也倒戈于此。1938年，美国通过

---

[1] 参见［英］科特瑞尔著：《法理学的政治分析：法律哲学批判导论》，张笑宇译，北京大学出版社2013年版，第207-211页。

[2] See Charles R. Epp, “Law as an Instrument of Social Reform,” in Keith E. Whittington, R. Daniel Kelemen & Gregory A. Caldeira ed., *The Oxford Handbook of Law and Politics*, Oxford: Oxford University Press, 2008, pp. 595-613.

[3] 参见［美］菲尔德曼著：《从前现代主义到后现代主义的美国法律思想》，李国庆译，中国政法大学出版社2005年版，第3页。

[4] 捕获规则是指，一块土地上被开采出来的部分油气即使被证明是来自于毗邻的另一土地油气的流入，该土地的所有者仍有权获得这些石油和天然气。See Robert E. Hardwicke, “The Rule of Capture and Its Implications as Applied to Oil and Gas,” *Texas Law Review*, Vol. 13, 1935, p. 393.

[5] See Terence Daintith, *Finders Keepers? How the Law of Capture Shaped the World Oil Industry*, Washington DC: Earthscan, 2010, pp. 11-13.

[6] 参见［美］耶金著：《石油大博弈：追逐石油、金钱与权力的斗争（上）》，艾平等译，中信出版社2008年版，第171-179页。

了历史上第一部《天然气法》，即《1938年天然气法》，成立联邦电力委员会（Federal Power Commission）监管州际之间的天然气管道贸易。[1] 之后又通过司法解释的方式，将按比例分配天然气生产和确定井口定价的权力也交由前者来行使。[2] 至此，能源的人为定价机制形成，具备能源理性的捕获规则被彻底扭曲了。

人为定价机制大大降低了人们对油气的投资热情。但由于“二战”的原因，这一弊端并没有马上体现出来。直到1962年，美国天然气生产/储量比开始下降，美国出现供不应求的征兆。[3] 1973年，美国天然气产量达到历史峰值，[4] 但在这一年，欧佩克发动了石油禁运，二者的不期而遇对美国经济造成了致命一击。此时，美国政府才意识到人为定价的问题，为此，1978年通过了《天然气政策法》，废除了《1938年天然气法》，解除天然气的政府管制，[5] 又通过《1978年发电厂和工业燃料使用法案》《1989年天然气井口价格解除管制法》，及之后联邦能源监管委员会的一系列放松管制和市场自由化的指令。[6] 油气领域的捕获规则这一能源理性才重新被矫正过来，并再次引发了21世纪的美国页岩革命。[7]

由是观之，美国“新政”在能源领域的立法采取了工具主义的进路，只

---

[1] 联邦电力委员会主要负责监管电力和天然气领域，之所以如此安排，是因为当时在美国电力与天然气都被认为属于公用企业，不同于石油管制。See Dozier A. DeVane, “Highlights of Legislative History of the Federal Power Act of 1935 and The Natural Gas Act of 1938,” *George Washington Law Review*, Vol. 30, 1945-1946, pp. 38-41.

[2] 1947年，美国最高法院授予联邦电力委员会监管天然气生产商与其关联管道公司的天然气价格。之后，于1954年又通过菲利浦诉威斯康斯州案，确认《1938年天然气法》授予了联邦政府统一管理跨州销售的天然气井口价。See *Interstate Natural Gas Co. v. FPC* (S. Ct. 1947), *Phillips Petroleum Co. v. Wisconsin* (S. Ct. 1954).

[3] See Chirstopher J. Castaneda & Clarance M. Smith, *Gas Pipelines and the Emergence of America's Regulatory State*, Cambridge: Cambridge University Press, 1996, p. 184.

[4] See Arlon Tussing & Bob Tippee, *The Natural Gas Industry: Evolution, Structure and Economics*, *2nd ed.*, Tulsa, Oklahoma: PennWell Publishing Company, 1995, p. 33.

[5] 参见［美］托梅因，［美］卡达希著：《美国能源法》，万少廷译，张利宾审校，法律出版社2007年版，第46-47页。

[6] See Paul W. MacAvoy, *The Natural Gas Market: Sixty Years of Regulation and Deregulation*, New Haven: Yale University Press, 2000, pp. 16-17.

[7] 参见［美］科尔布著：《天然气革命：页岩气掀起新能源之战》，杨帆译，机械工业出版社2015年版，第17-35页。又见吕江：《规则的背后：对美国页岩革命的制度反思》，载《美国研究》2016年第2期，第95-108页。

是在遭受了一系列重大经济损失和国家安全面临严重威胁之后，才意识到回归捕获规则这一能源理性的重要意义。按照韦伯的理解，现代社会的典型特征是科层制，而形式理性是科层制的必然要求，“因为在祛魅剥夺了一切外部传统或个人魅力的合法性之后，它就成了保持理性/科层支配结构的黏合剂”。[1] 但工具主义对此却不屑一顾，正如韦伯所指出的，“除了那些被他们视为宗教上绝对神圣、因此绝对具有拘束力的规范之外，全都不愿受到任何形式的限制——即使是他们自己制定的规则——所束缚”。[2]

美国能源法的演进之路表明，工具主义在法律上的过度雄心是极其有害的。第一，它将法律僭越到其他学科领域之上，意欲代替道德、政治和社会学的功能，而这最终只会“消解法律的权威”。[3] 第二，它旨在通过立法或司法提高治理社会的效率，但结果却如爱泼斯坦教授所看到的，“今天的法律，创立了更为复杂的规则，而这些规则却阻碍了它们自己所管制的社会生产效率”。[4] 第三，它认为通过民主方式产生的法律一定能体现民众的正确意志。然而，经济学家阿罗（KennethJ. Arrow）和森（Amartya Sen）分别通过严密的逻辑计算，发现这是不现实的。[5] 不宁唯是，即使工具主义能经由法律实现人们改造社会的目标，但这种目标一定是正确的吗？塔玛纳哈一针见血地指出了法律工具主义的症结就在于，“理性让人们能够高效地实现他们的目标，但却无法告诉人们何种目标是可欲的”。[6]

因此，形式理性是法所不可或缺的，它是对工具主义的最后防范。[7] 尽管

---

[1] 参见［美］邓肯·肯尼迪：《逻辑形式法律理性的“祛魅”或，韦伯关于西方法律思想现代模式系统的社会学研究》，载［美］卡米克、［美］戈尔斯基、［美］特鲁贝克编：《马克斯·韦伯的〈经济与社会〉：评论指针》，王迪译，上海三联书店 2014 年版，第 339 页。

[2] 参见［德］韦伯著：《法律社会学》，康乐、简惠美译，广西师范大学出版社 2005 年版，第 220 页。

[3] See H. L. A. Hart, “Positivism and the Separation of Law and Morals,” *Harvard Law Review*, Vol. 71, 1958, p. 598.

[4] 参见［美］爱泼斯坦著：《简约法律的力量》，刘星译，中国政法大学出版社 2004 年版，第 424 页。

[5] 参见［美］肯尼思·阿罗著：《社会选择与个人价值》，陈志武、崔之元译，四川人民出版社 1987 年版，第 1-14 页。［印］阿马蒂亚·森著：《后果评价与实践理性》，应奇译，东方出版社 2006 年版，第 481-490 页。

[6] ［美］塔玛纳哈著：《法律工具主义：对法治的危害》，陈虎、杨洁译，北京大学出版社 2016 年版，第 33 页。

[7] See David Kettler & Volker Meja, “Legal Formalism and Disillusioned Realism in Max Weber,” *Polity*, Vol. 28, No. 3, 1996, pp. 307-331.

工具主义常常指摘形式主义的保守，及对社会变革反应的迟缓，但“不是所有的变化都代表着进步”。[1] 在一定意义上，法律形式起到了防范权力滥用和多数人的暴政威胁。[2] 对此，英国历史学家汤普森（Edward Palmer Thompson）总结到，“法律的形式和修辞具有一种独特的身份，这种身份有时会抑制权力，并为无权者提供某种保护”。[3]

（三）只有能源借助法律形式，真正的能源创新和进步才是可能的

美国经济学家熊彼特（Joseph Schumpeter）在其《经济发展理论》一书中曾指出经济发展的源泉在于技术创新。[4] 今天，无论我们在经济增长问题上有着多么不同的观点，但科技创新始终被认为是其最重要的驱动力。[5] 故而，技术进步何以实现，就成为现代社会无法回避的现实问题。毋庸置疑，制度，特别是法律对科技进步的意义已被广泛认知。[6] 同理，能源创新与进步亦是如此。然而，法律对能源创新与进步的推动是有条件的，只有纳入到法律形式之下的能源创新和进步才是可行的。这是因为以下几点。

1. 能源创新不是一个可被法律有意识推动的直接结果

就技术本身而言，技术革新是一个不能被“人为设计”的过程，它有着自身发展的规律性。对此，美国技术思想家阿瑟（W. Brian Arthur）在对技术

---

[1] See W. H. Bryson, “But I Know It When I See It: Natural Law and Formalism,” *University of Richmond Law Review*, Vol. 50, 2016, p. 108.

[2] 对权力滥用和多数人暴政，哈特曾指出，“那些最大的危险不是存在于多数者利用其权力对少数者压迫的可能性之中，而是，随着民主理念的传播，这种压迫会被人们认为无可非议而理所当然，多数者会认为他们就应该如此”。参见［英］哈特著：《法律、自由与道德》，支振锋译，法律出版社 2006 年版，第 75 页。

[3] See E. P. Thompson, *Whigs and Hunters: The Origin of the Black Act*, London: Penguin Books, 1975, p. 266.

[4] 参见［美］约瑟夫·熊彼特著：《经济发展理论——对于利润、资本、信贷、利息和经济周期的考察》，何畏、易家详等译，商务印书馆 2009 年版，第 64-105 页。

[5] 参见［美］莫基尔著：《富裕的杠杆：技术革新与经济进步》，陈小白译，华夏出版社 2008 年版，第 3-7 页。

[6] 参见［美］哈罗德·J. 伯尔曼著：《法律与革命（第一卷）：西方法律传统的形成》，贺卫方等译，法律出版社 2008 年版，第 115-118 页。［美］托比·胡弗著：《近代科学为什么诞生在西方》，周程、于霞译，北京大学出版社 2010 年第 2 版，第 114-140 页。蔡昉：《理解“李约瑟之谜”的一个经济增长视角》，载《经济学动态》2015 年第 6 期，第 4-14 页。林毅夫：《李约瑟之谜、韦伯疑问和中国的奇迹——自宋以来的长期经济发展》，载《北京大学学报》2007 年第 4 期，第 5-22 页。

本质进行研究后指出，技术不是突变而是进化的，新技术是对现存技术的集成或组合，是“技术有机地从内部建造了自己”。[1] 推而言之，既然技术是从内部建造起来的，那么那种人为的、意欲通过法律政策直接推动技术革新的举措就必然是存在问题的。这也不幸被美国西北大学经济史教授莫基尔（Joel Mokyr）所言中，他指出，“纵观大部分历史，技术变革几乎不能被视为渐次开展的研发过程的结果。技术变革很少具备那些经过规划以及对成本效益进行精确计算的要素”。[2]

显然，对技术创新的一般性论断同样适用于能源。仍以美国为例。1973年之前，美国在能源领域的技术革新，鲜有通过政府规划和支助的。然而，1973—1974 年的石油禁运使其开始经由立法和政策推动能源技术革新，以期实现能源独立。[3] 这也就成为当时卡特政府能源政策的首要目标之一。[4] 一则，政府将目光投向可再生能源，鼓励可再生能源使用。然而，能源技术革新不是“阿波罗登月计划”，在技术累积尚不成熟的情况下无法实现能源技术的实质性突破。[5] 最后，正如我们所看到的，可再生能源的商业化真正始于 21 世纪，而不是在 20 世纪 80 年代。[6]

二则，卡特政府将前任福特政府制定的“非常规天然气研究项目”付诸实施。政府在 1976—1992 年的 16 年间，仅向其中一个子项目“东部页岩气项目就投入了 9200 万美元的研发资金，但令人遗憾的是，具备商业化的开采

---

[1] 参见［美］阿瑟著：《技术的本质：技术是什么，它是如何进化的》，曹东溟、王健译，浙江人民出版社 2014 年版，第 3-21 页。

[2] 参见［美］莫基尔著：《富裕的杠杆：技术革新与经济进步》，陈小白译，华夏出版社 2008 年版，第 9 页。

[3] See Richard H. K. Vietor, *Energy Policy in America since 1945: A Study of Business-Government Relations*, Cambridge: Cambridge University Press, 1984, pp. 313.

[4] 参见［美］斯泰格利埃诺著：《美国能源政策：历史、过程与博弈》，郑世高等译，石油工业出版社 2008 年版，第 20-28 页。

[5] See Peter Z. Grossman, *U. S. Energy Policy and the Pursuit of Failure*, Cambridge: Cambridge University Press, 2013, pp. 342-345.

[6] 从美国白宫屋顶太阳能板在 1979 年由卡特政府铺设，20 世纪 80 年代又被里根政府拆除，再到 2010 年奥巴马政府重新铺设，折射出太阳能商业化的曲折之路。See Tom Murse, *A Brief History of White House Solar Panels*, https://www.thoughtco.com/history-of-white-house-solar-panels-3322255 (last visited on 2020-11-23).

技术并没有研发出来，最终里根政府被迫取消这一项目的研发拨款。[1] 而6年之后，具备商业页岩气开采的水力压裂技术却是来自于一家美国中型油气商米歇尔公司，至此才促发了美国页岩革命。[2] 由是观之，那种通过法律政策，意欲直接推动能源技术创新的方式是存疑的。这亦如爱泼斯坦所言，“法律规则也在捏塑着隶属法律约束的个人的行为。在这个意义上，考虑不周而造成的激励，就会导致低效的资源配置，这就如任何特定的投入导致低效的产出一样。然而，达到最优，从来就不是一个简单的任务”。[3]

2. 能源创新得益于法律对人类创新精神的形式理性支持

法律是什么？法律是一种可兹利用的人类符号。[4] 按照德国哲学家卡西尔（Ernst Cassirer）的理解，这种符号的特性就在于它不仅反映客观世界，而且建构着世界。[5] 当然，这种建构决然不会是上文那种肆意的行为；相反，它是经由形式理性来建构意义世界的，这也体现在能源创新方面。

一方面，法的形式理性为能源创新提供了基本的行动空间。黑格尔曾言之，“法的理念是自由”。[6] 可见，法正是借由形式，保障了个体自由，而个体自由却是创新的真正动力源。这一如英国哲学家密尔（John Stuart Mill）在《论自由》一书中所指出的，“进步唯一可靠而永久的源泉还是自由，因为一有自由，有多少个人就可能有多少独立的进步中心”。[7] 是以，仅有实质理性的法律是不完善的，因为立基于此的规则“时常阻碍人类天赋和主动精神得以发挥，而人类天赋，以及主动精神，人们是期望加以保护的，是期望加以

---

[1] See U. S. National Energy Technology Laboratory & U. S. Strategic Center for Natural Gas and Oil, *DOE's Unconventional Gas Research Programs, 1976-1995: An Archive of Important Results*, Washington, DC: U. S. Department of Energy, 2007, pp. 13-48.

[2] 参见［美］祖克曼著：《页岩革命：新能源亿万富豪背后的惊人故事》，艾博译，中国人民大学出版社2014年版，第38-88页。

[3] 参见［美］爱泼斯坦著：《简约法律的力量》，刘星译，中国政法大学出版社2004年版，第45页。

[4] See Deniz Coskun, *Law as Symbolic Form: Ernst Cassirer and the Anthropocentric View of Law*, Netherlands: Springer, 2007, p. 8.

[5] 参见［德］恩斯特·卡西尔著：《人论》，甘阳译，上海译文出版社2004年版，第34页。See also Ernst Cassirer, *The Philosophy of Symbolic Forms, Vol. One: Language*, New Haven & London: Yale University Press, 1955, pp. 73-114.

[6] 参见［德］黑格尔著：《法哲学原理》，范扬、张企泰译，商务印书馆1961年版，第1-2页。

[7] 参见［英］约翰·密尔著：《论自由》，程崇华译，商务印书馆1959年版，第75-76页。

鼓励的”[1]。这亦如哈耶克（Friedrich A. Von Hayek）所认同的，“增进自由的所有制度都是适应无知这个基本事实的产物，这种适应旨在应对机遇和或然之事项，而非确然之事。在人类事务中，我们无力达致这种确然性，亦正是基于此一原因，为最佳地使用我们所拥有的知识，我们必须遵循那些为经验表明能在总体下产出最佳结果的规则，虽说我们并不知道在特定情势下遵循这些规则会产生何种后果”。[2]

另一方面，法律经由形式保障了能源创新的可能性。对于法律而言，存在两种类型的变化，一种是外在变化，亦即受外部影响，法律整体发生的变化。这种变化一定程度上与法所追求的安定性相冲突，因此，它也成为法学和其他社会科学致力解决的主要问题。而另一种变化则是内在变化，是法律自身的内部演化。这种变化与外界影响基本无涉，是一种体系内的变化。而经由形式保障的法律变化正属于此种类型，它是法律变化的常态，[3] 或言之，是法律范式的自我延展，其助益之处在于，保证了法律自身的连续性，特别是在法律形式“护佑”之下的变化将受到较小的抵牾。[4]

事实上，相比其他领域，因技术革新而引发的能源革命对于社会的影响力是巨大的。但这种能源范式的转换并不是能源创新领域的常态，而只有那些非革命式的能源变革才是支撑能源发展的主力。是以，经由法律形式保障的能源创新，是一种在法律确定的界限内开展的能源创新，如立法对能源技术的税收优惠、减免举措对石油勘探开采技术的累积性进步就具有重要的激励作用。当然，这种对能源创新的保护和对变化的支持，与其说是建立在人们对具体能源目标的追求上，毋宁说是建立在防止制度设计偏离的法律形式上。因为法律为人类生存与发展建立起的“盾牌”作用要远比推动经济发展

---

[1] 参见［美］爱泼斯坦著：《简约法律的力量》，刘星译，中国政法大学出版社2004年版，第29-30页。

[2] 参见［英］哈耶克著：《自由秩序原理》，邓正来译，三联书店1997年版，第30页。

[3] 美国法学家伯尔曼指出，“法律中大规模的突然变化即革命性变化实际上是‘不自然的’”。参见［美］伯尔曼著：《法律与革命：西方法律传统的形成》，贺卫方等译，法律出版社2008年版，第15页。

[4] See Celia Wasserstein Fassberg, “Form and Formalism: A Case Study,” *American Journal of Comparative Law*, Vol. 31, 1983, p. 632.

的意义更为重大。[1]

三、对能源法的“新”法律形式主义构造

一定程度而言，美国对法律形式主义的批判是建立在司法领域的。正如莱特教授指出的，形式主义是一个审判理论而非法律理论。[2] 然而事实上，对形式主义的阐述最初却是发轫于立法抑或对规则的考量。故此，当论及能源法的形式主义构造时，如何构建起一个形式合理的规则秩序就成为其重要的理论旨趣。是以，我们希冀经由确立起一个形式构造的能源法基准，并在此基础上来考量其具体形式。

（一）将基础语境论作为能源法形式构建的基准

“新”法律形式主义的基本理念为能源立法提供了重要的理论基础，这是毋庸置疑的。但其更多的是对“法治”的回归和深化，而对如何实现则语焉不详。我们认为，未来能源法的“新”形式主义构造应在承认法律不确定性和工具主义的前提下，经由基础语境的方法加以建构。对此，可具体从以下三点加以把握。

1. 应承认并正确认知法律中的不确定性

不确定性是法自身的现实所造成的，而这种现实的根源则在于语言的“开放结构”。[3] 对此，英国前牛津大学法学院院长恩迪科特（Timothy A. O. Endicott）教授曾指出，“模糊性以及因模糊性而产生的不确定性是法律的基本特征”。[4] 是以，承认法的不确定性是正确构建能源法的基本前提。况且，从“新”形式主义的观点来看，那些强调绝对确定性的论断已被摒弃；而更多的是考量对法确定性的正确认知。他们认为，首先，法确定性的意义在于经由形式实现对同一内容的区分。现实世界是由经验实在所构成的，然

---

[1] See Kerry Rittich, “Functionalism and Formalism: Their Latest Incarnations in Contemporary Development and Governance Debates,” *University of Toronto Law Journal*, Vol. 55, 2005, pp. 853-868.

[2] See Brian Leiter, “Positivism, Formalism, Realism,” *Columbia Law Review*, Vol. 99, 1999, p. 1144.

[3] 参见［英］哈特著：《法律的概念》，许家馨、李冠宜译，法律出版社2006年版，第117页。又见［美］比克斯著：《法律、语言与法律的确定性》，邱昭继译，法律出版社2007年版，第7-39页。

[4] 参见［英］恩迪科特著：《法律中的模糊性》，程朝阳译，北京大学出版社2010年版，第1页。

而并不是所有的经验实在都应成为法所规制的对象，只有那些经由立法等形式，纳入到法律规范中的经验实在才是法所调整的内容。❶ 至于其余的则应由道德、经济，甚至自然科学等其他领域所调整或认知。故而，通过形式，法的确定性不仅体现为实现对法的“质料”的选择，同时也使法之内容具有了合法性，从而促成经验实在呈现出的无限可能得以在特定的范畴（亦即法的领域）被价值所关联。其次，就法内部的确定性而言，它不反映一个质的问题，而更多的是一个量上的决断。这正如英国伦敦政治经济学院公法教授洛克林（Martin Loughlin）所言，“有关法律的形式主义特征无法确保确定性判决的事实，我认为，不能视为不确定的问题而应视为确定性不足”。❷ 因此，形式不能决定一个判决内容，它仍须有赖于实质理性的存在。

因此，法律形式能决定的只是一个方向而已。诚如卡西尔所言，“记号并不反映意识的某一固定内容，而是确定这种一般运动的方向”。❸ 故而，作为记号的法律形式无法达到内容的那种准确性和完整性。❹ 对此，“新”形式主义的代表者肖尔教授也认同道，“法律的目标……通常在于保证它的结论对于某个既定类型中的所有情形或至少大部分具体情形来说是正确的”。❺

2. 应肯定工具主义的不可避免性

无论是传统形式主义，还是“新”形式主义都极力反对法律中的工具主义，认为其减损法治这一核心价值观。❻ 然而，我们不得不承认的一个现实是，工具性似乎是“内嵌”于人类事务中的。这正如拉兹所指出的，“所有事物和制度都具有内在性和工具性，除非我们认识到这一点，否则我们将不能

---

❶ See Jeffrey Malkan, “Literary Formalism, Legal Formalism,” *Cardozo Law Review*, Vol. 19, 1998, pp. 1399-1400.

❷ 参见［英］洛克林著：《剑与天平——法律与政治关系的省察》，高秦伟译，北京大学出版社2011年版，第100页。

❸ 参见［德］恩斯特·卡西尔著：《语言与神话》，于晓等译，生活·读书·新知三联书店1988年版，第246页。

❹ See Max Weber, *Economy and Society*, Berkeley: University of California Press, 1978, pp. 19-20.

❺ 参见［美］弗里德里克·肖尔著：《像法律人那样思考：法律推理新论》，雷磊译，中国法制出版社2016年版，第8页。

❻ 参见［美］塔玛纳哈著：《法律工具主义：对法治的危害》，陈虎、杨洁译，北京大学出版社2016年版，第343-345页。

理解这些事物和制度”。[1] 作为一种非自然之事务，法律离不开人的参与，而人又具有工具性面向，必然会将工具理性带入到法律中。同时，我们也应认识到，形式理性无法解决法的确定性问题，从而难以实现个体正义，这就需要有工具理性的积极参与。因此，肯定和承认工具主义的合理性，在一定程度上，是对形式理性认知的提升。

3. 基础语境论的建构意义

美国法学教授亚历山大（Larry Alexander）和舍温（Emily Sherwin）在《规则的规则》一书中曾指出，“人类希望被理性所引导，从而达至真善及合理行动。但是，人却是一个不完美的推理者……这样由意志决定的计算就难以准确捕捉到理性到底要让我们做什么”，结果，“理性要意志发挥作用，但意志却又捕捉不到理性，这种悖论恰恰寓于法律的核心之处”。[2] 如上所及，理性和意志是法律运行所不可或缺的，对任何一者的背弃，都将无法实现法律所追求的目标。在现实中，这种悖论关系就反映在了法律形式主义与现实主义之间的争锋上，但抑或正如哈特所说的，“形式主义和规则怀疑论是两个危险的极端——法学理论中的史凯拉和卡力布狄斯；它们被过分地夸大，但却在它们彼此纠正时显出其价值，而真理就在两者之间”。[3]

基于以上认识，也许，对于法律问题的认知和解决的更好进路在于将二者有机结合。我们称其为基础语境论。“基础”代表形式主义中的共性，或是一种“常识性共识”，而“语境”则代表着工具主义中的个性，是对具体事例的认可。我们决策事务的正确性，将是来自于基础与语境共同作用的结果。相反，倘若端赖其中一方，则可能是有害的。例如，孙斯坦就指出，“如果形式主义所努力赋予的意义是与文化理解和语境相隔离的，那么它注定是失败的事业”。[4]

当然，倘若二者冲突时何者优先呢？学界形成两种不同的观点，一种认

---

[1] See Joseph Raz, “Formalism and the Rule of Law,” in Robert P. George ed., *Natural Law Theory: Contemporary Essays*, Oxford: Clarendon Press, 1992, p. 314.

[2] See Larry Alexander & Emily Sherwin, *The Rule of Rules: Morality, Rules, and the Dilemmas of Law*, Durham, US: Duke University Press, 2001, p. 8.

[3] 参见［英］哈特著：《法律的概念》，许家馨、李冠宜译，法律出版社 2006 年版，第 142 页。

[4] See Cass R. Sunstein, “Must Formalism be Defended Empirically?” *University of Chicago Law Review*, Vol. 66, 1999, p. 645.

为法律形式优先，因为将其称为基础，本身就暗含着这层意蕴。亚里士多德在《尼各马可伦理学》一书中曾指出：“法律是一般的陈述，但有些事情不可能只靠一般陈述解决问题。……当法律的规定过于简单而有缺陷和错误时，由例外来纠正这种缺陷和错误……就是正确的。”可见，亚里士多德并不反对“例外”工具的存在。然而，值得注意的是，亚里士多德却强调，“尽管平衡是公正且优于公正，它并不优越于总体的公正。它仅仅优越于公正由于其陈述的一般性而带来的错误”。[1] 因此，在一定意义上，亚里士多德肯定了法律形式的基础意义。当代也有一批学者追随亚氏的观点，认为形式主义与工具主义相结合的基础语境论，应将形式居于一个基础性的地位。[2] 另一种观点却认为当代法学已形成了工具主义的转向，之所以不否定形式的存在，仅是将其作为必要的框架或补充而已。[3] 例如，美国哈佛大学法学院昂格尔（Roberto Mangabeira Unger）教授就观察到，在自由主义国家中，存在一种居于支配地位的意识，它表现为工具主义或言工具理性，而“形式理性是工具理性的认知性补充”，仅是经由其处理不同语境下的困境。[4]

我们认为，实际上关于基础语境论中基础与语境何者优先是一个不恰当的命题。因为二者分别处理着不同的法律场域。对于基础而言，它强调整体性，是法律内在性的表现，诚如肖尔教授所指出的，“使得法律成为法律的恰恰是这样一种观念：更为宏观层面的制度性与体系性价值十分重要，即使有时这将以丧失个案正义、英明决策或效率为代价”。[5] 而语境则是法律在微观层面发挥作用的主导力量，是实现个案正义的判准。二者的关系则在于，基础对语境起着边界和限度的作用，而相似语境的累积反而会形塑基础，因为

---

[1] 参见［古希腊］亚里士多德著：《尼各马可伦理学》，廖申白译，商务印书馆2003年版，第160-161页。

[2] See Lynda Sharp Paine, "Instrumentalism v. Formalism: Dissolving the Dichotomy," *Wisconsin Law Review*, Vol. 1978, 1978, pp. 997-1028. See also Daniel A. Farber, "The Inevitability of Practical Reason: Statutes, Formalism, and the Rule of Law," *Vanderbilt Law Review*, Vol. 45, 1992, pp. 533-559.

[3] See Marin Roger Scordato, "Post-Realist Blues: Formalism, Instrumentalism, and the Hybrid Nature of Common Law Jurisprudence," *Nevada Law Journal*, Vol. 7, 2006, pp. 298-300.

[4] 参见［美］昂格尔著：《知识与政治》，支振锋译，中国政法大学出版社2009年版，第221-222页。

[5] 参见［美］弗里德里克·肖尔著：《像法律人那样思考：法律推理新论》，雷磊译，中国法制出版社2016年版，第38页。

"凡是各方所接受并反复接受的东西，就被视为固定化的、无争议的，至少在这个范围内甚至被视为显而易见的"。[1] 是以，基础语境论凸显了法律宏观与微观的正确契合。

（二）能源基本法的形式构造

基于基础语境论，能源法的形式构造可考虑形成能源基本法与能源政策法两大分野。二者将在立法设计的目标和宗旨方面各有侧重，能源基本法旨在反映能源经验实在的一般规范，具有"能源宪法"的性质；而能源政策法则意在发挥工具理性，形成能源经验实在的具体规范。

就能源基本法而言，其意在突出法律形式主义的基本观点和立场，凸显对形式理性的把握。或言之，其意义在于能源法治的实现。众所周知，现代社会存在着哈贝马斯所宣称的"合法性危机"问题，即"合法性系统无法在贯彻来自经济系统的控制命令时把大众忠诚维持在必要的水平上"，抑或"履行政府计划的各项任务使失去政治意义的公共领域的结构受到怀疑，从而使确保生产资料私人占有的形式民主受到质疑"。[2] 故而，民主与个体自由之间的悖论乃是合法性危机产生的根源。[3] 同样，在能源法领域，倘若没有能源基本法的存在，能源政策法或能源部门法的工具或利益主义倾向，最终亦会造成能源领域的"合法化危机"，而走向哈特所说的"摧毁它未来之全能的权力"[4]。是以，能源基本法正是意欲通过立法等形式构造来避免能源社会的彻底崩溃。或言之，它是借由法律形式，建立起一种内在理性，从而保障个体的能源自由以及能源创造力得以发挥的空间。[5] 对此，可从三个方面得以理解。

1. 能源基本法乃是能源经验实在的一般规范

能源是人类社会赖以生存和发展的物质基础，因此一定意义上，我们亦

---

[1] 参见［德］菲韦格著：《论题学与法学：论法学的基础研究》，舒国滢译，法律出版社 2012 年版，第 40 页。

[2] 参见［德］哈贝马斯著：《合法化危机》，刘北成、曹卫东译，上海人民出版社 2000 年版，第 65 页。

[3] 参见［加］戴岑豪斯著：《合法性与正当性：魏玛时代的施米特、凯尔森与海勒》，刘毅译，商务印书馆 2013 年版，第 256-303 页。

[4] 参见［英］哈特著：《法律的概念》，许家馨、李冠宜译，法律出版社 2006 年版，第 144 页。

[5] 关于形式主义与内在理性关系，参见［英］沃德著：《法律批判理论导引》，李诚予、岳林译，上海三联书店 2011 年版，第 49-52 页。

是生活在一个由能源建构的社会世界中，无论是物质的，还是精神的。就其演进而言，它不是杂乱无章的，而是有其自身规律可循的。在这一层面上，能源基本法正是旨在反映此种能源经验实在所体现出来的规律性旨趣。质言之，能源基本法的概念与命题乃是能源经验实在的抽象与提炼。而能源经验实在蕴寓于能源基本法中的特殊性则在于，后者为其提供了一种法律的规范性束缚，使能源经验实在与价值判断相关联，从而不同于经济学、社会学下的能源经验实在。[1] 这亦如德国弗莱堡大学法学院珀施（Ralf Poscher）教授所认为的，任何可以在其他不同话语中讨论的问题，一旦进入法律领域，就变成一个特殊的法律问题。将其他话语领域的论辩整合进法律论证范围是法学家的特殊使命，而这是无法由哲学家、经济学家或政治学家所替代的。[2]

不宁唯是，从形式理性的角度来看，一方面，由于能源经验实在的无限性，人不可能把握所有的能源经验实在，而规范形式所带来的正是使人的有限认知介入到无限的能源经验实在中成为可能。另一方面，一旦能源经验实在进入法律形式内，规范命题将不仅仅是对能源世界的描述，而亦是对能源社会的有益建构。[3]

2. 能源基本法应体现能源与法的融贯性

帕特森教授曾言之，“对于形式主义来说，真理是一个一致性的问题”。[4] 同理，作为形式理性的集中体现，能源基本法也有一个“一致性”的诉求，亦即能源基本法的融贯。换言之，只有那些相互融贯的规范命题，才能作为能源基本法的规则。这一方面是体现在与能源体系的融贯上，另一方面则体现在与法律体系的融贯上。

就与能源体系的融贯而言，它要求所有能源经验实在在转换为能源规范命题时，必须与能源体系相融贯。以节约能源为例，并不是所有的“节能”都是能源体系的正确反映，都可被纳入到能源基本法中。因为，按照怀特法

---

[1] See Michel Rosenfeld, “Deconstruction and Legal Interpretation: Conflict, Indeterminacy and the Temptations of the New Legal Formalim,” *Cardozo Law Review*, Vol. 11, 1990, pp. 1243.

[2] See Ralf Poscher, “The Common Error in Theories of Adjudication: An Inferentialist Argument for A Doctrinal Conception,” in Janet Giltrow & Dieter Stein ed., *The Pragmatic Turn in Law: Inference and Interpretation in Legal Discourse*, Berlin: De Gruyter Mouton, 2017, pp. 307-334.

[3] See Aulis Aarnio, *Essays on the Doctrinal Study of Law*, Dordrecht: Springer, 2011, p. 23.

[4] 参见［美］帕特森著：《法律与真理》，陈锐译，中国法制出版社2007年版，第33页。

则（White's Law），"在其他条件相同的情况下，文化发展程度上的不同直接与人均每年利用的能源总量和投入其上的工作相关"。[1] 或言之，人类的文明进步乃与能源的使用量成正比关系。因此，那种仅仅是为完成节能任务，而限制能源使用的规则势必与能源体系不相融贯。相反，只有那种建立在提高能源使用效率之上的节能才是与能源体系相融贯的，才能成为能源基本法的规范命题。

就与法律体系的融贯而言，其是指能源基本法应与整个法律体系不存在冲突。这种不存在冲突，一方面可理解为能源基本法规则与其同阶及上位法之间的融贯；另一方面，也可理解为当二者之间出现冲突时，亦可通过法律解释的技术手段，实现它们的一致性。当然，需要强调的是，这种融贯性亦不应是指与每一部法律都是一致的，它更多的是强调宏观层面，或者说是一种德沃金所言的"整体性"意义上的一致。[2] 而唯有如此，才能将能源基本法与整个法律体系预设为一个动态的互动过程，才能从实质上把握能源基本法的融贯意义。

3. 能源基本法的正当性及其意义

能源基本法的形式构造不应简单等同于能源立法，因为前者还应包括能源习惯法。但二者的根本区别更多地体现在能源基本法的正当性问题。具体而言，我们预设了能源基本法具有合法性，但能源立法并不一定具有正当性，而只有那些与能源基本法融贯的立法才具有正当性。究其原委，一则是由于立法者自身的局限，尽管其能为能源立法带来"合法律性"（legality），但并不一定具备"正当性"（legitimacy）。二则，能源基本法的正当性本身也是一个不断建构的过程。它会随着物质和精神世界的不断演化，呈现出新的合法性特征。因此，能源立法在于不断地接近能源基本法，但却始终是不可通约的。[3]

---

[1] See Leslie White, "Energy and the Evolution of Culture," *American Anthropologist*, Vol. 45, No. 3, 1943, p. 338.

[2] 参见［美］德沃金著：《法律帝国》，李常青译，中国大百科全书出版社 1996 年版，第 196-200 页。

[3] 能源基本法与能源立法之间属于"应是"与"是"的关系，用英国哲学家休谟的观点来看，应然与实然之间不可能有因果关系，因此二者是不可通约的。参见［英］休谟著：《人性论》，关文运译，商务印书馆 1996 年版，第 509-510 页。

当然就能源基本法的意义而言，我们也须承认，尽管其具有合法性的预设，但却难以直接实现能源的个体正义，而这仍须端赖于能源政策法和能源司法的效用。是以，在一定意义上，能源基本法所起到的作用仅是提供了一个“边界”，抑或为能源政策法和能源司法提供方向性指引，以避免工具理性的偏离或凌驾于能源理性之上，从而给社会带来像能源危机等灾难性影响。

（三）能源政策法的形式构造

肯尼迪教授在研究韦伯的形式理性时指出，当前，法律思想的现代模式出现了“政策分析”的转向，亦即“实质理性的”规范因素的“法制化”，或言“法律政策”的兴起。[1]显然，这种政策法趋向的产生来自于当前实践和理论两个方面的诉求。这同样也反映在了对能源政策法的需求上。

1. 能源政策法存在的必要性

一方面，就实践而言，能源市场化是能源政策法形成的客观事实。自17世纪欧洲资本主义确立以来，我们已进入一个市场化的时代。所有的社会元素——人、物乃至精神——无一不是围绕着市场展开的，法律亦概莫能外。[2]然而，市场这一“看不见的手”却存在着自身无法解决的问题。一则，市场自身并不能实现经济的良好运转。波兰尼（Karl Polanyi）对此批判道，“这种自我调节的市场的理念，是彻头彻尾的乌托邦”。[3]二则，其所引起的社会福利问题亦成为市场经济绕不过去的症结。[4]由此，政府积极干预所需要的政策法就成为市场经济发展的必然结果。同样，能源在市场化运行过程中也需要政策法加以保障。第一，各类能源存在自身发展的特殊性，需要通过政策法的方式加以确认和保障。例如，风电、光伏等可再生能源的发电间歇性，倘

---

[1] 参见［美］邓肯·肯尼迪：《逻辑形式法律理性的“祛魅”或，韦伯关于西方法律思想现代模式系统的社会学研究》，载［美］卡米克、［美］戈尔斯基、［美］特鲁贝克编：《马克斯·韦伯的〈经济与社会〉：评论指针》，王迪译，上海三联书店2014年版，第348-354页。

[2] 参见［美］泰格、［美］利维著：《法律与资本主义的兴起》，纪琨译，学林出版社1996年版，第2-5页。

[3] 参见［英］卡尔·波兰尼著：《大转型：我们时代的政治与经济起源》，冯钢、刘阳译，浙江人民出版社2007年版，第3页。

[4] 参见［英］萨格登著：《权利、合作与福利的经济学》，方钦译，上海财经大学出版社2008年版，第4-7页。

若不通过政策法的形式保障，恐难以纳入电网体系。第二，能源创新需要通过政策法予以扶持。例如，清洁能源须通过税收、优惠措施来加以引导和鼓励。第三，能源市场的失灵则需要政策法的矫正。能源贫困、能源环境保护等公共产品问题是市场无法解决的。

另一方面，从法学理论而言，能源政策法填补了能源基本法的不足。这表现在：一是能源基本法是概念性的，且在一定程度上是限制性规则，因此，在针对具体能源经验实在时，其只能提供范围或方向，这正如哈特所言，“把规则表述出来的具权威性的一般化语言，只能提供人们一个不确定的指引”[1]，从而无法给出具体的解决办法。[2] 这时，就需要能源政策法，借由其工具性的特征，以实现能源进步。二是现实中，能源基本法不可避免存在两个罅隙，需要能源政策法来补充。第一，能源基本法可能没有涵盖所有既存的能源经验实在；第二，社会中又涌现出了新的能源经验实在。对这两种罅隙就如同美国法学家夏皮罗所言，“假如法律在某些案件中是不确定的，那么并不是每个问题都可以根据法律来解决。一些纠纷会从法律裂缝中掉出来，它们只有援引政策考量才能够得到解决”。[3]

2. 能源政策法形式构造的基准

如上所述，能源政策法的形式构造“必须在有效规范体系的漏洞面前作出判断——或者必须应用一种从其自身角度出发，需要政策分析的规范；或者由于某种理由，环境允许应用一种得自政策分析的规范来取代推导而来的规范”。[4] 具体而言，应在以下两个方面加以考虑。

第一，能源政策法应围绕能源经验实在的具体语境展开。在一定程度上，无论是立法者，还是法官，都不可能掌握无限的能源经验实在，他们只能从其自身语境出发，进行立法或司法选择。较之其他经验实在，能源的语境化

[1] 参见［英］哈特著：《法律的概念》，许家馨、李冠宜译，法律出版社 2006 年版，第 122 页。

[2] 美国耶鲁大学拉斯韦尔教授和麦克道格尔教授对此种情况曾不无感慨地指出，“尽管定义是生活的一部分，但关于生活，定义本身并不能告诉我们什么”。［美］拉斯韦尔、［美］麦克道格尔著：《自由社会之法学理论：法律、科学和政策的研究》，王超等译，法律出版社 2013 年版，第 14 页。

[3] 参见［美］夏皮罗著：《合法性》，郑玉双、刘叶深译，中国法制出版社 2016 年版，第 320 页。

[4] 参见［美］邓肯·肯尼迪著：《逻辑形式法律理性的“祛魅”或，韦伯关于西方法律思想现代模式系统的社会学研究》，载［美］卡米克、［美］戈尔斯基、［美］特鲁贝克编：《马克斯·韦伯的〈经济与社会〉：研究指针》，王迪译，上海三联书店 2014 年版，第 350 页。

表现得尤为强烈，不仅体现在不同地区存在着不同的能源类型，而且就是同一能源类型，由于制度文化的差异，也会表现出迥异的能源特性。因此，成功的能源政策并不要求统一的形式，而更多的是强调围绕能源语境展开具体的制度设计和安排。第二，能源政策法须采取审慎制定的宏观策略。毋庸讳言，政策法的优势在于能将工具理性贯彻于实践之中。但不容忽视的是，制度是建构的，它犹如一柄“双刃剑”，当设计不合理时亦会形成破坏力量。而且，也不应将法律看作是万能的，有时非法律的方法似乎做得更好，[1] 没有法的社会同样也会运行不殆。[2] 是以，能源政策法的出台应审慎，唯有在能源问题定位准确的情况下开展制度设计，才是可行之道。

四、能源基本法、能源政策法与能源司法判决之间的关系分析

尽管能源基本法与能源政策法都体现为法律形式，但能源基本法是一个“强”形式法治的领域，而能源政策法则是一个偏重工具理性的领域。前者采取的是一般规范的融贯建构，而后者则是围绕着语境展开的制度设计。[3] 但二者之间并不是孤立的，如果再将能源司法也纳入这一范畴，那么三者应是相互作用、互为依托的关系。

（一）能源政策法与司法判决应以能源基本法作为限制性规则

当今，我们生活在一个被政策法所主宰的社会，这已是不争的事实。[4] 然而，我们在为政策法推动社会进步欢欣鼓舞之际，也不应忽视其所带来的种

[1] 参见［美］迪克西特著：《法律缺失与经济学：可供选择的经济治理方式》，郑江淮等译，中国人民大学出版社 2007 年版，第 1-5 页。

[2] 参见［美］埃里克森著：《无需法律的秩序：邻人如何解决纠纷》，苏力译，中国政法大学出版社 2003 年版，第 5-13 页。

[3] 实际上，即使在法律形式之下，能源基本法与能源政策法也是两种不同的法律文本，故而，诚如英国科学社会学家马尔凯（Michael Mulkay）所指出的，文本形式的选择将限制分析的内容，两种不同的形式将会使你做截然不同的事情。参见［英］马尔凯著：《词语与世界：社会学分析形式的探索》，李永梅译，商务印书馆 2007 年版，第 19-21 页。

[4] 美国耶鲁大学法学院教授卡拉布雷西（Guido Calabresi）曾针对普通法在美国法的式微，不无伤感地指出，“无论如何，我们已变成了成文法主宰的国家，这种情况在进步时代初露端倪，但罗斯福新政后加速发展”。无疑，卡拉布雷西指的这种“成文法”正是政策法。是以，连一个普通法系国家亦是如此，更何况大陆法系国家了。参见［美］卡拉布雷西著：《制定法时代的普通法》，周林刚等译，北京大学出版社 2006 年版，第 10 页。

种危害。因为，政策法所确立起来的规则很大程度上只是政策的折中，而不一定是对它自身有效的东西，虽然法的形式使其具备了“法制化”的外衣，但“在规则仅仅表现为实现妥协的手段的情况下，协调冲突政策的职责却使得政策分析和逻辑形式理性被鲜明地区分开来了”。因此，“至于什么样的政策应该法制化，以及如何在规则制定的特定案例中协调它们，仍然需要持续的价值判断”。[1] 能源政策法亦是如此。尽管能源基本法存在着诸多不足，但它却能为能源政策法抑或司法判决确立一个“有效边界”，从而防范和避免工具理性的过分跃迁。况且，能源基本法的形式体系亦是消解能源政策法碎片化的关键所在。

（二）能源政策法与司法判决可在不同能源语境下发挥各自的功效

按韦伯的理解，与自然科学相比，社会科学的价值在于其对意义的强调；但韦伯又指出，意义的实现仅是建立在具体行动之上，而非那些整体的或概念层面上的认知。[2] 由此推知，能源政策法与能源司法判决凸显了能源法的实践意义。因为二者都是建立在语境基础之上，都是对能源经验实在的具体反映，仅是程度不同而已。基于此，可以认为能源政策法制度功效的发挥与区域语境密切关联。或言之，只有将能源法的规范“嵌入”到区域语境中，能源政策法才能实现其意义。而能源司法则针对的是个体语境，每一次的能源司法判决都是对一次具体实在的价值关联，是最本质的能源法意义所在；相较之，能源基本法和能源政策法在一定程度上仅是为实现个体能源意义而采取的规范手段。

（三）只有在融贯性证成的前提下，能源政策法与司法判决才可修改能源基本法

能源经验实在的变动不居决定了能源基本法也须不断适用新的变化以及对不适宜规则的摒弃。故而，应允许与能源基本法相冲突的个案产生。这种

---

[1] See Duncan Kennedy, “The Disenchantment of Logically Formal Legal Rationality, or Max Weber's Sociology in the Genealogy of the Contemporary Mode of Western Legal Thought,” *Hasting Law Journal*, Vol. 55, 2004, p. 1073, p. 1075.

[2] 参见［德］韦伯著：《社会科学方法论》，韩水法译，中央编译出版社 1998 年版，第 23 页。

结果的产生是由于语境的作用，但个案不会轻易造成能源基本法的实质性改变。[1] 因为，一方面，冲突个案可通过法律解释的方法，将新的能源语境纳入能源基本法自身的范畴内；另一方面，冲突个案从规模上并不具备影响能源基本法对大多数能源经验实在的规范性指引。而最终能源基本法规则的实质性变化，将端赖于能源与法律两个方面的融贯性证成。一则需要从能源方面予以融贯证成，亦即考虑此种语境所抽象或提炼的能源规则是否与已形成的其他能源规律相契合；二则从法律的融贯证成方面，则应考虑此种能源规则是否须纳入到法律规范内，以及与其他法律规范的融贯性。是以，只有在证成这二者的情况下，能源政策法与司法判决才有可能修改能源基本法的规范。

余 论

在我们极力宣扬法律形式之于能源的意义时，我们并无意于回归到绝对法律形式主义之下。[2] 但这也决不意味着法律形式的弱化和消亡，因为正如卡西尔在强调形式符号时所言，“只要这种优秀的、理智的、伦理的和艺术的力量足以强壮，那么神话就会被控制和征服，但如果它一旦失去其力量，那么混乱就又将来临，神秘的思想又开始新的高涨，弥漫于整个人类的文化生活和社会生活”。[3]

---

[1] 例如，美国学者布兰德（Jeffrey Brand）就认为，应承认偏离法律的个案存在，只是要有限度。因为“如果法官偏离法律过于频繁，从而违反了选择最优化，则法治便无法存活”。参见［美］杰弗里·布兰德著：《法治的界限：越法裁判的伦理》，娄曲亢译，中国人民大学出版社 2016 年版，第 313 页。

[2] See Hamish Stewart, “Contingency and Coherence: The Interdependence of Realism and Formalism in Legal Theory,” *Valparaiso University Law Review*, Vol. 30, 1995, pp. 1-50.

[3] 参见［德］卡西尔著：《国家的神话》，范进等译，华夏出版社 1998 年版，第 360 页。

第四章

市场为什么会失败：对英国能源法律政策二十年的制度反思

【本章摘要】 英国二十年能源法律政策的发展并未挽救其能源颓势，相反，它却走向一个由繁盛到窘迫的能源困局。究其原因，这很大程度上与其对市场基础地位的背离相关联。不宁唯是，英国能源法律政策的二十年更是一次典型的能源制度设计的失败过程。这警示我们，在能源领域，一旦政府与市场的界限不明，过度的人类雄心往往会带来灾难性的后果。是以，在能源法律政策等制度设计方面，欲实现能源进步，保障能源安全，就应尊重能源发展规律，逐步确立起市场在资源配置中的决定性作用，并将其内化于制度设计之中。

【关键词】 市场；能源政策；英国；能源法

前　言

1998—2020年，这二十多年间英国的能源法律政策总体而言是失败的。这种失败不仅反映在英国能源法律政策所力求达到的治理目标与其能源现实之间的冲突，而且也体现在它们未能有效帮助英国克服其潜在的能源危机，未能实现能源转型。相反，英国却不得不陷入一个重新思考与回归到某些传统能源的路径上来。作为典型的资本主义国家，其对市场机制的运用向来被认为是无可厚非的。因此，其能源法律政策的失败在一定程度上亦反映出其市场机制的失败。

然而，在梳理这二十年英国能源法律政策之后，我们发现，笼统地说，英国能源法律政策的失败乃是市场的失败。但不可否认，英国能源法律政策中市场机制失败的事实却与两个不可分割的命题相关联，即市场手段的制度性设计、市场机制与政府干预的合理配置。因此，更准确地说，英国能源法律政策中市场机制的失败正是因为未能处理好这两个市场命题。

当前，中国正在进行一场如火如荼的能源生产与消费革命，[1] 新能源与清洁能源正在成为中国能源生产与消费中不可或缺的一部分，能源法律政策的制定也逐渐向"市场在资源配置中起决定性作用"的方向靠拢。[2] 毋庸讳言，在这一过程中，英国能源法律政策中市场机制的经验教训为我们提供了重要的启示，那就是：市场机制的运作要时刻关注市场手段的制度性设计和市场机制与政府干预的合理配置。为此，在概要梳理英国二十年能源法律政策发展历程的基础上，本章着力分析了其市场机制失败的成因，从而旨在发现能源法律政策中市场机制设计的规律旨趣，期冀对未来中国能源法律政策的制定有所裨益。

一、英国能源法律政策（1998—2020）的演变：从转型到回归

国内能源市场的供需变化，以及国际能源格局的深刻变革，是 1998—2018 年的二十年间英国能源法律政策演变的主要动因。在这一过程中，它追寻着不同的价值目标。其大致可分为如下四个阶段。

（一）英国能源法律政策的低碳转型（1998—2007）

1997 年，英国工党在时隔 18 年之后，重新赢得议会大选。工党领袖布莱尔（Tony Blair）至此拉开了工党长达 13 年的执政序幕。而英国能源法律政策也从这一时刻起发生了重大变化。[3]

---

[1] 2014 年 6 月 13 日，习近平总书记在中央财经领导小组第六次会议上提出"积极推动我国能源生产与消费革命"。参见：《积极推动我国能源生产和消费革命，加快实施能源领域重点任务重大举措》，载《人民日报》2014 年 6 月 14 日，第 1 版。

[2] 2013 年 11 月 12 日，十八届三中全会上提出了"市场在资源配置中起决定性作用"的重大理论观点。参见：《中共中央关于全面深化改革若干重大问题的决定》，载《人民日报》2013 年 11 月 16 日，第 1 版。

[3] See Colin Robinson, *From Nationalisation to State Control: The Return of Centralised Energy Planning*, London: Institute of Economic Affairs, 2013, p. 15.

1. 能源市场化制度建构的终止

布莱尔在第一个任期（1997—2000）内，延续了撒切尔、梅杰保守党政府时期能源私有化的路径。特别是在2000年前后，完成了能源市场在零售和批发领域的市场化改革。例如，《2000年公用事业法》（*The Utilities Act 2000*）中强调政府有义务通过法律政策，促进能源市场的充分竞争。然而，英国的能源市场化改革也就到此终止。这典型地表现在，1999年，布莱尔将原先分别负责能源市场化的两个机构，即电力监管局（the Office of Electricity Regulation，OFFER）和天然气供应局（the Office of Gas Supply，OFGAS），合并为一个能源市场化机构：天然气与电力市场局（the Office of Gas and Electricity Markets，Ofgem）。虽然此种能源机构合并促进了电力与天然气市场的统一协调，但同时也意味着其他能源种类被排挤出了能源市场化的范围。

2. 英国低碳转型的开启：2003年白皮书

在布莱尔的第二个任期（2001—2005）内，英国能源法律政策开始转向由政府主导的低碳发展路径上。这表现在，一方面，英国通过了《2002年可再生能源义务法令》将可再生能源义务制度引入到能源生产中。[1] 另一方面，出台了2003年能源白皮书《我们的能源未来：创造一个低碳经济》（*Our Energy Future-Creating A Low Carbon Economy*）。[2] 该能源白皮书涵盖了四个方面的能源目标：一是推动英国走上减排之路，实现二氧化碳到2050年减少60%，并在2020年取得实质性进步；二是全方位维护能源供应的可靠性；三是促进英国及其他地区的市场竞争，提高经济持续增长的速度和生产力水平；四是保证英国每一家庭有可支付得起的充足供暖。

不言而喻，2003年能源白皮书是一个里程碑式的能源文件，它首次在全球提出了低碳经济的理念。但更值得强调的是，其将应对气候变化放在了能

[1] 2002年，可再生能源义务（Renewable Obligation，RO）取代了之前英国的非化石燃料义务（Non-Fossil Fuel Obligation，NFFO），开始在英格兰、威尔士和苏格兰实施，2005年扩大到北爱尔兰。它的基本目标是要求英国电力供应方在电力供应方面不断增加可再生能源发电的比例。See Catherine Mitchell & Peter Connor，"Renewable Energy Policy in the UK 1990-2003，" *Energy Policy*，Vol. 32，2004，pp. 1935-1947.

[2] See UK DTI，*Energy White Paper*：*Our Energy Future-Creating A Low Carbon Economy*，London：TSO，2003.

源供应安全之前，凸显出前者将成为英国能源法律政策考虑的首选目标。之后，英国通过了反映此白皮书内容的《2003 年可持续能源法》。是以，2003 年能源白皮书正式开启了英国以低碳转型为核心的能源法律政策转向。

3. 核能：从“不吸引人”的选择到不得已的考虑

在英国 2003 年能源白皮书中，布莱尔政府曾大胆地提出抛弃核能的想法，认为其是一个“不吸引人”的选择。并在《2004 年能源法》中，专门设立了核能退役局（the Nuclear Decommissioning Authority，NDA），来处理英国核电站的退役问题。然而，能源形势急转直下，到 2006 年，布莱尔政府发现，仅靠可再生能源来完成英国的碳减排，几乎是不可能的。因此，2006 年，英国贸工部发布了《能源挑战——2006 年能源评论报告》（*The Energy Challenge—Energy Review Report 2006*），重新肯定了核能是英国低碳电力的重要来源。故而，为实现既定的能源目标，建设新的核电站自然是一个不可回避的现实。[1] 这正如时任首相的布莱尔自己所言，“不替代现有的核电站将难以完成气候变化的目标；进口天然气只会加大英国能源供应的不确定性，这对商业和消费者而言都将是最糟糕的事情”。[2]

4. 新的能源安全应对：2007 年能源白皮书

2003 年起，英国北海油气资源开始出现下降；2004 年，英国即由一个能源出口国变成了净进口国。[3] 在布莱尔的第三个任期（2006—2007）内，能源安全再次成为英国能源法律政策不得不考虑的现实问题。由是，其能源法律政策也不得不被动地开始在气候变化与能源安全两条线上作战。如何能用一种手段解决两个问题，英国政府最终选择的是政府干预而不是市场。这集中体现在布莱尔任期最后阶段发布的 2007 年能源白皮书《应对能源挑战：能源白皮书》（*Meeting the Energy Challenge：A White Paper on Energy*）。

与 2003 年能源白皮书相比，2007 年能源白皮书开始回归到能源安全问题上。该能源白皮书详细阐述了政府在节能、油气和煤炭、发电等 10 个方面将

---

[1] See UK DTI, *The Energy Challenge-Energy Review Report* 2006, London: TSO, 2006, p. 17.

[2] “Nuclear review ‘was misleading’ ” *BBC News*, http://news.bbc.co.uk/1/hi/uk_politics/6364281.stm (last visited on 2020-11-23).

[3] See UK DBEIS, *UK Energy in Brief 2018*, London: TSO, 2018, p. 11.

采取的具体举措。[1] 其中，可再生能源发电的制度设计成为2007年能源白皮书的重点，它提出要根据不同可再生能源的来源以及其发电成本，改革现有可再生能源义务制度，但是上网电价（Feed in Tariffs）制度仍不会被全面适用于英国。而在核能问题上，尽管布莱尔提议建设新的核电站，以弥补煤炭等化石能源退出后的消费空间；但受2006年绿色和平组织针对布莱尔意在开启新建核电站，向英国高等法院提起诉讼的影响，2007年能源白皮书中闪烁其词，仅是提出私人投资新核电站建设是符合公众利益的，至于是否建设还有待于进一步征询和磋商。[2]

（二）英国能源法律政策的激进时代（2007—2010）

2007年，在工党占议会多数席位的情况下，原财政大臣布朗（Gordon Brown）接替布莱尔，成为英国首相。而此时的英国能源法律政策在延续布莱尔政府时期能源法律政策的同时，也进入了一个被原布朗政府特别顾问、英国伦敦大学经济学家雅各布斯（Michael Jacobs）教授所宣称的"气候变化与能源政策的激进时代"。[3]

1. 通过《2008年气候变化法》《2008年能源法》和《低碳转型计划》加强应对气候变化

2008年，英国通过了《2008年气候变化法》和《2008年能源法》。其中《2008年气候变化法》在碳减排的法律规制方面具有重要意义。该法的出台使英国成为全球第一个以气候变化立法的国家。[4] 它通过设定碳减排目标和期限，采取"碳预算"的方式，将英国到2050年减少80%的碳排放目标（以1990年为基准）用法律方式固定下来，使应对气候变化成为所有能源法律政

---

[1] See UK DTI, *Meeting the Energy Challenge: A White Paper on Energy*, London: TSO, 2007, pp. 6-27.

[2] See Peter Pearson & Jim Watson, *UK Energy Policy 1980-2010: A History and Lessons to be Learn*, London: The Parliamentary Group for Energy Studies, 2012, pp. 25-26.

[3] See Neil Carter & Michael Jacobs, "Explaining Radical Policy Change: The Case of Climate Change and Energy Policy under The British Labour Government 2006-10," *Public Administration*, Vol. 92, No. 1, 2004, pp. 125-141.

[4] See Terry Townshend, Sam Fankhauser, Rafael Aybar et al. ed., *Climate Legislation Study: A Review of Climate Change Legislation in 33 Countries*, Third Edition, London: GLOBE International, 2013, pp. 7-14.

策中最优先考虑的目标。《2008年能源法》则以贯彻2007年能源白皮书为主，相应地规定了离岸天然气设施建设、可再生能源义务制度的修改和能源设施的退役等相关内容。相比《2008年气候变化法》，该法更多是补充而非建设性的制度安排。2009年，为从政策上保障《2008年气候变化法》设定目标的实现，英国政府出台了《低碳转型计划》。这一计划提出了一整套全面改革的政策主张，它将减排目标提升到2006年设想的4倍以上，旨在彻底改变英国的能源系统。提出到2020年可再生能源占能源消费总量15%，其中电力占30%。同时还提出建立低碳工业战略，意在满足新的减排目标的同时，提高英国的技术水平、生产量和就业收入。❶

2. 成立能源与气候变化部

2008年，布朗对英国政府部门进行改革，将原属于商务、企业和监管改革部（Department for Business，Enterprise and Regulatory Reform，DBERR）主管的能源事项，与原属于环境、食品和乡村事务部（Department for Environment，Food and Rural Affairs，DEFRA）主管的气候变化事项进行合并，组建了新的能源与气候变化部（Department of Energy and Climate Change）。不言而喻，能源与气候变化部的组建，一方面体现了布朗工党政府对能源与气候变化的高度重视，另一方面也表明政府将围绕着气候变化开展相关的能源治理。故而，可再生能源受到进一步的重视，而煤炭等化石能源则成为能源治理中最主要的被压制对象。

3. 通过《2010年能源法》扶持碳捕获与封存技术的商业化

布朗政府于2010年通过了《2010年能源法》。其主要涉及三个方面，一是碳捕获与封存技术的商业示范，二是引入强制社会价格支持机制，三是对天然气和电力市场局的改革。其中规定的碳捕获与封存技术（Carbon Capture and Storage，CCS）是一种全球应对气候变化的关键性技术，这一技术旨在针对化石能源燃烧中产生的碳，通过相应技术加以捕获，并将其深埋于地下，

❶ 参见吕江：《〈低碳转型计划〉与英国的能源战略转向》，载《中国矿业大学学报（社会科学版）》，2010年第3期，第26-33页。

从而达到减少温室气体的效果。[1] 这一技术一旦被商业化，则不仅有利于应对气候变化，而且也意味着化石能源的消费将不必再受制于气候变化问题。是以，《2010 年能源法》对碳捕获与封存技术的商业示范，正是意欲达到上述目的。[2] 此外，该法中对天然气和电力市场局的改革，亦是将配电纳入其管辖范围内，从而进一步强化政府在能源配置中的主导性。

由上观之，布朗领导下的工党政府在能源法律政策上更为激进，政府干预已开始逐渐取代市场的主导性地位。尽管布朗政府也关注能源安全问题，想促使英国能源生产恢复增长，但令人遗憾的是，直到 2010 年工党议会选举失利之时，英国的能源生产也一直处于负增长的窘迫局面。[3]

（三）英国能源法律政策的传统回归（2010—2016）

2010 年，卡梅伦（David Cameron）领导保守党赢得议会多数，但却未达到组阁要求的席位，因此不得不与自由民主党的克莱格（Nick Clegg）进行联合，成为“二战”后的首次联合内阁。而其下的英国能源法律政策亦开始出现了向传统回归的转向。

1. 通过《2013 年能源法》，开启向传统能源回归的道路

2013 年，英国议会通过了《2013 年能源法》。其主要任务即是开始纠正布莱尔、布朗两届工党政府在能源法律政策领域上的偏差。该法有两个显著特点：一个是为保障燃煤发电站退出电力供应系统后的能源供应，规定了建设核电的便利化举措，一改工党政府在核能建设上的踌躇不前；另一个是将布朗工党政府时期通过的《2008 年气候变化法》设定的去碳化目标进一步推迟。

《2013 年能源法》直接体现了卡梅伦保守党政府能源法律政策的传统回归。一方面，它不再将气候变化目标作为能源法律政策制定的唯一准则，去碳化目标的推迟充分表明卡梅伦政府反对将气候变化凌驾于一切能源发展之上。另一

[1] See Saud M. Al-Farrah et al., *Carbon Capture and Storage: Technologies, Policies, Economics, and Implementation Strategies*, London: CRC Press, 2011, p. 1.

[2] 参见吕江：《社会秩序二元观与新能源立法的制度性设计——以英国〈2010 年能源法〉为例》，载《法学评论》2011 年第 6 期，第 83-84 页。

[3] See UK DUKES, *Digest of United Kingdom Energy Statistics 2010*, London: TSO, 2010, pp. 11-12.

方面，核电建设便利化的规定，将核能建设从征询转变为实际行动。重启核电建设是卡梅伦政府为缓解国内能源危机而不得不作出的政治选择。[1] 在此之前，2013 年 10 月，英国政府即与法国电力集团（EDF Group）达成建设欣克利角 C 核电站（the Hinkley Point C）项目。这成为英国自 1995 年塞兹韦尔 B 核电站（Sizewell B）开始发电以来新建的第一座核电站。对此，时任英国首相的卡梅伦满怀信心地指出，“我们面向未来的新的产业政策和决定，将促进新技术、新产业和新能源的繁荣，以帮助平衡我们的经济”。[2] 显然，《2013 年能源法》设立新的核能监管办公室（the Office for Nuclear Regulation，ONR），直接为英国新核电站建设提供了重要的制度支持。

此外，在联合政府 2011 年能源白皮书《规划我们的电力未来：关于发展安全、价格适宜和低碳电力的白皮书》的基础上，[3]《2013 年能源法》亦开启了英国新的电力市场改革。而这一改革的主要目标就是针对可再生能源发电重新进行制度设计。[4] 根据该法，未来英国将通过上网电价与差价合约的形式，逐渐取消对可再生能源的补贴。[5]

2. 2015 年《税收控制框架》的修改，减少对可再生能源的补贴

布朗执政期间，英国燃料贫困问题已日益凸显，[6] 政府在《英国燃料贫困 2009 年年度报告》中指出，从 2007 年起英国燃料贫困人口激增，已有 400 万

---

[1] See Raphael J. Heffron, “The Application of Contrast Explanation to Energy Policy Research: *UK Nuclear Energy Policy 2002-2012*,” *Energy Policy*, Vol. 55, 2013, pp. 602-616.

[2] See UK DECC, *Initial Agreement Reached on New Nuclear Power Station at Hinkley*, from https://www.gov.uk/government/news/initial-agreement-reached-on-new-nuclear-power-station-at-hinkley (last visited on 2020-11-23).

[3] See UK DECC, *Planning Our Electric Future: A White Paper for Secure, Affordable and Low-Carbon Electricity*, London: TSO, 2011.

[4] See Michael Grubb & David Newbery, *UK Electricity Market Reform and the Energy Transition: Emerging Lessons*, London: MIT Center for Energy and Environmental Policy Research, 2018, pp. 6-43.

[5] See David M. Newbery, “Towards A Green Energy Economy? The EU Energy Union's Transition to A Low-Carbon Zero Subsidy Electricity System-Lessons from the UK's Electricity Market Reform,” *Applied Energy*, Vol. 179, 2016, pp. 1321-1330.

[6] 燃料贫困（Fuel Poverty），是指家庭难以支付取暖所需费用，按英国的标准，一户家庭如果其总收入的 10% 用于取暖，那么就属于燃料贫困。See The UK Government, *The UK Fuel Poverty Strategy*, London: UK, 2001, p. 6.

户家庭处于燃料贫困中。[1] 为改变这一局面，在布朗主导下，英国通过了《2010 年能源法》，引入了强制社会价格支持机制，希冀通过该机制解决英国燃料贫困问题。然而，结果并不理想，到 2012 年，英国的燃料贫困人口不减反增，达到 450 万户。[2] 究其原因，政府对可再生能源的大量补贴，是造成燃料贫困问题的主要根源。因为民众不得不为英国政府的可再生能源补贴买单，而带来的后果则是家庭支付的能源账单不断上涨。[3] 基于此，2011 年卡梅伦政府果断地引入了《税收控制框架》（*Levy Control Framework*），[4] 2015 年在修改后的该政策下，取消了对某些可再生能源的补贴。[5] 当然，即便如此，到 2020—2021 年，英国在可再生能源补贴方面的支出也会超过 15 亿英镑。[6]

3. 能源安全超越气候变化，重新成为英国能源法律政策的首选考量

2015 年英国大选，卡梅伦领导的保守党再次胜出，并获得单独组阁的权力。在第二次任期（2015—2016）内，卡梅伦进一步对能源法律政策进行了重新设定。其内阁能源和气候变化大臣安布尔·鲁德（Amber Rudd）在 2015 年 11 月发表了题为“英国能源政策新方向”的演讲，强调卡梅伦政府未来的能源政策将把能源安全列在首位，一改工党执政时期，气候变化在能源法律政策制定方面的首要位置。[7] 距这一演讲结束仅一周后，卡梅伦政府就将承诺变成了现实，直接取消了碳捕获与封存技术（CCS）商业示范的 10 亿英镑的

---

[1] See UK DECC, *The UK Fuel Poverty Strategy*: *7th Annual Report 2009*, London: TSO, 2009, pp. 7-9.

[2] See UK DECC, *Annual Report on Fuel Poverty Statistics 2014*, London: TSO, 2014, p. 6.

[3] See Benjamin K. Sovacool, *Energy & Ethics*: *Justice and the Global Energy Challenge*, Basingstoke: Palgrave Macmillan, 2013, pp. 56-65.

[4] See Matthew Lockwood, "The UK's Levy Control Framework for Renewable Electricity Support: Effects and Significance," *Energy Policy*, Vol. 97, 2016, pp. 193-201.

[5] See UK DECC, *Controlling the Cost of Renewable Energy*: *Renewable Energy Subsidies Revised to Ensure Consumers are Protected from Higher Energy Bills*, from https://www.gov.uk/government/news/controlling-the-cost-of-renewable-energy (last visited on 2020-11-23).

[6] See UK NAO, *Controlling the Consumer-Funded Costs of Energy Policies*: *The Levy Control Framework*, London: National Audit Office, 2016, p. 4.

[7] See Amber Rudd, *Amber Rudd's Speech on A New Direction for UK Energy Policy*, from https://www.gov.uk/government/speeches/amber-rudds-speech-on-a-new-direction-for-uk-energy-policy (last visited on 2020-11-23).

经费支持，这引起了英国国内气候变化支持者的极度不满。❶

4.《2016年能源法》重组油气监管，逐渐取消可再生能源义务制度

2016年5月，在卡梅伦政府的推动下，英国议会通过了《2016年能源法》。该法涉及三部分内容，即设立新的油气监管机构、对油气企业的环境和退出成本的规定，以及对可再生能源义务的取消。

第一，设立新的油气监管机构，即油气管理局（Oil and Gas Authority，OGA）。《2016年能源法》正式设立油气管理局，作为新的管理和监管英国油气开发的机构。该局以政府公司的形式组建，被授予原属能源与气候变化部的离岸油气许可权（没有包括与油气相关的环境监管权）和参与能源企业会议，数据获取、保留和转移，以及争端解决和制裁等新权力。可见，这一机构的设立增强了英国政府在离岸油气方面的监管权力。❷ 第二，对离岸油气企业环境污染和退出行为实施全面收费的许可证和执照的规定。《2016年能源法》将允许政府依据环境法中的“谁污染谁付费”的原则，继续对离岸油气企业环境污染和退出的成本进行回收。第三，取消可再生能源义务。《2016年能源法》将批准新内陆风电场的权力下放给地方政府。但对新内陆风电将取消或限制可再生能源义务的实施。

不言而喻，布莱尔、布朗两届工党政府给卡梅伦留下了一个能源的“烂摊子”。这也就不难理解，卡梅伦执政的第二年成为英国历史上能源生产负增长最大的一年。而也正是由于卡梅伦的能源法律政策向传统回归，无论是从重启核能，还是扩大英国大陆架油气再生产，都起到挽救了这一颓势的作用。2015年其成功地将能源生产转为自1999年以来的正增长，且达到9.6%。❸ 因此，这亦从相反意义上充分证明了英国工党执政时期能源法律政策的失败。然而，我们也应看到，即使卡梅伦不遗余力地进行调整，也已无法改变英国民众将为

---

❶ 在卡梅伦第一次任期内，联合内阁曾许诺提供10亿英镑支持碳捕获与封存技术。See UK DECC, *The Carbon Plan: Delivering Our Low Carbon Future*, London: DECC, 2011, p. 10. See also Damian Carrington, *UK Cancels Pioneering 1 bn Carbon Capture and Storage Competition*, from https://www.theguardian.com/environment/2015/nov/25/uk-cancels-pioneering-1bn-carbon-capture-and-storage-competition (last visited on 2020-11-23).

❷ See Uisdean Vass, "A Review of the New UK Energy Bill: Very Fancy Footwork," *LSU Journal of Energy Law & Resources*, Vol. 4, 2015, pp. 59-73.

❸ See UK DUKES, *Digest of United Kingdom Energy Statistics 2016*, London: TSO, 2016, p. 11.

新建核电站支付更多能源账单的事实。[1] 而且卡梅伦的改革尚不彻底，尽管其开启了重建核能，但在电力部门仍然采取的是一个中央规制的路径。[2]

（四）英国能源法律政策的再调整（2016—2020）

2016 年，脱欧公投的结果迫使卡梅伦辞去首相职务，原内政大臣特雷莎·梅（Theresa Mary May）、鲍里斯·约翰逊（Boris Johnson）先后成为新的英国首相，而英国的能源法律政策在延续保守党一贯政策的基础上，也出现了一系列再调整。对这种能源法律政策的再调整可从以下三个方面来加以认识。

1. 卡梅伦执政时期的能源法律政策未能最终撼动英国能源现状的彻底改变

据英国 2018 年 6 月的能源统计，2017 年，英国的能源生产总量仅增长了 0. 4%。其中能源净进口仍占到英国能源使用的 36%，主要的能源消费下降了 1. 2%。化石能源仍是英国主要的能源供应种类，占到 80. 1%。[3] 尽管可再生能源发电出现了英国历史上最好的纪录，占到发电总量的 29. 3%，但 2017 年英国可再生能源消费却也仅占到能源消费的 10. 2%。[4] 而欧盟《2009 年可再生能源指令》则要求英国在 2020 年可再生能源消费应达到 15%。[5] 因此，想在短短的三年时间内，使可再生能源消费增加 5 个百分点，对英国而言几乎是不可能的事情。

2017 年的英国能源生产是自从卡梅伦执政的 2015 年起，连续增长的第三年，但增长的幅度却呈现逐年下降的趋势。故而，虽然保守党政府在能源法律政策上的传统回归，一定程度上促进了英国能源生产的增长，且这种增长也延续到了特雷莎·梅时期，[6] 但一个明显的下降趋势又表明，一方

---

[1] 英国将不得不为新核电站建设，支付长达 35 年且是目前电价 2 倍的建设价格。See Peter Atherton, *Why has Britain Signed Up for the World's Most Expensive Power Station*, from https://www.spectator.co.uk/2014/02/why-has-britain-signed-up-for-the-worlds-most-expensive-power-station/（last visited on 2020-11-23）.

[2] See Colin Robinson, *From Nationalisation to State Control: The Return of Centralised Energy Planning*, London: Institute of Economic Affairs, 2013, p. 8.

[3] See UK DUKES, *Digest of United Kingdom Energy Statistics 2018*, London: DBEIS, 2018, p. 11.

[4] See UK DBEIS, *Energy Trend-June* 2018, London: DBEIS, 2018, p. 64.

[5] 根据欧盟《2009 年可再生能源指令》，欧盟在 2020 年的可再生能源消费的平均值要达到 20%。可见，对英国的可再生能源消费的要求已是欧盟全境内较低的了。

[6] 从时间历程来看，卡梅伦执政于 2010 年，而 2015 年出现了增长，因此，这种 5 年后的增长很难将其直接归功于其前任布莱尔-布朗的两届工党政府的努力。

面，能源法律政策的改革仍是不彻底的，没有清除工党执政以来在能源生产方面的消极影响；另一方面，也证明了作为制度的法律政策，一旦其实施，则会产生一定的制度黏性，这种法律政策即使消逝，也仍会在一定时期内产生一种物化的牵引力。这无论从撒切尔、梅杰两届保守党政府能源法律政策对其后任布莱尔能源生产的影响，还是现在布莱尔、布朗两届工党政府对卡梅伦和梅的保守党政府能源法律政策的影响，都如出一辙。

2. 解散能源与气候变化部，设立新的商务、能源与工业战略部

2016年7月，特雷莎·梅接任卡梅伦成为英国新首相，她迅速进行了部门改组，解散了维持8年之久的能源与气候变化部，设立了新的商务、能源与工业战略部（Department of Business，Energy and Industrial Strategy，DBEIS）。尽管英国官方发言人声称，能源和气候变化部的解散不会影响英国应对气候变化这一承诺，[1] 但仍可看出，将气候变化从部门名称上的删除，意味着特雷莎·梅对围绕气候变化开展的包括可再生能源在内的能源法律政策将会出现不同程度的弱化。

3. 英国“脱欧”为其能源法律政策再调整获得更多的自由空间

在英国“脱欧”之前，2009年后能源法律政策的制定都与欧盟《2009年可再生能源指令》有着直接的联系。该指令要求2020年欧盟国家的可再生能源消费比例要达到20%以上。尽管这一指令不是英国能源法律政策考虑的唯一因素，但却是非常重要的因素。或言之，在一定程度上，欧盟《2009年可再生能源指令》掣肘了英国在能源法律政策上发挥更大的自由度。[2]

毫无疑问，英国“脱欧”为其能源法律政策的再调整带来更广的自由空

---

[1] See Ian Johnston, *Climate Change Department Closed by Theresa May in 'Plain Stupid' and 'Deeply Worrying' Move*, from https://www.independent.co.uk/environment/climate-change-department-killed-off-by-theresa-may-in-plain-stupid-and-deeply-worrying-move-a7137166.html (last visited on 2020-11-23).

[2] 尽管英国《2008年气候变化法》在欧盟《2009年可再生能源指令》出台之前，但在英国气候变化政策的后续发展中，后者形成了一个强有力的束缚，因此，在一定意义上，《2008年气候变化法》中碳预算的逐年变化与欧盟《2009年可再生能源指令》有着密切联系。See Fay Farstad, Neil Carter & Charlotte Burns, "What does Brexit Mean for the UK's Climate Change Act," *The Political Quarterly*, Vol. 89, No. 2, pp. 292-297. See also Thomas L. Muinzer, "An Evaluation of the Implications of EU Climate and Energy Governance for the UK in Light of Brexit," *European Journal of Current Legal Issues*, Vol. 23, No. 2, 2017, pp. 1-46.

间。英国可以从其自身能源发展的特点入手，可以更多地考虑为经济繁荣而制定促进能源市场竞争的法律政策。❶ 同时，在气候变化问题上，英国也可按自己的政策目标进行相应的减排。❷ 当然，一方面，尽管英国“脱欧”已进入转道，但欧盟能源法律政策对英国的影响不可能在短时期内迅速消失，英国能源势必要经历一个“阵痛期”。❸ 另一方面，“脱欧”也在英国能源发展方面带来一系列的不确定性。例如，英国与欧洲大陆电网的连接对未来英国能源供应安全具有重要意义，而如何使“脱欧”不影响电网连接，则存在着诸多不确定性。❹ 此外，“脱欧”亦会影响到英国在能源方面的投资。❺

二、对英国能源法律政策的反思：以市场为视角

如上所述，到目前为止，无论是特雷莎·梅，还是约翰逊，都没有在多大程度上改变英国政府以规制干预为主的能源法律政策格局。因此，可以肯定地说，在以市场为观照的事实下，英国能源法律政策的二十年反映出四个明显特点：市场红利的耗竭、竞争的锐减、制度设计的失败以及市场基础作用的丧失。

（一）英国能源法律政策（1998—2020）：市场红利的耗竭

1998 年，当布莱尔领导的工党政府开始能源法律政策转向时，英国正处

---

❶ See Joshua G. Gamboa, “The Green Deal Goes Sour for the Clean Energy Sector in Great Britain,” *Journal of Global Justice & Public Policy*, Vol. 2, 2016, pp. 457-465. See also Michael G. Pollitt, “The Economic Consequences of Brexit: Energy,” *Oxford Review of Economic Policy*, Vol. 33, No. S1, 2017, pp. S135-S143.

❷ See Cameron Hepburn & Alexander Teytelboym, “Climate Change Policy after Brexit,” *Oxford Review of Economic Policy*, Vol. 33, No. S1, 2017, pp. S114-S154.

❸ See John C. LaMaster & Marc Hammerson, “Brexit and The UK Oil & Gas Sector,” *Denning Law Journal*, Vol. 28, 2016, pp. 9-15. See also Antony Froggatt, Thomas Raines & Shane Tomlinson, *UK Unplugged? The Impacts of Brexit on Energy and Climate Policy*, London: Chatham House, 2016, p. 2.

❹ See Matthew Lockwood, Antony Froggatt, Georgina wright & Joseph Dutton, “The Implication of Brexit for the Electricity Sector in Great Britain: Trad-Offs between Integration and Policy Influence,” *Energy Policy*, Vol. 110, 2017, pp. 137-143.

❺ 英国伦敦大学能源研究所主任斯特罗恩（Neil Strachan）等人研究认为，在能源系统投资方面的短视将导致在关键技术投资战略方面的延迟或取消。随之而来则会增加能源投资上不必要的成本。See Francesco Fuso Nerini, Ilkka Keppo & Neil Strachan, “Myopic Decision Making in Energy System Decarbonisation Pathway: A UK Case Study,” *Energy Strategy Reviews*, Vol. 17, 2017, pp. 19-26.

于最佳的能源形势期间。这一年，英国全年的能源生产总量为 2.872 亿吨石油当量，是英国历史上能源生产的最高值。[1] 然而很显然，这一能源形势不应归功于布莱尔的工党政府，而应是其前任撒切尔、梅杰两届保守党政府在能源领域进行私有化改革所取得的成果。

就保守党政府在能源领域的私有化改革而言，1979 年，撒切尔夫人领导的保守党政府上台之前，英国的能源形势极不乐观。1978 年，英国全年的能源生产总量仅为 1.802 亿吨石油当量，而当年全国的能源消费达到 2.216 亿吨。[2] 这就意味着，英国必须从海外进口 4140 万吨的能源，才能满足国内的能源需求。而这种窘迫局面与战后英国在能源领域实施的国有化政策密切相关。[3] 为此，对能源产业进行私有化改革就成为撒切尔政府的当务之急。[4] 1983 年撒切尔夫人领导的保守党再次赢得议会选举后，[5] 经过一系列策略斗争，煤炭产

---

[1] See UK DUKES, *Digest of United Kingdom Energy Statistics: 60th Anniversary*, London: TSO, 2009, p. 5.

[2] See UK DUKES, *Digest of United Kingdom Energy Statistics: 60th Anniversary*, London: TSO, 2009, pp. 5-6.

[3] “二战”后，英国几乎所有能源领域都实施了国有化（尽管石油没有国有化，但也受到政府的直接干预）。到 20 世纪 60 年代，发电被控制在政府的中央发电管理局（the Central Electricity Generating Board, CEGB）下，它禁止燃油和天然气发电，从而对国有化的煤炭产业予以保护。但国有化带来的一个结果，则是英国能源始终处于不安全状态，并直接拖累了英国经济。See Colin Robinson & Jon Morgan, *North Sea Oil in the Future: Economic Analysis and Government Policy*, London: The Trade Policy Research Centre, 1978, pp. 190-201. See also Sean Glynn & Alan Booth, *Modern Britain: An Economic and Social History*, London: Routledge, 1996, p. 268. See also Colin Robinson, “Energy Price Caps,” in Christopher Coyne & Rachel Coyne ed., *Flaws and Ceilings: Price Controls and the Damage They Cause*, London: The Institute of Economic Affairs, 2015, p. 103. L. G. Brookes, “The Long Term Macroeconomic Role for Energy,” in Paul Tempest ed., *Energy Economics in Britain*, London: Graham & Trotman, 1983, pp. 307-309.

[4] 撒切尔进行的能源私有化改革不仅仅是一场经济改革，同时也是一场政治斗争。因为煤炭产业是当时英国的支柱产业，而由此形成的煤炭工会具有庞大的政治影响力，且与工党有着某种天然联系。显然，撒切尔政府的去国有化直接威胁到煤炭产业的生存。因此，煤炭产业的政治势力与撒切尔政府形成了尖锐的对峙。煤炭工会通过不断的罢工示威，要求撒切尔政府改变其政策。更有甚者，倘若撒切尔夫人不能解决好英国持续的通货膨胀问题，那么其政治生涯将岌岌可危。参见胡昌宇著：《英国新工党政府经济与社会政策研究》，中国科学技术大学出版社 2008 年版，第 38 页。See Christopher Johnson, *The Grand Experiment: Mrs. Thatcher's Economy and How It Spread*, Boulder: Westview Press, 1991, pp. 217-220. See also Eric J. Evans, *Thatcher and Thatcherism*, London: Routledge, 1997, pp. 37-39. See also Martin Holmes, *The First Thatcher Government 1979-1983*, Boulder: Westview Press, 1985, pp. 132-153.

[5] 除了英国经济开始复苏以外，1982 年震惊世界的英阿马岛海战，以英国胜利而告终，为撒切尔夫人带领的保守党赢得 1983 年的议会选举起到重要的支持作用。

业的政治影响力大幅降低，其倡导的能源领域的私有化改革才得以进行。❶1986年英国通过了《1986年天然气法》，率先拉开了英国能源的私有化改革。❷在其第三次任期间，1989年通过了《1989年电力法》，开启了电力领域的私有化改革。❸之后的梅杰保守党政府继续延续撒切尔政府能源领域的私有化政策，相继于1993年通过《1993年电力法》，扩大电力领域的市场化，1996年又开启了核能领域的市场化。❹

这一系列的市场化改革成果显著。仅到1981年，英国就从一个能源净进口国，转变为一个实实在在的能源出口国。❺到布莱尔工党政府上台之际，1998—1999年，英国在电力和天然气领域获得了比世界上其他国家更充分的市场竞争力。❻毋庸讳言，撒切尔夫人的私有化改革为之后工党政府的执政带来了意想不到的市场红利，充沛的英国能源有力地支持了布莱尔时期长达10年的经济增长。然而，我们更应看到的是，自1998年英国能源法律政策转向后，英国能源生产出现了下降，❼英国经济增长也受此拖累，进入一个相对缓慢的停滞期。❽到2017年，英国民众为能源消费的支出就达到1998年的2

❶ See Colin Robinson, "Gas, Electricity and the Energy Review," in Colin Robinson ed., *Successes and Failures in Regulating and Deregulating Utilities: Evidence from the UK, Europe and the USA*, Cheltenham: Edward Elgar, 2004, p. 188.

❷ See Catherine Waddams Price, "Competition and Regulation in the UK Gas Industry," *Oxford Review of Economic Policy*, Vol. 13, No. 1, 1997, pp. 47-63.

❸ See Dieter Helm, *Energy, the State, and the Market: British Energy Policy since 1979*, Oxford: Oxford University Press, 2003, pp. 141-142.

❹ See James G. Hewlett, "De-Regulated Electric Power Markets and Operating Nuclear Power Plants: The Case of British Energy," *Energy Policy*, Vol. 33, 2005, pp. 2293-2297.

❺ See Michael G. Pollitt, "The Economic Consequences of Brexit: Energy," *Oxford Review of Economic Policy*, Vol. 33, No. S1, 2017, p. S135.

❻ See Colin Robinson, "Energy Policy: The Return of the Regulatory State," *Economic Affairs*, Vol. 36, No. 1, 2016, p. 36.

❼ See Peter Sinclair, "The Treasury and Economic Policy," in Anthony Seldon ed., *Blair's Britain, 1997-2007*, Cambridge: Cambridge University Press, 2007, p. 186.

❽ See Trevor Williams, "The UK Economic Experience of the Last Five Years-Stagnation," in Tim Congdon, Joanna Davies, Haroon Fatih, et al., *Will Flat-Lining Become Normal? An Analysis of Britain's Worst Period of Peacetime Growth since the Industrial Revolution*, London: Institute of Economic Affairs, 2013, pp. 85-100.

倍。[1]而到2016年，英国的电价是欧盟国家中除了增值税和其他税之后最高的。[2]因此，在一定意义上，英国二十年能源法律政策的设计偏离，最终使撒切尔政府开启的能源市场红利被彻底耗尽了。

（二）英国能源法律政策（1998—2020）：市场竞争的锐减

自1998年起，英国能源法律政策在市场竞争方面呈现出一种消极的态势。这种态势表现为：所有的能源法律政策是以服务可再生能源为主导的，其他与之相竞争的能源类型都受到不同程度的限制。这一转向开始于2003年能源白皮书的出台。英国学者发现，尽管2003年能源白皮书中强调市场竞争的作用，但在实践中，布莱尔政府在应对气候变化方面并没有采取以市场为基础的路径，而这直接影响到能源的供应选择，并进一步削弱了市场竞争。[3]

《2010年能源法》在其第16、17条中更是明确规定，只要更有利于减少温室气体排放等，天然气和电力市场局应考虑是否还有其他方法，无论其是否促进市场竞争。卡梅伦执政后，没有改变这一结果，《2013年能源法》要求天然气和电力市场局执行政府的能源政策，授予国务大臣对那些排斥许可证修改的能源供应公司加征税收。例如，在电价方面增加了环境和社会成本，包括为可再生能源发电提供保障性价格、通过上网电价补贴可再生能源、能源公司对低收入家庭的义务补贴，以及给低收入家庭折扣等。此外，非家庭用户还要征收气候变化税（climate change levy）。实践表明，这样的能源法律政策不仅没有切实达到减少碳排放的目标，相反却使得英国民众不得不承担较高的电价。[4]

毋庸置疑，自1998年以来英国出现了与20世纪70年代一样的能源规制，

---

[1] See UK BEIS, *Total Household Expenditure on Energy in the UK*, London：BEIS, 2018.

[2] See Eurostat, *Electricity Prices for Household Consumers, 2016s1*, from http://ec.europa.eu/eurostat/statistics-explained/index.php/File: Electricity_prices_for_household_consumers,_2016s1_(EUR_kWh).png (last visited on 2020-11-23).

[3] See Eileen Marshall, "Energy Regulation and Competition after the White Paper," in Colin Robinson ed., *Governments, Competition and Utility Regulation*, Cheltenham, UK：Edward Elgar, 2005, pp. 118-140.

[4] See Diego Zuluaga, *A Post-Brexit Framework for Electricity Markets*, London：Institute of Economic Affairs, 2017, pp. 2-3.

那时煤炭是作为主导能源，政府为扶持煤炭产业，不仅仅完全由国家安排煤炭的产供销，而且对与其竞争的所有能源都给予了限制，其中典型的就是对燃油进行征税，以使其无法与煤炭竞争。[1] 而正是此种能源法律政策将英国战后较好的经济形势全部摧毁，国家经济进入一个严重的衰退期。[2] 最终，撒切尔夫人不得不动用政治力量来扭转这一形势。[3] 这正如英国能源政策专家罗宾逊（Colin Robinson）所言，“这种经由赋予煤炭以垄断地位的权能，使英国面临一个极度不安全的能源境地”。[4]

即便如此，20 世纪 70 年代仍在一定程度上保障了核能的发展，但 1998 年之后的英国能源法律政策，甚至将核能也纳入了不予支持的对象。[5] 而结果却如原英国财政大臣奥斯本（George Osborne）所言，“就我个人而言，20 年来放弃建造新核电站是一个悲剧。现在我们将不得不投入数百亿英镑在新建核电上”。[6] 因此，在一定意义上，与 20 世纪 70 年代相比，1998 年之后的英国能源法律政策在减少能源市场竞争方面有过之而无不及。学者对英国 2002 年和 2012 年的能源市场竞争化进行分析后发现，2012 年英国能源的市场竞争低于 2002 年，其市场竞争指数从 0.81 降到了 0.69。而法国和德国尽管在 2002 年时市场竞争远不如英国，但到 2012 年时，它们的市场竞争度都远远超过了后者。[7] 是以，英国能源市场竞争力的下降与政府放松竞争监管，以及对

---

[1] See Colin Robinson, “Energy Policy: The Return of the Regulatory State,” *Economic Affairs*, Vol. 36, No. 1, 2016, p. 36.

[2] See Geoffrey Maynard, *The Economy under Mrs. Thatcher*, Oxford: Basil Blackwell, 1988, pp. 1-28.

[3] 参见［美］霍尔著：《驾驭经济——英国与法国国家干预的政治学》，刘骥、刘娟凤、叶静译，江苏人民出版社 2008 年版，第 129-132 页。

[4] See Colin Robinson, “Energy Policy: The Return of the Regulatory State,” *Economic Affairs*, Vol. 36, No. 1, 2016, p. 36.

[5] See Peter D. Cameron, “The Revival of Nuclear Power: An Analysis of the Legal Implications,” *Journal of Environmental Law*, Vol. 19, 2007, pp. 71-87.

[6] See Tom Phillips Katie Allen & Terry Macalister, *Hinkley Point: Osborne Seek to Ease Doubts with £ 2bn Guarantee*, from https://www.theguardian.com/business/2015/sep/21/nuclear-plant-project-osbornes-commits-2bn-guarantee (last visited on 2020-11-23).

[7] See María Teresa García-Álvarez, Blanca Moreno & Isabel Soares, “Analyzing the Sustainable Energy Development in the EU-15 by An Aggregated Synthetic Index,” *Ecological Indicators*, Vol. 60, 2016, pp. 996-1007.

市场准入的干预有着密切相关性。❶ 而这正如罗宾逊所言，“在一个充斥着大量政府干预的能源市场，市场竞争是不会繁荣的”。❷

（三）英国能源法律政策（1998—2020）：市场制度设计的失败

不言而喻，以可再生能源为主导的能源目标，必然促使英国能源法律政策也将是围绕前者展开的制度设计。然而，能源法律政策的制度设计并没有达到英国政府所希冀的理想目标。相反，一系列不合理的制度设计却迫使英国政府不得不对能源法律政策进行修改和调整，而这带来的问题则是，一方面延误了可再生能源的发展时机；另一方面，也使能源投资始终处于一个极不稳定的状态。

第一，出台不考虑市场、直接补贴的能源法律政策。例如，在 2011 年到 2012 年间，政府为支持光伏发电，安装了 27 万套太阳能电池板，而每安装一套将被补贴 5000～10000 英镑。❸ 这个政策没有封顶，以致每年为此不得不支出 10 亿英镑。❹ 又如，英国政府根据欧盟《2012 年能效指令》（*The Energy Efficiency Directive*），投入了 110 亿英镑用于安装电和天然气的智能电表（smart meters），但实践证明，根本不需要所有的英国家庭都安装这种智能电表。❺

第二，较晚引入上网电价制度。德国在可再生能源方面引入了上网电价制度，并取得了相当好的效果，以致各国开始纷纷效仿这一制度。英国在可再生能源支持方面，最开始使用的是可再生能源义务（Renewable Obligation）方式，但实践表明这一机制并不理想。然而，英国在政策抉择上迟迟不作为，直到

❶ See Chrysovalantis Amountzias, Hulya Dagdeviren & Tassos Patokos, “A Waste of Energy? Acritical Assessment of the Investigation of the UK Energy Market by the Competition and Markets Authority,” *Competition & Change*, Vol. 21, No. 1, 2017, pp. 45-60. See also Steve Thomas, “The British Model in Britain: Failing slowly,” *Energy Policy*, Vol. 34, 2006, pp. 583-600.

❷ See Colin Robinson, “Energy Policy: The Return of the Regulatory State,” *Economic Affairs*, Vol. 36, No. 1, 2016, p. 44.

❸ See Michael G. Pollitt, “The Economic Consequences of Brexit: Energy,” *Oxford Review of Economic Policy*, Vol. 33, No. S1, 2017, pp. S138.

❹ See UK Ofgem, *Feed-in Tariff Annual Report 2014-2015*, London: Ofgem, 2015, pp. 15-19.

❺ See Alex Henney, *Smart Metering Chaos and Waste*, from https://rogerhelmermep.wordpress.com/2015/01/08/smart-metering-chaos-and-waste/ (last visited on 2020-11-23).

2010 年，才开始在本国实施上网电价制度，以逐步取代可再生能源义务。是故，在一定意义上延误了可再生能源发展的有利时机。[1]

第三，《2008 年气候变化法》对低碳能源投资形成了政策泡沫。《2008 年气候变化法》是英国开展低碳能源建设的主要制度依据。10 年的发展使其在形成气候变化共识、提升英国在应对气候变化的国际影响力等方面确实取得了较好的成效。[2] 然而必须指出的是，这一法律设定了过高的减排目标，结果造成英国所有能源法律政策都围绕着这一目标展开，形成了一种路径锁定，带来的消极结果是在低碳能源上的过度投资，消耗了英国大量生产资金。[3]《2008 年气候变化法》不仅没有实现英国国内能源建设的供需平衡，相反却成为影响正确能源投资的政策泡沫。[4]

由是观之，英国能源法律政策不仅没有挽救英国的能源形势，而且由于制度设计上的不充分、不及时以及不合理，未能使英国发生实质性的能源转型。[5] 追其根源，很大程度上是由于能源法律政策的制定者，受其应对气候变化观念的束缚，无法在可供选择的政策工具上作出正确的判断。

（四）英国能源法律政策（1998—2020）：市场基础作用的丧失

1998 年之前，尽管政府在煤炭、核能和天然气方面给予不同程度的过渡性保护，但总体而言，政府在逐渐革除能源规制，更多地交由市场来完成。[6]

---

[1] 有学者发现，上网电价制度是全球吸引外商投资最重要的政策工具。See Ronald Wall, Stelios Grafakos, Alberto Gianoli & Spyridon Stavropoulos, "Which Policy Instruments Attract Foreign Direct Investments in Renewable Energy," *Climate Policy*, 2018, pp. 1-14.

[2] See Sam Fankhauser, Alina Averchenkova & Jared Finnegan, *10 Years of the UK Climate Change Act*, London: The Grantham Research Institute on Climate Change and the Environment, 2018, p. 3.

[3] See M. Lockwood, "The Political Sustainability of Climate Policy: The Case of the UK Climate Change Act," *Global Environmental Change*, Vol. 23, No. 5, 2013, pp. 1339-1348.

[4] See Ross Gillard & Kathryn Lock, "Blowing Policy Bubbles: Rethinking Emissions Targets and Low-Carbon Energy Policies in the UK," *Journal of Environmental Policy & Planning*, Vol. 19, No. 6, 2017, pp. 638-653.

[5] See Caroline Kuzemko, "Energy Depoliticisation in the UK: Destroying Political Capacity," *The British Journal of Politics and International Relations*, Vol. 18, No. 1, 2016, pp. 107-124.

[6] See Colin Robinson, "Energy Policy: The Return of the Regulatory State," *Economic Affairs*, Vol. 36, No. 1, 2016, pp. 36-37.

然而，1998年之后，英国能源法律政策却走向了一个“中央能源计划”的路径。[1] 这一如英国牛津能源研究所高级研究员、原英国贸工部能源政策主任凯伊（Malcolm Keay）对英国能源法律政策评价时所指出的，在最近的几十年里，英国能源政策的范式转换，是从一个20世纪90年代的自由市场，转变为21世纪的更多干预举措。[2] 对于这种市场基础作用的消失，表现为以下两个方面。

一方面，作为市场监管机构，天然气和电力市场局（Ofgem）的作用被边缘化。在1998年能源法律政策转向之前，天然气供应局和电力监管局是英国能源政策的中心，其任务乃是促进竞争，保护消费者利益。而1999年，布莱尔政府将其合并为天然气与电力市场局后，其在对能源批发市场的制度安排、对零售市场竞争的引入，以及对并购决定的影响方面，呈现出一个低效且逐渐边缘化的轨迹。须知，作为市场监管机构，其主要责任应是尽可能地减少政府对市场的干预，或者说，尽可能地为政府“减负”，让市场来完成主要工作。然而，在二十年的能源监管过程中，天然气与电力市场局作为市场竞争的监管者是失败的，政府诸多重要的能源决定都绕开了它。英国格林威茨大学能源政策教授托马斯（Steve Thomas）毫不客气地指出，“天然气与电力市场局已成为以气候变化优先经济问题的附属物了”。[3]

另一方面，能源法律政策的重心由市场转向了政府。在2008年之前，尽管布莱尔政府已开始加大政府在能源领域的行动力度，但其能源法律政策并没有体现出来。而布朗执政后，从法律政策角度加大政府对能源的干预就成为其一大特色。《2008年气候变化法》《2008年能源法》《2009年低碳转型计划》和《2010年能源法》都充分体现了政府在能源市场中的主导地位。这正如当时布朗政府中的能源和气候变化大臣米利班德（Ed Miliband）所言，要

---

[1] See Colin Robinson, *From Nationalisation to State Control: The Return of Centralised Energy Planning*, London: Institute of Economic Affairs, 2013, p. 8.

[2] See Malcolm Keay, “UK Energy Policy-Stuck in Ideological Limbo,” *Energy Policy*, Vol. 94, 2016, pp. 247-252.

[3] See Steve Thomas, “A Perspective on the Rise and Fall of the Energy Regulator in Britain,” *Utilities Policy*, Vol. 39, 2016, pp. 41-49.

完全改写英国的能源政策，重要的决策不能留给市场来决定。❶

此外，可再生能源投资不是依据市场，而是政府干预的结果。可再生能源的边际成本要高于化石能源，这是政府出台上网电价制度、绿色证书等法律政策的主要诱因。因此，英国电力去碳化的投资不是由市场需求决定的，而是政府推动可再生能源电力供应的结果。❷ 但这些激励机制并没有使得投资上升，相反，自 2011 年起英国 6 大能源公司的投资呈现出一种下滑趋势。❸

由此可见，英国二十年能源法律政策的旨趣是对市场基础作用的否定。对此，原英国能源部长威克斯（Malcolm Wicks）的一席话极好地印证了这一点。他说，“我的结论是，倚重公司、竞争和自由化的时代需要重新评估，天真的市场时代已经结束。尽管我们仍须公司勘探、支付和供给能源，但国家必须更为积极——政府干涉是极其必要的”。❹ 一言以蔽之，“现在英国正在面对着更多干预的能源政策，且新政府并没有打算改变这一方向”。❺

三、英国能源法律政策（1998—2020）的启示

英国二十年能源法律政策的运行是一个“去市场、亲政府”的制度建构过程。然而，二十年的能源实践亦证明其是失败的，这种失败与其说是英国不应该支持可再生能源发展，毋宁说它没有建立起一个符合能源发展规律的制度范式来支撑其能源转型。❻ 而要理解这种失败，必然要从市场自身、制度设计以及能源革命的角度来加以认知。

---

❶ See John Vidal & Juliette Jowit, *Ed Miliband Promise New Area of Clean Coal-but Who will Pay*, from https: //www. theguardian. com/environment/2009/apr/24/energy - coal - carbon - capture - environment (last visited on 2020-11-23).

❷ See Michael G. Pollitt, “The Economic Consequences of Brexit: Energy,” *Oxford Review of Economic Policy*, Vol. 33, No. S1, 2017, pp. S138.

❸ See Stephen Hall, Timothy J. Foxon & Ronan Bolton, “Investing in Low-Carbon Transitions: Energy Finance as An Adaptive Market,” *Climate Policy*, Vol. 17, No. 3, 2017, pp. 280-298.

❹ See Malcolm Wicks, *Energy Security: A National Challenge in A Changing World*, London: DECC, 2009, p. 1.

❺ See Ian Rutledge, “UK Energy Policy and Market Fundamentalism: A History Overview,” in Ian Rutledge & Philip Wright ed., *UK Energy Policy and the End of Market Fundamentalism*, Oxford: Oxford University Press, 2010, p. 3.

❻ See Caroline Kuzemko, *The Energy Security-Climate Nexus: Institutional Change in the UK and Beyond*, London: Palgrave Macmillan, 2013, pp. 1-12.

（一）市场为什么会失败：披着市场外衣的政府

审视英国二十年能源法律政策的架构变迁，其中最值得反思的莫过于：市场为什么会失败。诺贝尔奖得主、美国经济学家诺思（Douglass C. North）曾在研究中提出一个问题，即为何穷国始终与贫穷相伴，即使它们实行了与西方国家一样的制度，却依然未改变这种困境。为解释这一问题，他提出了一个“适应性效率”理论，认为后进国家经由模仿发达国家构建起来的基本制度未能实现像后者那样的经济增长，是因为存在一个“适应效率”的问题，即只有那些对发达国家基本制度适应度高的国家，才会发展起来。[1] 质言之，正如诺思本人所言，“同样的制度在不同的环境中会产生不同的结果”。[2] 由此可知，诺思揭示了一种后进国家无法超越先进国家的理论观点。然而，此处我们想指出的是，这种“适应性效率”不仅仅体现在后进国家，而且在先进国家中同样存在，只不过诺思没有分析罢了。[3] 英国二十年的能源发展充分说明了这一点，即使在能源法律政策最醒目的地方都写着市场机制，即使从首相到政府官员都不断声称市场的重要性，但实际上，市场仅仅是一件“外衣”，在具体行动时却始终是围绕着政府干预展开的。

诚然，市场的外部性确实存在，这是不可否认的。然而，最令人担心的与其说是“市场失灵”，毋宁说是在不加分析的基础上，打着“市场失灵”这个便宜的借口，进行着彻头彻尾的干预。[4] 这在能源领域几乎是司空见惯的现象。一种观点是以能源安全为由，认为市场无法应对能源枯竭问题，为保障本国能源安全，就必须进行干预。20 世纪 60—70 年代，英国对煤炭产业的

---

[1] 参见［美］诺思、［美］瓦利斯、［美］温格斯特著：《暴力与社会秩序：诠释有文字记载的人类历史的一个概念性框架》，杭行、王亮译，上海人民出版社 2013 年版，第 187-192 页，第 252 页。

[2] 参见［美］诺思、［美］瓦利斯、［美］温格斯特著：《暴力与社会秩序：诠释有文字记载的人类历史的一个概念性框架》，杭行、王亮译，上海人民出版社 2013 年版，第 18 页。

[3] 诺思在完成《暴力与社会秩序》一书后，继而又出版了《暴力的阴影：政治、经济与发展问题》，将其理论应用于 9 个发展中国家的实践，但没有考虑任何一个西方发达国家。参见［美］道格拉斯·诺思等编著：《暴力的阴影：政治、经济与发展问题》，刘波译，中信出版社 2018 年版。

[4] 参见［美］丹尼尔·F. 史普博：《经济学寓言和公共政策》，载［美］史普博编：《经济学的著名寓言：市场失灵的神话》，余晖等译，上海人民出版社 2003 年版，第 4-43 页。

国有化，就是出于能源安全的考虑。[1] 而 1998—2020 年的英国能源法律政策亦是如此，只不过这次不是煤炭，而是可再生能源。相反所有的化石能源都被纳入到不安全的范畴。另一种观点则是以气候变化为由，其支持者亦认为，市场无法解决能源的外部性问题，其中气候变化就是最突出的事例。英国经济学家斯特恩（Nicholas H. Stern）甚至直言不讳地指出，“温室气体排放是人类有史以来的最大的市场失灵”。[2] 故为应对全球气候变化，就必须对能源市场进行干预。这已成为学界的一种主流观点。[3]

然而，姑且不论能源峰值理论的谬误，[4] 仅就市场失灵这一点就存在诸多认识上的偏差。因为大多数人所论及的市场失灵并不是建立在现实基础上，而是一种完全市场下的失灵，这在现实中从来没有存在过。[5] 更重要的是，无论人的理性多么完美，都将无法与市场的自发秩序相比。这一如康德所言，“人性这根曲木，决然造不出任何笔直的东西”[6]。是故，能源供应安全本身存在着极度复杂性，气候变化问题的纳入则进一步加剧了制度设计的困难性。[7] 而一旦政府干预不是建立在市场基础上，那么由此而形成的能源法律政

---

[1] 在英国国有化时期，凡是与煤炭形成竞争关系的，都是政府打压的对象，石油、天然气发电以及能源进口都被纳入威胁英国能源安全的范畴。See Colin Robinson & Jon Morgan, *North Sea Oil in the Future: Economic Analysis and Government Policy*, London: Macmillan Press, 1978, pp. 195-201.

[2] 参见［英］斯特恩著:《地球安全愿景：治理气候变化，创造繁荣进步新时代》，武锡申译，社会科学文献出版社 2011 年版，第 14 页。

[3] See Alice Kaswan, “Energy, Governance, and Market Mechanisms,” *University of Miami Law Review*, Vol. 72, 2018, pp. 476-579. See also Benoit Mayer & Mikko Rajavuori, “State Ownership and Climate Change Mitigation: Overcoming the Carbon Curse,” *Carbon & Climate Law Review*, Vol. 11, 2017, pp. 223-233. Marianna Markantoni, “Low Carbon Governance: Mobilizing Community Energy through Top-Down Support,” *Environmental Policy and Governance*, Vol. 26, 2016, pp. 155-169.

[4] 美国页岩革命彻底从实践上打破了这一观点，而且学者也指出能源峰值是一“神话”。See Vaclav Smil, *Energy Myths and Realities: Bringing Science to the Energy Policy Debate*, Washington D. C.: The AEI Press, 2010, pp. 76-78.

[5] See Israel M. Kirzner, *Discovery and the Capitalist Process*, Chicago: The University of Chicago Press, 1985, pp. 119-149.

[6] 参见［德］康德著:《历史理性批判文集》，何兆武译，商务印书馆 1990 年版，第 10 页。

[7] See Adrian Smith, “Energy Governance: The Challenges of Sustainability,” in Ivan Scrase & Gordon MacKerron ed., *Energy for the Future: A New Agenda*, New York: Palgrave Macmillan, 2009, pp. 54-75. See also David B. Spence, “Paradoxes of ‘Decarbonization’,” *Brooklyn Law Review*, Vol. 82, No. 2, 2017, pp. 447-483.

策必将产生巨大的破坏力。[1]

(二) 制度设计的合理性：内生性经济增长的关键

21世纪初，美国弗吉尼亚大学施瓦茨（Herman M. Schwartz）教授在论及国家对市场的干预时曾指出，“真正重要的问题不在于干预的次数，而在于干预以何种形式进行，以及国家与市场以何种方式借重于彼此”。[2] 须知，市场不是生活在真空当中的，而是始终受到一个以制度所包围的语境影响。[3] 故而，市场能否起到积极的作用有赖于制度设计的合理性。

然而，制度设计是复杂的。单凭促进经济增长，就认为制度设计是合理的，在今天已被证明是欠妥的。或言之，以量化的经济增长方式来证明制度设计的合理性势必是不充分的。因为现代经济学的发展已表明，唯有内生性增长才是真正的经济增长。[4] 尽管那种外生性的也能促进经济增长，但它却是短暂的、不可持续的，无法实现国家的长久繁荣。基于此，美国经济学家阿西莫格鲁（Daron Acemoglu）和罗宾逊（James A. Robinson）认为存在两种不同的制度性设计，一种是包容性制度，另一种是汲取性制度，二者都能促进经济增长，但汲取性制度促进的经济增长是不可持续的，在经济增长到现有物质和技术无法再支撑的情况下，必然会停滞和下滑。而包容性制度则恰恰相反。这正如他们所言，“包容性制度要求的不仅仅是市场，而且是能够为大多数人创造公平竞争环境和经济机会的包容性市场”。[5]

因此，制度设计的合理性就在于是否能建立起包容性的制度。为此，第一，制度设计应始终围绕促进能源市场竞争展开。正如前英国电力供应局总

---

[1] 这正如美国制度经济学家奥尔森（Mancur Olson）在其遗著《权力与繁荣》中提出的，强化市场型政府才是经济持续增长的根本。参见［美］奥尔森著：《权力与繁荣》，苏长和译，上海人民出版社2005年版，序言第3页。

[2] 参见［美］施瓦茨著：《国家与市场：全球经济的兴起》，徐佳译，江苏人民出版社2008年版，导论第3页。

[3] 参见［美］布罗姆利著：《充分理由：能动的实用主义和经济制度的含义》，简练、杨希、钟宁桦译，上海人民出版社2008年版，第46-57页。

[4] See Daron Acemoglu, *Introduction to Modern Economic Growth*, Princeton: Princeton University Press, 2009, pp. 443-610.

[5] 参见［美］阿西莫格鲁、［美］罗宾逊著：《国家为什么会失败》，李增刚译，湖南科学技术出版社2015年版，第241页。

长、能源法律政策专家里特查尔德（Stephen Littlechild）所言，“规制是这样一种制度，它的功能通常包括了促进竞争，并在必要的时候，允许竞争性公司进入垄断网络”。❶ 显然，英国的能源法律政策的失败就在于，具体化的中央法律政策没有留下足够的竞争空间来促进能源发展，而这种治理路径带来的结果直接抹杀了能源建设中的特殊语境和能源生产的创新性。❷ 相比英国，德国与美国的治理模式均以其能源发展的地方性为主导，而这种模式的确立一定程度上有利于能源竞争市场的确立。❸

第二，制度设计要积极防范能源的路径锁定。在能源的制度设计方面，最容易出现的问题就是路径锁定。所谓路径锁定，又称为路径依赖，此处它是指所有制度政策均围绕某一能源类型开展，而其他能源类型无法获得与其同等的制度支持。在路径锁定中，最为典型的是资源诅咒问题。❹ 例如，在工业革命成功后，19 世纪的英国形成了以煤为主的路径锁定，最终被美国、德国迅速超越，从而丧失了第二次工业革命的主导权。❺ 而另一种表现形式则具体体现在制度本身所具有的“粘性”上。❻ 换言之，即使新制度产生，仍需

---

❶ See Stephen Littlechild, “Contrasting Developments in UK Energy Regulation: Retail Policy and Consumer Engagement,” *Economic Affairs*, Vol. 36, No. 2, 2016, p. 118.

❷ 尽管英国将政府的权力下放，但仍存在着地方权力下放的区别。例如，除英格兰外，苏格兰比英国其他自治地区在能源法律政策方面获得了更大的自由裁量权和收益。See Francis G. N. Li, Steve Pye & Neil Strachan, “Regional Winners and Losers in Future UK Energy System Transitions,” *Energy Strategy Reviews*, Vol. 13-14, 2016, pp. 11-31. See also Matthew Cotton, “Fair Fracking? Ethics and Environmental Justice in United Kingdom Shale Gas Policy and Planning,” *Local Environment*, Vol. 22, No. 2, 2017, pp. 185-202. Richard Cowell, Geraint Ellis, Fionnguala Sherry-Brennan & Peter A. Strachan, “Energy Transitions, Sub-National Government and Regime Flexibility: How has Devolution in the United Kingdom Affected Renewable Energy Development,” *Energy Research & Social Science*, Vol. 23, 2017, pp. 169-181.

❸ 参见［法］纪尧姆·杜瓦尔著:《德国模式为什么看起来更成功》，杨凌艺译，人民邮电出版社 2016 年版，第 3-13 页。See Joseph P. Tomain, “The Dominant Model of United States Energy Policy,” *University of Colorado Law Review*, Vol. 61, 1990, pp. 355-392.

❹ See Richard M. Auty, *Sustaining Development in Mineral Economies: The Resource Curse Thesis*, London: Routledge, 1993, p. 1.

❺ See Peter Scott, “Path Dependence, Fragmented Property Rights and the Slow Diffusion of High Throughput Technologies in Inter - War British Coal Mining,” *Business History*, Vol. 48, No. 1, 2006, pp. 20-42. See also Stephen N. Broadberry, “How did the United States and Germany Overtake Britain? A Sectoral Analysis of Comparative Productivity Levels, 1870 - 1990,” *Journal of Economic History*, Vol. 58, No. 2, 1998, p. 385.

❻ See Amy L. Stein, “Breaking Energy Path Dependencies,” *Brooklyn Law Review*, Vol. 82, 2017, pp. 559-604.

要相当长一段时间来突破旧制度产生的影响。[1] 因此，在制度设计时，要防范对某一种能源类型给予过度的制度支持，即使需要法律政策来扶持某一种特殊能源类型，也应设定具体的时空范围。

（三）内外市场的制度抉择：造就能源革命的决定因素

能源革命从来就不是建立在海外能源市场上的，这已被无数事实所证明。因此，一国的能源革命能否被促发，很大程度上取决于该国能源变革的实现。但能源变革自身所拥有的创新特性却无法直接通过政府干预的手段达到；相反，不当的干预却极可能成为阻碍能源革命促发的负面因素。

以美国页岩气革命为例，自其建国以来，美国在油气领域并没有制定相关规则，而一直以传统普通法中的捕获规则（the rule of capture）作为油气领域的唯一法律。[2] 这一规则尽管简单，却从根本上刺激了美国油气生产，自19世纪末起，美国就成为世界上最大的油气生产国。[3] 然而，1929年的经济危机，加之油气领域的生产过剩，使罗斯福以新政的名义，第一次出台了一系列的油气规则。[4] 但是，正如制度经济学家埃格特森（Thráinn Eggertsson）所言，“那些动摇了主要社会系统的震荡很容易刺激普遍的、误导性的或者由恐慌驱动的改革”。[5] 这种新政下的油气法律政策并没有让美国油气生产走上正轨；相反，却一定程度上扼制了美国能源生产者的积极性。这种消极影响最终在20世纪60年代爆发出来，而1973—1974年的石油禁运，则将此种危机扩散到了极点。[6] 在危机之下，政府才意识到能源管制带来的弊

---

[1] See R. Fouquet, “The Slow Search for Solutions: Lessons from Historical Energy Transitions by Sector and Service,” *Energy Policy*, Vol. 38, 2010, pp. 6586-6596.

[2] 油气领域的捕获规则是指，一处土地上被开采出来的部分油气即使被证明是来自于毗邻的另一土地油气的流入，该土地的所有者仍有权获得这些油气资源。See Robert E. Hardwicke, “The Rule of Capture and Its Implications as Applied to Oil and Gas,” *Texas Law Review*, Vol. 13, 1935, p. 393.

[3] See Terence Daintith, *Finders Keepers? How the Law of Capture Shaped the World Oil Industry*, Washington DC: Earthscan, 2010, pp. 11-13.

[4] See John G. Clark, *Energy and the Federal Government: Fossil Fuel Policies, 1900-1946*, Urbana: University of Illinois Press, 1987, pp. 220-250.

[5] 参见［冰岛］思拉恩·埃格特森著：《并非完美的制度：改革的可能性与局限性》，陈宇峰译，中国人民大学出版社2017年版，中文序言第3页。

[6] See The Energy Policy Project of the Ford Foundation, *A Time to Choose: America's Energy Future*, Cambridge, Mass: Ballinger Publishing Co., 1974, p. 5.

端；故而废除旧的能源管制，制定市场化的能源法律政策，成为福特、卡特两届政府的首要目标。[1] 之后的几届美国政府一直秉持着能源市场化的政策理念，极大地支持了能源变革的出现。[2] 1998 年，美国一家中型油气商米歇尔公司利用水力压裂技术，打出了具有商业价值的页岩气，成功开启了美国页岩气革命。[3]

当然，这并不是说海外能源市场不重要。相反，海外能源市场是保障国内能源革命促发的重要外部因素。海外进口能源与国内能源生产，尽管物理属性上都是能源供应，但二者在性质上却截然不同。前者承担的是支撑国家能源安全的最低保障，是作为一种公共能源来看待的，是一种具有国家战略性质的资源，其本质属性应是政治的。同样，这也不是说海外能源不能通过市场化运作，达致能源供应的次优结果；而是说海外能源进口的行为者是一个个的国家而不是个人，国家作为国际能源市场中的个体，市场所造成的次优结果无法直接传导于所有国家。因此，对海外能源的供应干预就成为国家重要的公共职责之一。[4] 因此，两个市场制度选择的正确性，是实现能源革命的决定因素。任何一个市场中制度选择的失败都将影响到另一市场。这正如伦敦皇家霍洛威大学国际能源政策专家戈德索（Andreas Goldthau）教授所言，“对政府干预和市场自由主义共存环境的适应将是一个关键性选择”。[5]

四、中国能源法律政策的路径选择

当前，中国能源法律政策的路径选择进入一个非常关键的时期。之所以

---

[1] See William A. Johnson, “Why U. S. Energy Policy has Failed,” in Robert J. Kalter & William A. Vogely ed., *Energy Supply and Government Policy*, Ithaca: Cornell University Press, 1976, p. 280. 又见［美］斯泰格利埃诺著：《美国能源政策：历史、过程与博弈》，郑世高、刘晓青、孙旭东译，石油工业出版社 2008 年版，第 12-28 页。

[2] 参见［美］托梅因、［美］卡达希著：《美国能源法》，万少廷译，法律出版社 2007 年版，第 51-57 页。

[3] See Diana D. Hinton, “The Seventeen-Year Overnight Wonder: George Mitchell and Unlocking the Barnett Shale,” *The Journal of American History*, Vol. 99, No. 1, 2012, pp. 229-235.

[4] 英国牛津布克鲁斯大学艾萨克斯（Rico Issacs）博士研究证明，不论是能源出口国，还是能源进口国，都存在着国家对国际能源市场的直接干预，以保障本国的能源安全。See Rico Isaacs & Adam Molnar, “Island in the Neoliberal Stream: Energy Security and Soft Re-Nationalisation in Hungary,” *Journal of Contemporary European Studies*, Vol. 25, 2017, pp. 107-126.

[5] See Andreas Goldthau, “From the State to the Market and Back: Policy Implications of Changing Energy Paradigms,” *Global Policy*, Vol. 3, No. 2, 2012, p. 207.

这样说是因为，我们正处于一个能源供需较好的全球背景下。自2008年全球金融危机之后，能源供应进入一个相对疲软期，能源价格尽管有所波动，但总体上较为平稳且价格处于较低水平。[1] 这就为中国推动国内能源市场化改革和保障能源安全带来了有利时机，从而避免了像西方国家那样，等到能源危机来临之时，才不得已进行能源改革。当然，危机下的改革，有时确能成功，但往往是非理性的，或者为此要付出更大的社会成本。[2] 是以，加强能源法律政策制定的科学性，制定出符合能源发展规律的规则，就成为当前促进中国能源进步的关键。为此，借鉴英国能源法律政策失败所揭示的深刻道理，在未来顶层设计上可考虑从以下三个方面加强制度设计。

（一）以能源变革作为元规则开展制度性设计

能源变革是能源法律政策制定最基本的原则。纵观世界能源发展史，唯有建立在能源变革之上的能源发展，才会实现真正的能源进步和突破。而每一次能源变革又直接推动人类社会进入一个新的发展阶段。[3] 能源变革之所以会带来这种效应，是因为其符合能源的发展规律。

仅以能源变革中最为激进的能源革命为例。作为现代文明的开启标志，工业革命是具有划时代意义的。而须指出的是，工业革命的引发却是建立在能源变革基础之上的，正是因为英国大量开采煤炭，实现从柴薪等有机能源向无机能源的转变，才最终造就了工业革命，同时也使英国从一个偏安一隅的小国，一跃成为日不落帝国。[4] 然而，我们看到，当英国取得工业革命的胜利后，却放弃了能源变革这一基本规则，固守于煤炭，形成了一个围绕煤炭

---

[1] 但需要注意的是，由于美国前总统特朗普于2018年退出伊核协议，2018年下半年，油价开始出现极不稳定的上涨波动。See Paula Dittrick, *Market Watch: Brent Crude Oil Prices Approach $85/bbl on Supply Concerns*, from https://www.ogj.com/articles/2018/10/market-watch-brent-crude-oil-prices-approach-85-bbl-on-supply-concerns.html (last visited on 2020-11-23).

[2] See Peter Slominski, "Energy and Climate Policy: Does the Competitiveness Narrative Prevail in Times of Crisis," *Journal of European Integration*, Vol. 38, No. 3, 2018, pp. 343-357.

[3] See Leslie White, "Energy and the Evolution of Culture," *American Anthropologist*, Vol. 45, No. 3, 1943, p. 338.

[4] See E. A. Wrigley, *Energy and the English Industrial Revolution*, Cambridge: Cambridge University Press, 2010, pp. 1-6.

建构起来的英帝国。[1] 而其他欧洲国家则在奋起直追的同时，不断实践着能源变革，无论是内燃机的发明，还是电的广泛应用，都直接促使德国和美国在20世纪初开始能源转型，形成了一个以石油和电力为基础的现代能源格局，它们一跃超越英国，成为世界强国。

而当前最显著的能源变革莫过于美国的页岩革命。在美国本土，水力压裂技术的运用实现了页岩气的商业化开采，[2] 2009年美国成为第一大天然气生产国，[3] 2014年超越沙特成为全球最大的石油生产国。[4] 充沛的能源直接刺激了美国经济，仅用两年时间，美国成功摆脱了2008年金融危机的阴影，实现了从2010—2018年长达9年的经济正增长，且2018年第二季度的增长率更是达到了4.1%。[5] 毫无疑问，任何一种能源类型都不可能长久地占据能源的主导地位。能源变革势必集中体现能源利用的此种规律性。是以，在能源制度设计上，以能源变革开展的法律政策，应始终询问两个命题：一是法律政策是否固化了能源选择；二是法律政策是否使某一类能源获得非市场的竞争优势。

（二）促进市场在能源资源配置中起决定性作用的制度建设

之所以让市场在能源资源配置中起决定性作用，其根本原因在于，人类的理性永远无法使资源配置达到最优。尽管市场亦是如此，然而无数实践证明在达到次优方面，市场却是优于人类理性的。这正如科斯（Ronald H. Coase）所言，“市场经济建立在两个深厚的认知基础假设之上：承认无知和包容不确定性”。[6] 因此，只有将“市场在能源资源配置中起决定性作用”作为一种规范，深深地嵌入到能源法律政策中，才能避免在能源制度实践中其他因素对

---

[1] See Peter Scott, “Path Dependence, Fragmented Property Rights and the Slow Diffusion of High Throughput Technologies in Inter-war British Coal Mining,” *Business History*, Vol. 18, No. 1, 2006, pp. 20-42.

[2] See Diana D. Hinton, “The Seventeen-Year Overnight Wonder: George Mitchell and Unlocking the Barnett Shale,” *The Journal of American History*, Vol. 99, No. 1, 2012, pp. 229-235.

[3] See BP, *BP Statistical Review of World Energy 2010*, London: BP Company, 2010, p. 5.

[4] See BP, *BP Statistical Review of World Energy 2015*, London: BP Company, 2015, p. 3.

[5] See Donald Trump, *Remarks by President Trump on the Economy*, from https://www.whitehouse.gov/briefings-statements/remarks-president-trump-economy/ (last visited on 2020-11-23).

[6] 参见［英］科斯、王宁著：《变革中国：市场经济的中国之路》，徐尧、李哲民译，中信出版社2013年版，第28页。

能源有序发展的干扰。而就当前的中国能源法律政策实践来讲，至少在两个重点方面应加强市场的决定性作用。

（1）加快油气领域中上游的开放，允许民营等资本进入这一领域。在国人意识中，中国是一个富煤、缺油、少气的国家。这种思想根源于民国初年美孚石油公司所作出的“中国贫油论”报告。❶ 但1959年，大庆油田的发现终结了这一悖论。然而，目前我们为何又成为一个石油净进口国？不是我们没有油气，而是我们没有在本土发现更多可供开采的油气。❷ 这一定程度上与能源制度设计地不合理有着密切关联。因为油气上游领域的不放开，民营资本无法进入这一领域，即意味着我们失去了更多发现油气的机会，同时也失去了在油气方面进行技术创新的可能性。以美国为例，作为世界上第一起垄断案，对美国标准石油公司的拆分，不仅为美国带来了充沛的油气资源，而且也实现了技术扩散，提高了美国油气的开采量。❸ 时至今日，美国页岩革命的成功亦不是由那些跨国油气公司完成的，而是一家中型油气开发商不断进取的结果。

还有一种观点认为中国油气资源少，节约能源是关键，上游的开放会引发油气开采的无序竞争，从而造成极度的能源浪费。我们认为，首先，能源生产不同于能源消费，存在一定程度的浪费是能源生产性质所决定的。其次，在上游节约能源的想法仍来自于能源枯竭的谬误。但无论是理论，还是其他国家的实践，都以加快开采作为能源生产的基本策略，这是符合能源规律的。❹ 最后，这种生产的节约不仅不能保障国家能源安全，而且更容易使国家陷入一个不安全的能源形势。此外，在油气中游管输分离亦是保障上游能源

---

❶ 参见吴翎君著：《美孚石油公司在中国：1870—1933》，上海人民出版社2017年版。又见申力生主编：《中国石油工业发展史（第二卷）近代石油工业》，石油工业出版社1988年版，第8-10页。

❷ 据美国能源信息署的统计，中国是世界上第一大页岩气资源国。See U. S. Energy Information Administration, *Technically Recoverable Shale Oil and Shale Gas Resources*: *An Assessment of 137 Shale Formations in 41 Countries Outside the United States*, Washington DC: U. S. EIA, 2013, p. 10. 另据中国国土资源部2012年发布的《全国页岩气资源潜力调查评价及有利区优选成果》，全国页岩气可采资源潜力为25.08万亿立方米。尽管此数字低于美国的研究统计，但仍牢牢排在全球第一。参见王少勇：《我国页岩气可采资源潜力为25万亿方》，载《中国国土资源报》2012年3月2日，第1版。

❸ 参见［美］耶金著：《石油大博弈：追逐石油、金钱与权力的斗争》，艾平等译，中信出版社2008年版，第75页。

❹ 参见阎存章主编：《金色的和弦：长庆长北天然气开发对外合作实践》，石油工业出版社2013年版，第51-53页。

生产的重要辅助部分。从经济学角度来看，能源管道等基础网络设施具有自然垄断的性质。但这不意味着生产与管线是一体，而不能分离。从美国在1973—1974年石油禁运后采取的立法来看，正是由于实现了管输分离，允许所有能源生产商的平等进入，才在一定程度上促进了油气生产。❶ 当前，国内的油气管输分离尚是在同一企业内进行的，而这与真正的管输分离还有一定距离。未来在此方面仍应加快改革的步伐。❷

（2）碳排放交易机制应作为市场在新能源和可再生能源资源配置中起决定性作用的主导机制。从国际实践来看，排放交易机制（Emission Trade Scheme）已成为当前国际社会开展碳减排的重要市场机制。未来新能源与可再生能源的市场化发展将很大程度上依赖于这一机制的促进和保障。然而，存在的问题是该机制尚不成熟，即使最早开展排放交易机制的欧盟也处于一个不断完善的过程。❸ 究其原因，有机制设计本身存在的问题，例如市场化不充分引起的减排动力不足。❹ 但更重要的是，这与政府只是将其设定为一个能源政策的附属品有关。

政府之所以不应将碳排放交易机制作为能源政策的一个附属物，是因为倘若碳排放交易机制不是作为国家减排的主导机制，那么市场在资源配置中的决定性作用就无法发挥功效。当前国内在新能源和可再生能源发展上，更多的是通过政府的优惠补贴，支撑起一个新能源和可再生能源的投资热潮。但可想而知，这种扶持方式不具有持久性和市场理性，因此，弃风、弃光现象在国内就表现得较为突出。❺ 而更重要的是，当政府补贴取消后，这些新能源和可再生能源产业极可能无法在市场竞争中生存下去。

---

❶ See Paul W. MacAvoy, *The Natural Gas Market: Sixty Years of Regulation and Deregulation*, New Haven: Yale University Press, 2000, pp. 16-17.

❷ 2018年8月3日，国家发展改革委开始就《油气管网设施公平开放监管办法》公开征求意见。参见国家发展改革委：《关于就〈油气管网设施公平开放监管办法〉公开征求意见的公告》，http://www.ndrc.gov.cn/zwfwzx/tztg/201808/t20180803_895250.html（访问日期：2020-11-23）.

❸ See Camilla Bausch, Benjamin Gorlach & Michael Mehling, "Ambitious Climate Policy through Centralization? Evidence from the European Union," *Climate Policy*, Vol. 17, No. S1, 2017, pp. S32-S50.

❹ See Michael Grubb, Tim Laing, Misato Sato & Claudia Comberti, *Analyses of the Effectiveness of Trading in EU-ETS*, London: Climate Strategies, 2012, pp. 2-4.

❺ 参见国家能源局：《2017年度全国可再生能源电力发展监测评价报告》，http://zfxxgk.nea.gov.cn/auto87/201805/t20180522_3179.htm（访问日期：2020-11-23）。

当前，国家一方面已经在着力解决可再生能源并网发电问题；另一方面，为加强可再生能源的市场生存能力，一些政府补贴也开始撤出相关领域。[1] 但是，这其中缺少两个市场机制的过渡支撑，一个就是碳排放交易机制。因为政府补贴的消失，极可能造成可再生能源利润的“断带”。如果不将其作为可再生能源市场化的主导机制，企业将无法在补贴取消后找到获利的渠道，投资的积极性会被极大削弱，新能源与可再生能源产业也将面临萎缩的局面。另一个是新能源退出机制的建立。像其他能源生产一样，新能源与可再生能源生产也有社会、环境成本问题。当企业在市场竞争中被淘汰时，退出的有序进行将是减少这些成本的关键。因此，建立起合理的新能源退出机制，乃是避免企业在退出过程中对土地、水资源的破坏，以及防范造成社会不稳定的保障机制。

（三）明确内外两个能源市场建设的不同战略方向

能源市场建设的根本目标是实现能源繁荣，而能源繁荣的根本途径则在于能源变革。作为能源变革的典型特征，能源转型和能源革命的实现轨迹均是一个从国家扩散至国际的过程。这种能源规律就要求我们在建设内外两个能源市场时应有所区分，实施不同的能源战略。具体而言，国内能源市场是实现能源变革、促进能源繁荣的基础。因此，国内能源市场建设应以能源转型和能源革命建设为主。其实现的基础则是以市场为中心的开放式的能源建设。为此，国内的能源战略方向应是保障国内油气、电力和可再生能源市场的有序放开，允许更多中小投资者的进入。能源安全与能源市场相冲突时，应以是否促进能源变革为其判断的基本准则。

而国外能源市场的建设着力点则在于国家能源安全。进口能源是被作为一种公共能源来看待的，因此，进入国内市场后，其主要功效乃是建立能源战略储备和促进国内能源的市场化改革。国有能源公司将是国外能源市场的主要建设者，但并不排斥其他国内中小型能源公司从事海外能源投资和贸易。此外，鉴于当前国家间能源竞争已从实体能源扩展到虚拟能源，因此，加强

---

[1] 参见国家能源局：《国家发展改革委 财政部 国家能源局关于 2018 年光伏发电有关事项的通知》，http://www.nea.gov.cn/2018-06/01/c_137223460.htm（访问日期：2020-11-23）。

能源金融的国际战略构建，亦是保障能源安全不可或缺的重要组成部分。

结　语

诺贝尔经济学奖获得者、美国经济学家米尔顿·弗里德曼曾言之，“毁掉一个行业的最佳方式就是给它政府垄断”。❶ 英国能源法律政策对市场背离的二十年极好地印证了这一点。当然，我们也深知，不仅在发达国家，即使在中国，能源变革也存在着诸多迥异的现实语境。但无论如何，“不管我们努力开创一个基于扭曲的、传说式的观念的能源未来，还是基于批判性的、自反性的和谨慎性的战略的能源未来，都将取决于我们自己”。❷

❶ 转引自［英］科斯、王宁著：《变革中国：市场经济的中国之路》，徐尧、李哲民译，中信出版社 2013 年版，第 252 页。

❷ 参见［美］索尔库主编：《能源和美国社会：谬误背后的真相》，锁箭、毛剑梅、姚京等译，经济管理出版社 2013 年版，第 387 页。

第五章

能源立法与经济转型：以英国工业革命缘起为中心

【本章摘要】工业革命得以首发英国，与其能源变革密不可分，而土地保有制度、煤炭产权的规定及其变化，则有力地促进了这种转型的实现。因此，基于对工业革命缘起的历史反思，能源立法应确立起能源变革的首要地位，逐步完善新能源的制度性设计，打破路径依赖，推进能源创新，以二元观型构权力与市场，最终完成经济转型的历史重任。

【关键词】能源立法；经济转型；工业革命

为何工业革命得以发生在英国，而不是中国？“李约瑟之谜”自20世纪提出之后，一直是国内外热议的焦点，经济学、历史学、社会学乃至科技哲学等都作出不同的阐释。[1]然而，最近的一些研究则将引发工业革命的视线回归到能源之上，认为能源利用的根本性转变才是工业革命首发英国的至关重要的原因。[2]

---

[1] 《经济学（季刊）》刊登的赵红军的文章将国内外对“李约瑟之谜”的研究进行了一番详尽的理论梳理。参见赵红军：《李约瑟之谜：经济学家应接受旧解还是新解?》，载于《经济学（季刊）》2009年第4期，第1615-1649页。

[2] 参见E. A. 里格利：《探问工业革命》，俞金尧译，载于《历史研究》2006年第2期，第61-77页。俞金尧：《近代早期英国经济增长与煤的使用》，载于《科学文化评论》2006年第4期，第49-63页。舒小昀：《工业革命：从生物能源向矿物能源的转变》，载于《史学月刊》2009年第11期，第118-124页。邱建群：《生态危机与能源转换——英国首先发生工业革命原因之新解》，载于《辽宁大学学报（哲学社会科学版）》2010年第2期，第101-108页。

纵观人类历史，工业革命乃是一次意义非凡的经济转型。[1] 而当下中国也正经历着一场类似于此的变化，能否成功，不仅关系到21世纪中国的和平崛起，而且关系到中国是否能顺利进入一个新的发展历史阶段。因此，对英国工业革命的研究，特别是对“促发”工业革命的研究就具有更深远的意义。是以，按照上文所言，如果能源变革在工业革命中所起到的作用是至关重要的，那么考察这种变革是如何发生的就成为具有决定性意义的关键点。本章旨在将视角聚集在能源法律政策之上，分析它在促发英国工业革命的能源变革中到底起到什么样的作用，进而反观中国当前能源立法对促进经济转型的重要意义。

一、能源变革在引发英国工业革命中的作用

在工业革命之前，英国与世界上其他国家一样，都是以木柴作为基本燃料。[2] 尽管在英国全境煤炭储量丰富，英格兰、威尔士和苏格兰都分布着众多煤田，[3] 但是，在1700年之前，英国并没有形成真正的煤炭产业。[4] 这是由于，一方面煤炭燃烧产生的气味和烟雾为当时的人们所难以接受，14世纪英

---

[1] 参见［美］大卫·克里斯蒂安著：《时间地图：大历史导论》，晏可佳等译，上海社会科学院出版社2007年版，第447页。［英］大卫·兰德斯著：《解除束缚的普罗米修斯（第二版）——1750年迄今西欧的技术变革和工业发展》，谢怀筑译，华夏出版社2007年版，第1页。

[2] 尽管在人类活动的早期就已发现煤炭，例如，考古发现，中国在新石器时代已开始利用煤炭。参见许绍春：《沈阳市新乐遗址煤制品产地探讨》，载于《考古》1979年第1期，第79-81页。而且中国古代对煤炭的利用也非常广泛，参见吴晓煜：《中国古代煤矿史的基本脉落和煤炭开发利用的主要特征》，载于《中国矿业大学学报（社会科学版）》2010年第3期，第91-98页。在欧洲也有证据显示，青铜时代（公元前3000—前2000年），英国威尔士南部的早期居民就用煤来火化死者，参见［美］弗里兹：《煤的历史》，时娜译，中信出版社2005年版，第17页。公元前约300年古希腊学者泰奥弗拉斯托斯（Theophrastus）在其《石史》（On Stones）一书中就有了煤的相关记载。See John Peter Oleson ed., *The Oxford Handbook of Engineering and Technology in the Classical World*, Oxford: Oxford University Press 2008, p. 432. 然而，由于煤燃烧时散发出的令人窒息的气味以及与木柴相比成本较高，因此煤炭并未在工业上得到应用。参见蓝勇、黄权生：《燃料换代历史与森林分布变迁——以近两千年长江上游为时空背景》，载于《中国历史地理论丛》2007年第2期，第31-42页。［美］阿尔弗雷德·克劳士比：《人类能源史：危机与希望》，王正林、王权译，中国青年出版社2009年版，第89页。

[3] See Edward Hull, *The Coal Fields of Great Britain: Their History, Structure and Resources*, 2nd ed., London: Edward Stanford, 6, Charing Cross, 1861, pp. 64-188.

[4] See John Hatcher, *The History of the British Coal Industry, Volume 1, Before 1700: Toward the Age of Coal*, Oxford: Oxford University Press, 1993, p. 59.

王爱德华一世就曾颁布法令禁止人们使用煤作为燃料，违者处以重罚。❶ 另一方面也是更重要的，相对木炭而言，煤的成本普遍较高。❷

然而，随着人口和经济的增长，英国面临越来越严重的燃料匮乏，特别是具有竞争优势的羊毛业需要更大的牧场、造船业需要更多的木材以及钢铁产业中要用木炭做燃料，这使英国的森林面积锐减，到18世纪末其森林覆盖率只有5%~10%。❸ 正如英国经济史学家克拉潘所宣称的，在铁路时代前夕，英国已是一个无森林的国家。❹ 而煤炭作为一个不得不接受的替代能源就此登上了英国能源舞台，1550—1560年十年间英国的煤炭产量只有21万吨，而1680—1690年十年间的产量则增加到298.2万吨，是前者的14倍。❺ 到1700年英国的煤产量已经达到250万~300万吨，超过法国产量的30倍，据估计，这一产量甚至是当时整个世界其余地方煤产量总和的5倍。❻

毋庸讳言，"对于这个国家的许多地区来说，17世纪是一个能源危机时期"。❼ 由于森林消亡，必须找到一个可替代性能源，所以能源危机促发英国工业革命具有一定必然性，当然，将煤炭作为可替代性能源则纯属一种偶然，并非人为设计的结果。❽ 正如法国史学家布罗代尔阐释工业革命时指出，"这一革命决定性的、纯属英国本土的特征是煤的应用越来越广，烧煤成为英国

---

❶ See William H. Te Brake, Air Pollution and Fuel Crises in Preindustrial London, 1250—1650, *Technology and Culture*, Vol. 16, No. 3, 1975, pp. 337-359.

❷ 参见［法］布罗代尔著：《十五至十八世纪的物质文明、经济与资本主义（1-3卷）》（第三卷），顾良、施康强译，生活·读书·新知三联书店2002年版，第658-659页。

❸ See Michael Williams, Forests, in B. L. Turner II, William C. Clark, Robert W. Kates et al ed., *The Earth As Transformed by Human Action: Global and Regional Changes in the Biosphere over the Past 300 years*, Cambridge: Cambridge University Press, 1990, p. 181.

❹ 参见［英］克拉潘著：《现代英国经济史》（上卷），姚曾廙译，商务印书馆1964年版，第24-31页。

❺ 参见［美］默顿著：《十七世纪英格兰的科学、技术与社会》，范岱年等译，商务印书馆2000年版，第187页。

❻ 参见俞金尧：《近代早期英国经济增长与煤的使用》，载于《科学文化评论》2006年第4期，第58页。

❼ See John Nef, *The Rise of the British Coal Industry*, London: Routledge, 1964, p. 262.

❽ 在英国工业革命之前的荷兰，其经济发展非常迅猛，但由于没有找到泥炭开采枯竭之后的替代性能源，而最终走向经济的衰退。世界上所有国家在经济达到一定高度时，都面临这一经济衰退问题，而英国之所以逃离了这一制约，很大程度上在于无意间找到了煤作为替代能源。参见E. A. 里格利：《探问工业革命》，俞金尧译，载于《历史研究》2006年第2期，第61-77页。刘汉元、刘建生著：《能源革命：改变21世纪》，中国言实出版社2010年版，第24-25页。

经济的主要特征。这倒不是深思熟虑后作出的选择，而是因为煤弥补了英国一个明显的弱点”。❶

然而，煤的大量使用却促使英国开始相应的技术革新，蒸汽机首先应用在矿井的抽水过程中，加快了煤炭的开采量。❷ 其次，焦炭炼铁法的发明和改进成功地解决了燃煤过程中释放的硫化物使生铁易断而不能被加工的问题，从而使煤炭得以广泛应用于钢铁产业。❸ 结果，煤炭、钢铁和蒸汽机一起形成了工业革命最具时代特点的表征。

总之，工业革命是人类从有机能源向无机能源转变的一个具有划时代意义的过程。英国历史学家里格利对此论证道，尽管“其他的能源可以让人类暂时摆脱有机物经济的制约，而煤炭使人类有望长久地，至少按照人类历史的时间尺度来说可能长久地解决有机物经济的制约问题”，因此，这种“以矿藏能源为基础的能源集约型经济是一种正在发展中的新型经济，在这个经济中，无机原材料具有极大的重要性。在17、18世纪的英国，在有机物经济的过渡期中，正慢慢地形成一种新的、完全不同的经济”。❹ 因此有理由相信，正是由于英国的能源变革引发了工业革命，正是由于煤的大量使用，才使英国完成了具有现代意义的经济转型。❺ 对于这一过程，英国哲学家怀特海无不感慨地说道，“文明的进展并不完全像是一股奔腾直前日趋佳境的巨流。……假如我们从绵延几万年的全部人类历史来看，新时代的出现往往是相当突然的。默默无闻的民族有时突然在事物的主流中出现；技术上的发现可以改变

---

❶ 参见［法］布罗代尔著：《十五至十八世纪的物质文明、经济与资本主义（1-3卷）》（第三卷），顾良、施康强译，生活·读书·新知三联书店2002年版，第640页。

❷ 参见［美］罗伯特·B. 马克斯著：《现代世界的起源——全球的、生态的述说》，夏继果译，商务印书馆2006版，第148-150页。

❸ 参见［法］保尔·芒图著：《十八世纪产业革命——英国近代大工业初期的概况》，杨人楩、陈希秦、吴绪译，商务印书馆1983年版，第224-233页。

❹ 参见E. A. 里格利：《探问工业革命》，俞金尧译，载于《历史研究》2006年第2期，第71-72页。

❺ 参见E. A. 里格利：《探问工业革命》，俞金尧译，载于《历史研究》2006年第2期，第61-77页。俞金尧：《近代早期英国经济增长与煤的使用》，载于《科学文化评论》2006年第4期，第49-63页。舒小昀：《工业革命：从生物能源向矿物能源的转变》，载于《史学月刊》2009年第11期，第118-124页。邱建群：《生态危机与能源转换——英国首先发生工业革命原因之新解》，载于《辽宁大学学报（哲学社会科学版）》2010年第2期，第101-108页。［美］大卫·克里斯蒂安著：《时间地图：大历史导论》，晏可佳等译，上海社会科学院出版社2007年版，第447页。

人类生活的状况……”。[1]

二、在能源变革引发工业革命中的能源立法及其意义

不可否认，在英国的能源变革中，法律起到了推动和促进能源发展的至关重要的作用。然而，这一过程却并不是一帆风顺的，它经历了一个从禁止用煤到自由开采的过程。

（一）煤炭禁令的失效

法国经济史学家芒图在谈到英国工业革命时曾指出，“企图阻止或拖延这种变化的东西，这不仅是大量的既得利益和守旧势力，而且还有整个的传统以及由习惯所建立的并由法律所认可的一整套的制度”。[2] 这表明社会变革总是存在这样或那样的阻力，工业革命亦不例外，尤其是来自于制度上的阻挠和拖延，工业革命之前的煤炭禁令就是一例明证。

禁止使用煤炭的立法最早可以追溯到爱德华一世时期，从1285年开始，为了解决煤烟的问题，英王在伦敦设立了很多委员会，因为当时人们纷纷抱怨煤烟已经“污染和腐化”了空气。1306年，由于铁匠、酿酒者和其他需要硬燃料的人们燃烧了太多的煤而引起广大民众的抗议，于是政府颁布了禁止燃煤的法令，对燃煤者科以重罚并毁掉其熔炉。[3]

历史确已表明，14—15世纪，英国煤炭使用量陡然下降。当然究其原因，禁煤的法令确实起到了一定效果，但更多是在欧洲肆虐的瘟疫（黑死病）多次降临英国，使其人口锐减，15世纪只剩下300万居民，大约是瘟疫来临之前人口的一半。[4] 这就使英国的森林足以提供充足的燃料，而无须使用“肮脏又气味难闻”的煤炭。

不过，1558年英国女王伊丽莎白一世即位之后，英国的人口和经济开始

---

[1] 参见［英］A. N. 怀特海著：《科学与近代世界》，何钦译，商务印书馆1959年版，第1页。

[2] 参见［法］保尔·芒图著：《十八世纪产业革命——英国近代大工业初期的概况》，杨人楩、陈希泰、吴绪译，商务印书馆1983年版，第59页。

[3] 参见［美］弗里兹著：《煤的历史》，时娜译，中信出版社2005年版，第24页。

[4] See John Hatcher, Plague, Population and the English Economy, 1348-1530, in Michael Anderson ed., *British Population History: from the Black Death to the Present Day*, Cambridge: Cambridge University Press, 1996, pp. 9-94.

从瘟疫之后的低谷中走出。发达的海外贸易使造船业和毛纺业成为英国工业革命前最重要的支柱产业，牧场的扩大、木料的采伐使森林逐渐消失。为避免木材匮乏，维护英国的经济安全，女王出台了一系列法律，以限制对木材的砍伐，并对偷盗林木者科以重罚。结果，人口的增长、经济的发展以及随之而来的燃料短缺，使禁煤令逐渐成了一纸空文。❶ 尽管伊丽莎白本人极不情愿接受煤炭，但英国不得不面对一个“能源危机”的现实，煤逐渐成为英国最重要的燃料来源。❷

（二）煤炭自由开采的立法

1. 煤炭所有权和采矿权的规定

1066年诺曼公爵威廉征服了英格兰，他强调国王是一切土地唯一的、最终的所有者，❸ 并随即建立起英国独特的土地保有制度，即除国王以外，其余人只拥有土地的占有权、使用权而没有所有权。❹ 此后，为了更好地了解土地赋役情况，他在英格兰展开了详细的土地调查，于1086年完成了《末日审判书》（*Domesday Book*，12世纪之后才称为《土地赋役调查书》），其中记录了具有经济价值的一切东西，土地、林木甚至牛羊，更包括了铅、铁的开采，但是唯独没有记录煤和煤炭的开采。❺ 这一史实表明煤炭在当时的英国并不被认为是具有经济价值的矿产。然而，这种独特的土地保有制和财产权理念却为工业革命前英国煤炭的自由开采营造了一个适宜的法律氛围。

之后，作为《大宪章》的补充内容，1217年英王亨利三世颁布了《森林宪章》（*Carta de Foresta*），规定除金银贵重矿藏以外，林木等其他资源均属于

---

❶ 也有资料显示，自爱德华一世颁布禁煤令以来，这一法令就一直没有得到很好的执行。See Edward Hull, *The Coal Fields of Great Britain: Their History, Structure and Resources* (2nd edition), London: Edward Stanford, 6, Charing Cross, 1861, pp. 20-23.

❷ 参见［美］弗里兹著：《煤的历史》，时娜译，中信出版社2005年版，第30页。See also Carlo M. Cipolla, *Before The Industrial Revolution: European Society and Economy, 1000-1700*, 3rd ed., London: Routledge Press, 1993, pp. 179-181.

❸ See Sir Frederick Pollock & Frederic William Maitland, *The History of English Law before the Time of Edward I, Vol. II, 2nd ed.*, Cambridge: Cambridge University Press, 1898, pp. 2-3.

❹ 参见沈汉著：《英国土地制度史》，学林出版社2005年版，第2-10页。也可参见咸鸿昌著：《英国土地法律史——以保有权为视角的考察》，北京大学出版社2009年版，第102-129页。

❺ See Henry C. Darby, *Domesday England*, Cambridge: Cambridge University Press, 1977, pp. 260-288.

土地所有者。[1] 而这一法律文献中同样没有提及煤炭。直到 1259 年亨利三世授予纽卡斯尔-泰恩地区（Newcastle-on-Tyne）的自由民开采煤炭的特许状，才出现了有关英国煤炭最早的法律记录。[2] 但是对于煤炭所有权的归属仍然是一个模棱两可的问题。

一直到 1568 年，伊丽莎白女王与诺森伯兰伯爵就矿物所有权的归属问题发生争议，法院在最终裁定王室拥有所有贵重金属矿物之时，重申了女王无权拥有所有非金属矿物这一早已确认的事实。[3] 这在英国普通法上首次明确了煤炭的所有权归属，为煤的自由开采奠定了法律依据。

2. 英国煤矿所有权的变动——宗教改革

尽管法律肯定了采煤自由，但如果没有开采的愿景，煤炭产业依然难以发展起来。而 16 世纪英国的宗教改革恰恰起到了这种“催化剂”的作用，它导致的土地所有权变动最终推动了英国煤炭的积极开采。回顾中世纪的欧洲历史，可以发现土地的最大所有者中一直包括教会，英国也不例外，威廉一世在位之际，1/4 的土地属于教会。[4] 而到宗教改革之前，经过王室和世俗的馈赠，教会已拥有英国 1/3 的土地。[5] 特别是那些富含煤层的土地大部分属于教会。[6] 然而教会却并不热衷于煤炭开采，这是因为，一方面，教会的教义并不主张积极利用土地资源。“地产为生计，十一税为利润”，这是教会在收入方面最基本的信条。[7] 因此，受这种传统理念的束缚，教职人员从不将主要精力投入到土地之上，这自然也包括了采煤业。况且，根据教会法的规定，教会土地不得自由买卖，进而从市场角度又限制了煤炭的积极开采。另一方面，教会没有控制煤炭的贸易权。尽管教会占有大量的煤田，但贸易权却被具有

[1] See J. C. Holt, *Magna Carta* (2nd Ed.), Cambridge: Cambridge University Press, 1992, pp. 512–517.

[2] See Edward Hull, *The Coal Fields of Great Britain: Their History, Structure and Resources*, 2nd ed., London: Edward Stanford, 6, Charing Cross, 1861, p. 20.

[3] 参见［英］劳伦斯·斯通著：《贵族的危机：1558—1641 年》，于民、王俊芳译，上海人民出版社 2011 年版，第 164 页。

[4] 参见蒋孟引主编：《英国史》，中国社会科学出版社 1988 年版，第 87 页。

[5] See M. A. R. Graves, *England under the Tudors and Stuarts*, 1485 - 1689, London: Bell press, p. 52. 也可参见刘城著：《英国中世纪教会研究》，首都师范大学出版社 1996 年版，第 190 页。

[6] See John Nef, *The Rise of the British Coal Industry*, London: Routledge, 1964, p. 135.

[7] See N. J. G. Pounds, *A History of the English Parish: the Culture of Religion from Augustine to Victoria*, Cambridge: Cambridge University Press, 2000, p. 214.

自治性质的市镇当局所垄断。在中世纪，双方就曾多次因煤炭贸易权问题发生争执，而教会屡屡居于劣势，这一情形严重打击了他们开采煤炭的积极性。[1]

1529年英王亨利八世召开宗教会议，开启了英国的宗教改革，旨在剥夺教会在世俗政治中的权力。1536年，议会通过了《小修道院解散法》，之后1539年又通过了解散大修道院的法案。这样，经过宗教改革之后，教会土地大量缩减，英国历史学家托尼（R. H. Tawney）对1561年英国七县的土地分配进行调查，发现教会此时的土地只占到了7.2%，王室的土地占到9.5%，而贵族与乡绅的土地则高达80.2%。[2] 就整个英国而言，到1873年贵族和乡绅已拥有英国79%的土地。[3] 因此毫无疑问，宗教改革引发的土地所有权的变动，在很大程度上对英国煤炭的积极开采大有助益。

此外，15—16世纪的圈地运动以及海外殖民贸易带回的大量资金，也都为英国煤炭的规模开采准备了必要的前提条件。但是，土地保有制度和煤矿所有权的规定及其变动却直接从立法上推动了英国的能源变革。

（三）能源立法在引发英国工业革命中的意义

必须承认，能源危机是引发英国工业革命最主要的成因，但不容忽视的是，英国独特的法律制度对能源变革起到推波助澜的作用。

首先，英国的土地制度和采矿权的规定促进了煤炭产业的发展和壮大。这体现在与同时期欧洲大陆相比较。英国的土地保有制度使土地更具自由度，极大地发挥了土地的效用，特别是普通法中规定王室只拥有金、银等贵金属的所有权，使采煤权牢牢地控制在具有工商业头脑的新贵族和乡绅手中，从而在一个较短的时期内使煤炭产业迅速崛起。而此时的欧洲大陆却囿于地理环境，但更多的是制度上的阻碍，使其难以首发工业革命，尤其是在采矿权方面，无论是金属的还是非金属的，所有的矿藏均属于欧洲王室，其他人如

---

[1] 参见［美］巴巴拉·弗里兹著：《煤的历史》，中信出版社2005年，第21-28页。

[2] See R. H. Tawney, The Rise of the Gentry: A Postscript, *The Economic History Review*, Vol. 7, No. 1, 1954, p. 94.

[3] 参见［美］托马斯·K. 麦格劳著：《现代资本主义——三次工业革命中的成功者》，江苏人民出版社2006年版，第70页。

要采矿必须获得国王的特许状，这样繁缛的程序、苛刻的条件和高昂的成本足以使大多数人望而却步。[1] 难怪乎英国经济学家兰德斯指出，“但是不得不承认，他们工业革命的步伐与英国相比还是缓慢很多。尽管……却花了几代人的时间才完成消化、吸收这些技术，进而又花了更长时间才追赶上英国”。[2]

其次，量少质优的能源立法创造了英国煤炭产业相对宽松的发展环境。这主要体现在以下两个方面：一是从能源税收而言，煤炭开采的税赋较轻。英国对煤炭征税，可追溯到1421年的《纽卡斯尔船运煤炭载重法》（*Coal-keels at Newcastle Act 1421*）。该法规定，对于在纽卡斯尔没有选举权却从事煤炭贸易的人，王室要征收2便士/查尔特隆的税收。但实际上该法并没有被严格执行。1599年当伊丽莎白女王为弥补财政收入，提出这一未被严格执行的税收必须偿还时，遭到了当地煤炭贸易商和自由民的强烈反对，最终双方以一次性支付1先令/查尔特隆的妥协价格终结了这一法案。

至此形成了王室仅对煤炭水运（出口和国内河运）有征税权的法律，例如，在伦敦码头上岸的煤运须征收4便士/查尔特隆。詹姆士一世执政时期，煤炭出口税增加到8先令4便士。到查理一世时，他试图再次提高税收，但内战的爆发使这一想法破灭，更有甚者，长期议会期间曾一度取消煤炭出口税这一王室的特权收入，直到1660年，煤炭出口税才被重新认定为王室的固定收入。[3] 而有关国内煤炭税收和买卖的限制最终也在1831年被完全废除。[4] 因此毫无疑问，英国在煤炭税收政策上的规定是相对宽松的，并没有专门的开采赋税，而所征收的仅为关税一部分的煤炭出口税。[5] 这样，从法律上保障了英国煤炭产业早期的健康发展。

---

[1] See John Nef, *The Rise of the British Coal Industry*, London: Routledge, 1964, pp. 265-285.

[2] 参见［英］大卫·兰德斯著：《解除束缚的普罗米修斯（第二版）——1750年迄今西欧的技术变革和工业发展》，谢怀筑译，华夏出版社2007年版，第125页。

[3] See Asta Moller, Coal-Mining in the Seventeenth Century, *Transactions of the Royal History Society*, Vol. 8, No. 4, 1925, pp. 95-97.

[4] See Paul M. Sweezy, *Monopoly and Competition in the English Coal Trade, 1550—1850*, Massachusetts: Harvard University Press, 1938, p. 38, pp. 50-52.

[5] 英国的煤炭出口税一直较为平稳。尽管英国于1793年开始向采煤业征收所得税，但该税种一度曾被取消，1842年英国重新开征所得税，但所占税收比例始终较低，对英国采煤业几乎未产生任何实质影响。参见［英］彼得·马赛厄斯、悉尼·波拉德主编：《剑桥欧洲经济史（第八卷）》，王宏伟等译，经济科学出版社2004年版，第290-334页。

二是从煤炭的垄断而言，英国的煤炭垄断较为特殊，它不是由生产者，而是由煤炭贸易商控制，所以在英国煤炭贸易的垄断比生产更重要。然而，英国煤炭贸易垄断始终未能形成相应的规模，这一方面是由于英国煤田众多，随着交通运输的扩大，特别是运河、铁路的修建，煤炭贸易的大规模垄断几乎难以形成。[1] 另一方面，一些相关禁止法令的出台也限制了垄断的产生。例如，1623 年《反垄断法案》限制了国王对经营垄断权的发放。

此外，在煤炭产业上，英国政府总体上采取了自由放任的态度，政府的介入往往仅表现为防止过高的煤炭价格，[2] 以至于直到 1842 年英国才出台了第一部有关煤炭的全国性法律。

三、能源立法在当前中国经济转型中的定位

我们认为，从能源利用的角度而言，经济转型存在着两种基本模式：一种是根本性的经济转型，例如英国的工业革命，从有机能源向无机能源的经济转型；另一种是渐进式的经济转型，像美国等工业国家的后工业革命，仍是以矿物能源为主的经济转型。尽管后工业革命带来的影响并不亚于工业革命，但工业革命更是一种“质”的转型。

世界各国均逃不出这一框架，而目前的新能源发展更迴似于工业革命时期的经济转型，是一种朝着试图发生根本性经济转变的方向发展的转型，如对风能、太阳能的利用就是一种螺旋式的更高层次的有机能源利用的回归。

当然我们无法预料，这次全球性的具有革命性意义的经济转型就一定会垂青美国、中国，或者世界上任何一个国家，即使这一个国家比其他国家投入了更多的金钱、时间和精力。因为从工业革命的历程来看，根本性经济转型具有耦合性。正如英国史学家里格利在谈到英国首发工业革命时所说，“英国找到了逃脱制约的途径，它起初纯属偶然，而非有意设计”。[3] 法国著名历史学家布罗代尔更是直言不讳地指出，“这倒不是深思熟虑后作出的选择，而

---

[1] See Elaine S. Tan, Market Structure and the Coal Cartel in Early Nineteenth-Century England, *The Economic History Review*, Vol. 62, No. 2, 2009, pp. 350-365.

[2] See Raymond Turner, English Coal Industry in the Seventeenth and Eighteenth Centuries, *The American Historical Review*, Vol. 27, No. 1, 1921, p. 7, p. 23.

[3] 参见 E. A. 里格利：《探问工业革命》，俞金尧译，载于《历史研究》2006 年第 2 期，第 76 页。

是因为煤弥补了英国一个明显的弱点”。[1]

所以，关注新能源发展并不一定能率先实现根本性的经济转型。然而，这也决不意味着对新能源投入的摒弃，因为对新能源的投入存在引发根本性经济转型的可能，同时即使没有率先促成经济转型，前者也会迅速将国家带入转型轨道并超越首发国家，工业革命的追随者美国、德国就是明显例证。首发国家在经济发展到一定程度之后就会出现路径依赖，就会受到早期经济转型时保留下来的许多不利因素的牵制。一如英国经济史学家克拉潘所指出的，当时英国电气产业的落后正是由于“法律的现状和地方当局的冷淡或敌对的态度”。[2]

然而值得强调的是，也并非所有的后起国家都能成功地实现渐进式的经济转型。19 世纪后期的中国和日本就是一个鲜明的对比。因此，要率先实现根本性的经济转型，或者至少要实现后起国家的渐进式经济转型，就特别要从制度设计这一维度考量。

(一) 必须建立起经济转型是一个二元结构的前提

“工业革命本质上是二元的。”[3] 里格利的这一论断深刻揭示出工业革命是以市场与能源为基础的二元结构的经济转型。

1. 市场的作用乃是推动经济达到转型的临界点

无疑，经济转型是以市场发展到一定阶段为特点的。回顾前工业革命的英国，正是基于国内外市场的饱和，经济发展到一个无法再被市场所包容的情形时才发生了根本性的经济转型。[4] 而达到这一临界点，是指经济发展达到一峰值，并且它往往伴随着经济危机的产生，但更重要的是，从能源角度而

---

[1] 参见［法］布罗代尔著：《十五至十八世纪的物质文明、经济与资本主义（1-3 卷）》（第三卷），顾良、施康强译，生活·读书·新知三联书店 2002 年版，第 640 页。

[2] 参见［英］克拉潘著：《现代英国经济史》（下卷），姚曾廙译，商务印书馆 1977 年版，第 165 页。

[3] 参见 E. A. 里格利：《探问工业革命》，俞金尧译，载于《历史研究》2006 年第 2 期，第 76-77 页。

[4] 英国经济史学家希克斯谈到，“商业的扩张，由于它发展了地理发现所提供的机会，所以长期以来都能满足自己的需要。但有证据表明，这些机会在十七世纪初期确是十分充足的，但是到十八世纪就渐渐枯竭了”。参见［英］约翰·希克斯著：《经济史理论》，厉以平译，商务印书馆 1987 年版，第 130 页。此外，英国另一位经济学家兰德斯也指出了英国国内外市场对经济转型的压力，而亚当·斯密又从理论角度指出这种市场的饱和。参见［英］大卫·兰德斯著：《解除束缚的普罗米修斯——1750 年迄今西欧的技术变革和工业发展》（第二版），谢怀筑译，华夏出版社 2007 年版，第 239 页。［英］亚当·斯密著：《国民财富的性质和原因的研究》，郭大力、王亚南译，商务印书馆 1972 年版，第 80-90 页。

言，这种临界点应是指某一特定能源已不能满足市场的需要而必须发生的转型。例如，前文谈到木炭已不能满足英国国内市场的需求。

此外，从工业革命后期英国经济的衰落也可以发现，当煤炭依然能满足市场时，英国难以迅速转入后工业革命阶段。[1] 所以，倘若市场仍有能力容纳具有一定发展空间的经济时，特别是某一特定能源仍能提供市场所需时，经济转型往往不会迅速发生。

2. 能源变革引发经济转型

市场能推动经济达到一个转型的临界点，但却不能单独支撑完成这种转型的任务。历史已经无数次证明，当经济发展到一定程度时，如果未发生相应的能源变革，经济往往会走入一个衰退期，甚至国家的消亡。一如兰德斯所指出的，由于繁荣背后缺乏能从根本上提高生产力的本质性变化，单靠数量上的增长不可能获得稳固的保障，这种经济优势不久就会衰落。[2] 所以，市场饱和与能源变革是完成经济转型必不可少的两个前提条件。

（二）能源立法的制度优化是经济转型的关键

正如前文所言，由于根本性经济转型具有耦合性，所以我们无法预料这种转型一定会率先发生在哪一国。因此，应更多地关注渐进式经济转型，做好以“后起国家”实现并超越首发国家的物质准备，况且，工业革命的历程也揭示，在根本性经济转型之前，英国同样存在大量的渐进式转型的投入。[3] 而渐进式经济转型的关键则在于能源立法的制度优化，工业革命时期，美、德等国超越英国就是一明显例证。

英国经济史学家克拉潘在反思工业革命后期英国被赶超时指出，在技术

[1] 对此，英国经济史学家克拉潘描绘了当时英国人的消极态度：“电、发电机和马达都所费不赀。英国城市既没有像日内瓦那样的穿城而过的‘湍急的罗纳河’，英国工厂又各有其运行良好的蒸汽机、传动带和轴系。八十年代初期的贸易情况也不是能鼓励把资本用在新事物上的那种情况。煤价很低廉，它对于我的父辈一直都很合用，现在我为什么要改弦更张呢?”参见［英］克拉潘著：《现代英国经济史》（中卷），姚曾廙译，商务印书馆 1975 年版，第 149-150 页。

[2] 参见［英］大卫·兰德斯著：《解除束缚的普罗米修斯——1750 年迄今西欧的技术变革和工业发展》（第二版），谢怀筑译，华夏出版社 2007 年版，第 3 页。

[3] 无论是英国的旧工业扩展、商业扩张还是土地所有权的变化，都为英国工业革命做好了物质上的充分准备。参见［法］保尔·芒图著：《十八世纪产业革命——英国近代大工业初期的概况》，杨人梗、陈希泰、吴绪译，商务印书馆 1983 年版，第 29-144 页。

革新方面，当时的英国并不逊于美国、德国，而迟滞主要体现在大规模生产和分配方面，造成这一迟滞的原因很大程度上来源于法律的现状。他举例言之，英国 1882 年和 1888 年的电力照明条例是其电力发展的主要立法，这两项条例都是旨在促进电力事业的早日市有化，或至少是给以一切便利。但是这两项条例为了公众的利益，给予地方当局以抵制任何电力计划的便利和对电力输送的完全控制权——挖掘街道和铺设电线。美国何以这样快地赶到前面的原因之一，就是这种控制在美国比较松弛。这些控制对于都市化的英国也许不为过分，但是却助长了耽延；而且地方政府的现存单位——那些富有延置权的权力机关不一定是生产电力的适当单位，这在 19 世纪早期就已经是显而易见的了。❶

毫无疑问，英国被赶超并不是由于技术革新上的匮乏，而是现存制度的不合理。所以，这从另一个侧面也说明，制度优势是后起国家迅速超越首发国家的关键。同样这一情形也被中国经济改革开放所证明，倘若不存在 20 世纪 70—80 年代开始的制度变迁，断难出现当下令世人瞩目的经济的高速发展。❷

因此，在承认经济转型是建立在市场与能源相结合的二元结构前提下，在明确制度优化是经济转型的关键之后，就要求能源立法具有以下特点。

第一，确立能源变革原则的首要地位，积极推进新能源发展。

能源危机必然产生变革的诉求，而 21 世纪的能源变革又不得不考虑气候变化对人类的影响。但是，这种仅仅以危机与环境为基础建立起来的能源模式，必定是静止的、被动的，一旦危机缓解、气候改善，人们将再次沉溺于惰性的能源状态中。基于此种分析，能源变革应放在一个更高的层面上——经济转型。

毋庸讳言，能源变革就是为了更好地、更快地实现转型，实现国家在新时期的历史崛起。这就要求立法必须明确承认、肯定和保障能源变革，构建

---

❶ 参见［英］克拉潘著：《现代英国经济史（下卷）》，姚曾廙译，商务印书馆 1977 年版，第 164-166 页。

❷ 参见周业安：《中国制度变迁的演进论解释》，载于《经济研究》2000 年第 5 期，第 3-11 页。王覃刚：《中国政府主导型制度变迁的逻辑及障碍分析》，载于《山西财经大学学报》2005 年第 3 期，第 15-21 页。

起开放的模式，吸收所有可变元素，而不是拘囿于现状。因此，确立能源变革原则的首要地位就是至关重要的，只要有利于能源变革，就应当鼓励；只要能改变能源现状，就值得肯定；接受和鼓励一切具有推动新能源发展的制度、技术和资金的新能源理念。

第二，按照社会秩序规则二元观构建能源立法。

社会秩序规则二元观是英国经济学家哈耶克提出的一种立法旨趣。他认为，社会秩序不是生成的就是建构的：前者是一种“自生自发的秩序”，而后者则是“组织”或者“人造的秩序”。[1] 二者对应于内部规则和外部规则。内部规则，乃是指社会在长期的文化进化过程中自发形成的规则，亦即哈耶克所谓的严格意义上的法律。而外部规则是指那些根据组织或治理者的意志制定的，只适用于特定之人或服务于统治者的目的的规则，亦即哈耶克所指的狭义上的立法。[2]

这种社会秩序规则二元观认为，内部规则即自生自发秩序才是社会进化的根本，而外部规则所起的作用则主要是补充自生自发秩序的不及，而不是干预或打破内部秩序的平衡。一如哈耶克所指出的，“正是由于现代社会的结构并不依赖于组织而是作为一种自生自发的秩序演化发展起来的，所以它才达到了它所拥有的这种复杂程度，而且它所达致的这一复杂程度也远远超过了刻意建构的组织所能够达致的任何复杂程度”。因而，“人们不仅完全不可能在以组织替代自生自发秩序的同时，又欲求尽可能地运用其成员所掌握的分散的知识，而且也完全不可能在以直接命令的方式干涉自生自发秩序的同时，又达致对这种秩序的改进或矫正”。[3] 这正是哈耶克所型构的一个在广义立法上的基本认知。

理论与实践已充分证明，市场在推动经济发展上具有无可比拟的优越性。而这正是哈耶克所认同的一种内部秩序。他指出，“市场秩序对我们实现自己的目的极有助益：它不仅像所有其他的自生自发秩序那样，会在我们的行动

[1] 参见邓正来：《法律与立法的二元观：哈耶克法律理论的研究》，上海三联书店 2000 年版，第 16 页。

[2] 参见邓正来：《法律与立法的二元观：哈耶克法律理论的研究》，上海三联书店 2000 年版，第 59 页。

[3] 参见［英］哈耶克：《法律、立法与自由》（第一卷），邓正来等译，中国大百科全书出版社 2000 年版，第 73 页。

中给我们以指导和在不同人的预期之间促成某种应合关系，而且还会拓展每个人在更大程度上支配各种物品（亦即商品和服务）的前景或机会，而通过任何其他方式，我们都不可能做到这一点"[1]。因此，在能源立法中，倘若要推动能源变革，就必须保证市场在能源领域中的主导地位和作为资源配置的基础手段，同时应将政府的干预限定到仅是提供一种普遍机会，而不是对特定结果或目的的追求。

第三，将制度设计作为能源立法的核心任务。

从历史的发展脉络来看，可以发现，不同的时期，评判社会的基础价值是不同的。工业革命以前，土地是一切价值的核心问题，而工业革命之后，市场则成为评判社会的主宰。正如美国经济学家诺思在论及西方国家的制度变迁时所指出，"在19世纪以前的西方世界，农业生产占统治地位，这就导致了国家控制土地财产和土地收入分配的斗争。""而市场是现代西方经济最基本的制度，并且也构成以往经济活动的中枢神经"。[2] 特别是迄今为止，我们尚未发现一个可以超越市场的评判标准。因此，市场理念已不仅仅是一个简单的经济概念，而是一个更具文化性质的社会概念。这就要求我们不是着力于讨论市场问题，而是更多地涉足以市场为基础的规则层面，换言之，就是构建起什么样的制度规则才能最大限度地发挥市场作用。

与此同时，比较政治学理论也不止一次地重申，由于每个政治现象或国家都是独特的和不可复制的，由于现象与情境有着特定的关联性，而同样的现象在不同的情境中的相关性是不同的，所以，简单地复制别国的制度规则是毫无意义的。这正如历史制度主义所证实的，英国、美国和法国都遵循市场理念，但它们所采取的路径却是千差万别的，即使是同样实施自由经济的英国和美国，法律政策也是迥然不同的。[3] 这就要求，能源立法应立足于本国情境，吸收具有规律性的制度规则，形成体现本国范式的能源法律政策。

[1] 参见［英］哈耶克：《法律、立法与自由》（第二、三卷），邓正来等译，中国大百科全书出版社2000年版，第189页。

[2] 参见［美］道格拉斯·C. 诺思著：《经济史中的结构与变迁》，陈郁、罗华平等译，上海三联书店1991年版，第30-31，35页。

[3] 参见［美］弗兰克·道宾著：《打造产业政策——铁路时代的美国、英国和法国》，张网成、张海东译，上海人民出版社2008年版，第176-179页。

1. 发现本国的路径依赖，推进能源制度创新

路径依赖是任何国家在制度上必然存在的一种现实。从本质上讲，它是人性使然的结果。通过它，人类可以降低交易成本、提高收益，如英国经济史学家希克斯所论及的“习俗经济”就是一种最好的表现。❶ 但是，路径依赖一旦形成就难以被打破，从而阻碍了新的技术、理念乃至制度的进入，造成社会和经济发展的停滞和衰退。每一国的路径依赖又是迥然不同的，它强烈地受到地理文化、习俗以及传统制度的影响。

仍以英国为例，土地保有制度和采煤权的私有化极大地促进了英国早期煤炭开采，为工业革命首发英国起到推波助澜的作用。但是，煤炭矿藏属于土地所有者的法律规定，却使后期英国煤炭开采难以形成机械化，新的技术、规模经济和科层管理无法广泛应用，进而变成了英国煤炭工业发展的桎梏。❷

毋庸讳言，法律制度上的路径依赖是英国煤炭工业前期发展、后期阻碍的主要原因。由此可知，寻找本国能源发展的路径依赖并打破之，乃是能源立法的关键所在。而这又很大程度上取决于能源立法对制度创新的规定，因为只有不断的制度创新才是避免路径依赖、发展新能源的必由之路。诚如美国经济学家熊彼特在论及创新理论时所指出的，创新是一种“内在因素”，是经济发展的根本现象。❸ 所以能源立法的核心任务乃是寻找本国路径依赖、构建起自身的能源创新。

2. 切实反映能源领域的权力和利益变化

确立能源变革、按二元观构建能源立法以及实现能源创新，这些都是我们力图实现的基本归旨，但必须承认，只有正确对待权力和利益变化作出的反映才是整个能源立法中最核心的部分。因为只有把它们纳入到能源发展的良性轨道之上，才能最终有效、均衡和平稳地实现经济转型。

这从英国首发工业革命中亦可看出端倪，正如英国学者帕金所指出的，

---

❶ 参见［英］约翰·希克斯著：《经济史理论》，厉以平译，商务印书馆2009年版，第11-18页。

❷ 煤炭产业机械化开采多为横向煤层开采，而英国土地保有制度使这一技术不能广泛开展，所以更多的是垂直和小规模开采，从而使美国、德国等后起国家迅速超越英国。See Asta Moller, Coal-Mining in the Seventeenth Century, *Transactions of the Royal History Society*, Vol. 8, No. 4, 1925, p. 87.

❸ 参见［美］约瑟夫·熊彼特著：《经济发展理论——对于利润、资本、信贷、利息和经济周期的考察》，何畏、易家详等译，商务印书馆2009年版，第64-105页。

“1660年复辟和随之而来的社会、政治变化最适合工业革命，内战之后社会建立的原则是财富和地位之间的联系，当时生活质量不仅仅是由经济学家所说的‘消费’决定的，还得考虑个人在社会等级中的相对地位。任何一个有理性的人都不会放过轻而易举赚钱的机会，机会稍纵即逝，工业革命期间有很多机会可以发财。在英国财富与社会影响、社会地位互相作用，人们不必为了获得前者而放弃后者”。[1]

所以毫无疑问，正是那些拥有权力和利益的所有者能从工业革命中获利，才最终推动了这一转型的完成。因此，切实反映能源领域中的权力和利益变化，进行有效的制度设计，并将它们纳入到市场轨道中，才能真正使能源立法得以构建，从而促成经济的现实转型。

---

[1] See Joel Mokyr, *The Industrial Revolution and the New Economic History*, Joel Mokyr ed., *The Economics of the Industrial Revolution*, Totowa, N. J.: Rowan & Allanheld Publishers, 1985, pp. 18-19.

第六章

论能源法的元规则：以能源变革为视角

【内容摘要】 能源法规则命题的冲突，很大程度上在于其元规则命题的付之阙如。因此，构建起科学的能源法元规则无疑是冲突命题得以消解的关键。而在众多的能源规则命题中，能源变革一语则被赋予了这一重任。这不仅是经由理论哲学与分析法学对能源变革一语的洞悉中得来的，而且亦是历史与实践经验对其持存的肯定。是以，在未来能源法规则体系的构建中，应适宜地确立起能源变革的元规则地位。

【关键词】 能源法；元规则；能源变革；语境

事物对我们来说最重要的方面由于其简单平常而掩蔽着。（你不会注意它——因为它一直都在你眼前摆着。）

——维特根斯坦《哲学研究》

前　言

什么样的能源法学的规则命题是正确的？哪些规则命题可以纳入到能源法学的智识范畴？或言之，能源法学的规则命题被判别为“真”的标准是什么？毫无疑问，21世纪的中国能源法学有了长足的进展，全新的法学概念或交叉学科纷纷驻足于此，极大地丰富了能源法学“中国模式”的研究。[1] 然

---

[1] 自2000年以来，能源法学进入一个新的勃发期，学者们分别从经济学、国际政治学、环境学等不同视角对能源法展开了理论创新，能源市场、能源环境、能源安全、能源人权以及气候变化等议题纷纷成为能源法学研究的热点领域。参见肖国兴、叶荣泗主编：《中国能源法研究报告2008》《中国能源法研究报告2009》，法律出版社2009年版、2010年版；中国法学会能源法研究会编：《中国能源法研究报告2010》《中国能源法研究报告2011》《中国能源法研究报告2012》，立信会计出版社2011年版、2012年版和2013年版。

而，在这种理论繁荣的背后，能源法学却不得不面对一个亟待解决的现实问题，即能源实践者[1]难以从众多的规则命题中找到一个适切的规则，特别是当这些命题产生冲突时，他们更是无所适从。[2] 基于此，如何破解这一难题就成为当前能源法学研究的重要内容。是以，只有在能源法领域确立起基本的元规则制度[3]，只有将元规则纳入到规范体系中，才能使能源实践者作出正确的选择，才能确保未来能源制度构建的科学性。那么，何者应为能源法的元规则呢？笔者认为，应从“能源变革”这一规则命题开始。

然而，近年来，“能源变革”一语却遭受到种种不当的言辞侵蚀。这表现在：一种是对“能源变革”一词的广泛滥用。犹如美国法哲学家穆尔在看到法律中“解释”一词被滥用时的感觉一样，即“这并不是那种由于看到自己个性象征被大众盗用而感到的痛苦。相反，它是由于看到一个本来富有助益的概念蜕变成了一个干瘪而空洞的花言巧语而感到的厌恶与痛心”。[4] “能源

---

[1] 此处的“能源实践者”应是一泛指，不仅包括从事能源立法、司法实践的法律人，而且也包括那些从事能源生产、消费的企业与普通民众。

[2] 例如，《能源法》草案于2007年公布，但14年过去了，该法仍迟迟不能出台。个中原因诸多，然而无法从众多的规则命题，特别是相冲突的能源法命题之间作出选择，无疑也是立法者所不容回避的一个现实问题。

[3] 此处使用“元规则”，而没有使用“原则”一语，是基于以下几点考虑：第一，本章并不排斥原则，相反，我们承认原则在法律构建中所具有的重要意义。然而，此处我们更想强调规则的意义。因为这正如美国法学学者亚历山大和克雷斯在《反对法律原则》一文中所强调的，“道德原则具有道德吸引力的优点，法律规则具有作为那些有权立法者之创设物的优点以及能提供清晰指引的优点。然而，法律原则都没有这些优点。它们既不是道德上正确的，也不是适用中无争议的。而且它们尚未被权力机关——其创设规范的权力是以规则为基础的——颁布，因为它们不是被制定的规范”。参见［美］拉里·亚历山大、肯尼思·克雷斯：《反对法律原则》，载［美］安德雷·马默主编：《法律与解释》，张卓明等译，法律出版社2006年版，第370-371页。第二，“规则”语词的表达更符合本章的研究意旨。亦如哈特所认为的，“规则”是理解法律的关键。参见支振锋：《法律的驯化与内生性规则》，载《法学研究》2009年第2期，第138页。此外，即使是强调法律原则的德沃金，他所阐发的法律原则就其本质而言仍是一种规则模式。参见刘叶深：《法律规则与法律原则：质的差别?》，载《法学家》2009年第5期，第120-133页。第三，我们使用的方法多为概念分析，而不是解释性的。因为倘若允许我们把元规则看作是一最根本的规则，那么就如维特根斯坦所言，“我们不可能用解释的方式谈论任何基本元素；因为对它来说，只有名称，别无其他”。参见［英］维特根斯坦著：《哲学研究》，陈嘉映译，上海人民出版社2001年版，第34页。因此，我们运用了法学理论中的概念分析方法，即通过区分观念与范畴的逻辑结构分析来揭示概念的本质的、必然的属性和意义。关于法学中的概念分析方法，参见［美］布赖恩·克比斯著：《法理学：理论与语境》，邱昭继译，法律出版社2007年版，代译序第15-28页，正文第10-35页。

[4] 参见［美］迈克尔·穆尔：《解释的解释》，载［美］安德雷·马默主编：《法律与解释：法哲学论文集》，张卓明等译，法律出版社2006年版，第4页。

变革”一语变成一项无论议题如何，只要涉足能源，就都可言说的语词，它俨然成了“天堂中的一丛花束”，其价值本意早已被隐没殆尽。而另一种情境则是将“能源变革”降格为普通规则，任何一个外来的、时尚的概念都可对其颐指气使，它已然失去了在能源法中应有的位置和作用。其结果正如德国哲学家胡塞尔所言，“观念当其意义被抽空时，就变得晦暗不清了，就成为纯粹词的概念”[1]，从而根本无法理性地指导能源实践。

正是“因为初建的东西在历史演变中被异化了、被忘却了、被丢弃了”[2]，所以才有必要为“能源变革”一语祛魅，将其从“天堂”拉回“人间”；才有必要厘清种种对能源变革的非难，重塑其在能源法中的应有之意。为此，本章将着重分析和诠释两个基本问题：一是确立能源法元规则的意义何在；二是为何能源变革能担当这一重任。

一、确立能源法元规则的意义

倘若我们承认能源法是属于整个法律体系中的一部分，那么法学中对元规则的认识也必然适用于整个能源法体系。是以，从一个更高的层面，即法学层面来看待元规则问题，相信更有助于阐发和理解能源法中确立元规则的深切意义。

（一）法学中元规则缺失的困境

法学中元规则缺失的困境表现为内在与外在两个方面，内在困境是指法律的自洽性问题，它较多地体现在法律与其他社会规则（特别是伦理道德）之间的关系上；而外在困境则凸显在解决内在困境时，表现出来的工具困境，或言之，在当下这种困境更多地体现在法律解释上。

就当下中国社会生活而言，倘若把法律宽泛地界定为一个整体性观念的话，那么法律的自洽性问题同样是存在的。例如，它或者难以消除错案的发生（如2012年唐慧诉永州劳教委案），或者难以提供及时的保障（如2012年河南瘦肉精案等频发的食品药品安全问题），抑或无法维护某种正义（如

---

[1] 参见［德］埃德蒙德·胡塞尔著：《欧洲科学危机和超验现象学》，张庆熊译，上海译文出版社2005年版，第88页。

[2] 参见雷德鹏著：《回返人性：论胡塞尔对科学合理性的重建》，人民出版社2011年版，第26页。

2006年南京鼓宇案）等，尽管这些案件最终都通过法律途径得以解决，但却使人们对法律是否能公正地解决问题产生了疑问（如2013年长沙新快报事件）。其实，法律的自洽性问题，即法律如何来解决自身所存在的悖论，是一个自古有之的问题。[1] 自实证主义勃兴以来，那种从外部给予自洽理由的观点受到有力的冲击[2]；然而尽管如此，前者仍始终无法从内部有效地证成法律的自洽性，尤其凸显在伦理道德关系一维上。

在现代西方，无论是庞德还是富勒、德沃金，他们都肯定了社会生活，特别是伦理道德在帮助法律解决自身困难上的裨益。[3] 而在当下中国，在一个以礼入法的传统国度中，同样道德仍起着至关重要的作用，这是一个不容回避的现实。[4] 那么，社会生活，或言之道德以一种什么样的方式，才能实现法律的自洽呢？毋庸讳言，国外和国内的法学家或法官们都将目光投向了法律解释。[5] 然而，法律解释能成功地解决法律问题吗？

我们说，规则的意义在于它能够为我们的行为或行动指明方向和目标。这正如维特根斯坦所言，“一条规则立在那里，就像一个路标”。[6] 但颇为乖违的是，维特根斯坦并没有在此停住，而是深问了一句，“难道路标就能使我毫不怀疑我应该走哪条路？”[7] 显然，这里的怀疑是由于出现了三种情境：第

---

[1] 如古希腊剧作家索福克勒斯的《安提戈涅》被认为是历史上最早的法律秩序的冲突。参见［美］E. 博登海默著：《法理学：法律哲学与法律方法》，邓正来译，中国政法大学出版社1999年版，第5页。

[2] 参见［英］边沁著：《道德与立法原理导论》，时殷弘译，商务印书馆2000年版，第360-361页。［英］约翰·奥斯汀著：《法学讲演录》，支振锋等译，中国社会科学出版社2008年版，第97页。［美］汉斯·凯尔森著：《法与国家的一般理论》，沈宗灵译，中国大百科全书出版社1996年版，第11-13页。

[3] 参见［美］罗斯科·庞德著：《法律与道德》，陈林林译，中国政法大学出版社2003年版，第163-164页。亦可参见［美］富勒著：《法律的道德性》，郑戈译，商务印书馆2005年版，第40-111页。［美］德沃金著：《法律帝国》，李常青译，中国大百科全书出版社1996年版，第88-104页。

[4] 参见方乐：《司法如何面对道德？》，载《中外法学》2010年第2期，第182-197页。黄宗智：《中西法律如何融合？道德、权利与实用》，载《中外法学》2010年第5期，第721-736页。

[5] See Andrei Marmor, *Interpretation and Legal Theory*, Oxford: Hart Publishing, 2005, pp. 1-8. 此外，就国内而言，当前的司法能动与案例指导制度亦都是旨在通过法律解释的方法来促进法律的自洽。参见苏力：《关于能动司法与大调解》，载《中国法学》2010年第1期，第5-16页。王利明：《我国案例指导制度若干问题研究》，载《法学》2012年第1期，第71-80页。

[6] 参见［英］维特根斯坦著：《哲学研究》，陈嘉映译，上海人民出版社2001年版，第60页。

[7] 参见［英］维特根斯坦著：《维特根斯坦全集》（第8卷），涂纪亮译，河北教育出版社2003年版，第56页。

一，路标本身是模糊的，可能只有一个路杆立在那里，而根本没有标识；第二，路标是清晰的，却与我早先依循的前一个路标指示的方向是相反的；第三，路标同样是清晰的，却与我对方向的认识是不一致的，我认为应朝左，而路标却指示我朝右。那么，此时的解决之道或有两种方法，一是重新建立或修正一个路标，二是向我解释为何路标是指向这个方向的。

姑且不论重新建立或修正路标，仅就解释而言，问题又产生了，解释会由于解释主体的差异，而出现与规则相符的各种解释。这样就会产生一个悖论，用维特根斯坦自己的话来说，这些解释都“以为自己在遵从规则”，而实际上“以为‘自己’在遵从规则并不是遵从规则”，“因为我们可以使任何一种行动方式和这条规则相符合”。或者说，“那么我无论怎么做都和规则一致啦”[1]，从而无法得出哪一个解释是正确的。

为解决这一难题，哲学家和法学家们逐渐将目光投向了融贯论。所谓融贯论（coherentism），是指一个信念（belief）或命题为真，或者能被证成，是因为它与其他与之相关的信念或命题是融贯的。它包括了真理融贯论（coherentism of truth）和证成融贯论（coherentism of justification）。当前，融贯论的国内外学术研究逐渐从真理融贯论走向了证成融贯论。[2] 同样，法律融贯论亦是如此的。[3] 是以，根据融贯论，倘若一个解释要被证成或接受，就必须与之相关的所有内容是融贯的或互为支持。这正如美国哲学家普特南所言，“使得一个陈述或整个陈述系统——一个理论或概念框架——具有合理的可接受性

[1] 参见［英］维特根斯坦著：《哲学研究》，陈嘉映译，上海人民出版社 2001 年版，第 123 页，121 页。

[2] 参见［英］苏珊·哈克著：《逻辑哲学》，罗毅译，商务印书馆 2003 年版，第 116-119 页。在当代哲学家中，戴维森、蒯因等都是融贯论的积极支持者。See Donald Davidson, *A Coherence Theory of Truth and Knowledge*, in Ernest LePore ed. *Truth and Interpretation*, Oxford: Basil Blackwell, 2006, pp. 307-319. See also W. V. Quine & J. S. Ullian, *The Web of Belief*, New York: Random House, 1978. ［美］唐纳德·戴维森著：《真理、意义、行动与事件——戴维森哲学文选》，牟博编译，商务印书馆 1993 年版，第 165 页。此外，在证成融贯论方面，美国哲学家邦约尔的著作颇为经典。See Laurence BonJour, *The Structure of Empirical Knowledge*, Cambridge, Mass.: Harvard University Press, 1985.

[3] 在法律真理融贯论方面的经典著述是美国法学家泽普尔斯基的论文。See Benjamin C. Zipursky, "Legal Coherentism," *SMU Law Review*, Vol. 50, 1997, pp. 1679-1720. 在法学家方面，支持法律证成融贯论的主要是英国法学家麦考密克和瑞典法学家佩岑尼克等人。参见［英］尼尔·麦考密克著：《法律推理与法律理论》，姜峰译，法律出版社 2005 年版。See Alexsander Peczenik, *On Law and Reason*, 2nd ed., Berlin: Springer, 2009.

的，多半是它的融贯和契合”。[1] 无疑，融贯论为解释成立限定了前提条件，从而使得规则得以在解释的作用下发挥功效。

但是即便如此，解释的无尽回溯仍未能得到彻底解决。对此，维特根斯坦不无沮丧地指出，“我们依照这条思路提出一个接一个解释，这就已经表明这里的理解有误；就仿佛每一个解释让我们至少满意了一会儿，可不久我们又想到了它后面跟着的另一个解释”，最终，“任何解说都像它所解说的东西一样悬在空中，不能为它提供支撑”。[2] 对此，美国法学家沃缪勒将其形容为“制度主义的困境”[3]。

（二）确立元规则的哲学与法学辩护

由是观之，在解决法律冲突与规则选择时，解释确实提供了有益的帮助，这是毋庸置疑的。且对法律而言，解释亦是不可或缺的，盖因它或是由于“立法者缺乏慎重或专注”，或是由于人类自身的“思考缺乏深度、广度或辨别力”所造成的。[4]

然则，正如上文所言，解释也存在着其自身固有的缺陷，是其内部所不能彻底解决的。[5] 相反，如果我们不正视这种缺陷，而偏赖于解释，就可能如哈特在指出某不当论断时一样，解释就像“一道道光芒，使我们看到了许多隐藏在法律之中的东西；但是这道光芒却又是如此的耀眼，以至于使我们对于其余的东西变得盲目”[6]，甚至可能产生一种“规范隐退”的极端危险。[7]

这种规则的缺失，犹如实证主义法学在强调法律与道德纠缠所带来的危

---

[1] 参见［美］希拉里·普特南著：《理性、真理与历史》，童世骏、李光程译，上海译文出版社1997年版，第61页。

[2] 参见［英］维特根斯坦著：《哲学研究》，陈嘉映译，上海人民出版社2001年版，第123页，第121页。

[3] 参见［美］阿德里安·沃缪勒著：《不确定状态下的裁判：法律解释的制度理论》，梁迎修、孟庆友译，北京大学出版社2011年版，第3-4页。

[4] 参见［英］杰里米·边沁著：《论一般法律》，上海三联书店2008年版，第304页。

[5] See Oliver Wendell Holmes, “The Theory of Legal Interpretation,” *Harvard Law Review*, Vol. 12, 1899, p. 417. 亦可参见桑本谦：《法律解释的困境》，载《法学研究》2004年第5期，第3-13页。

[6] 参见［英］H. L. A. 哈特著：《法律的概念》，许家馨、李冠宜译，法律出版社2006年版，第2-3页。

[7] 参见陈金钊：《法律人思维中的规范隐退》，载《中国法学》2012年第1期，第5-18页。

害一样，即它们或者可能会消解法律的权威，甚至对规则本身的存在提出挑战；或者反过来，规则也可能借助于它们来逃避人们对法律的批评。[1] 因此，在强调解释在法律中重要性的同时，我们不应忽视规则对法与解释的意义。

亚里士多德曾言之，“在每一个系统的探索中都存在着一个第一原理”。[2] 如是，此处元规则的“元”正是在此种意义上言说的。[3] 其实，从宽泛的哲学范畴而言，每一种哲学思想的出现都是建构在某种“元”理论基础之上的。例如，柏拉图的“理念”、笛卡尔的“我思”、康德的“纯粹范畴”，乃至到近代这种观念仍然存在，例如海德格尔的“存在”等。即使那些反对存在第一哲学、反对绝对主义的相对主义持有者也不能彻底摆脱“元”的意识，如库恩的“范式”、罗蒂的“后哲学文化”等亦是如此。可以发现，“元”之所以被不断地探讨，正是因为怀疑论的幽灵不灭。[4] 因此，尽管在当代，后现代哲学思潮对以元为言说的基础主义给予了无情的打击，但是后者并没有退出历史舞台；相反，在反思了种种谬误之后，基础主义走向了“温和的一面”，即出现基础与相对的结合。[5]

同样，在这种认识论的基础上，法学家们也不断强调着元规则在法学体系中的意义。他们认为，“每一个成熟的法律体系都会包含某些特定的基本观念，它们都是‘必然的’并且‘深深植根于人类的共同本质之中’”。[6] 无疑，在那些强调规则的实证主义法学派中这种元规则思维表现得尤为强烈。例如，凯尔森的基础规范就是这种元规则的体现，他说，“基础规范，从法律

---

[1] See H. L. A. Hart, “Positivism and the Separation of Law and Morals,” *Harvard Law Review*, Vol. 71, No. 4, 1958, p. 598.

[2] See T. H. Irwin, *Aristotle's First Principles*, Oxford: Oxford University Press, 1988, p. 3.

[3] 对于“元”在理论上的理解应该包括两个方面，一是对理论或学科的前提性研究，在这里第一原理、第一哲学、基础主义都是从这一层面谈起的；另一个是对理论或学科的反思性研究，或言之，是对某一理论或学科何以可能的研究，即它的合理性问题。例如，什么是数学？什么是生物学？学科自身是无法回答的。本章在行文中更多地强调第一个方面。参见刘永富：《元哲学自身的两个元问题：“怎么才算”与“何以可能”》，载《学术月刊》2009 年第 2 期，第 37-45 页。

[4] 参见［英］罗素著：《西方哲学史（上卷）》，何兆武、李约瑟译，商务印书馆 1963 年版，第 296-304 页。［英］休谟著：《人性论（上册）》，关文运译，商务印书馆 1980 年版，第 206-246 页。

[5] 参见章忠民：《基础主义的批判与当代哲学主题的变化》，载《哲学研究》2006 年第 6 期，第 74-78 页。

[6] 参见［英］H. L. A. 哈特著：《法理学与哲学论文集》，支振锋译，法律出版社 2005 年版，第 85-86 页。

实证主义角度来说，它构成了任何实在法律秩序的最终推定和假设性基础，并委托了最高的造法权威”，所以，尽管“制造法律过程所提出的法律材料只有通过解释才成为有意义的，而这种解释最终却取决于预先假定的基础规范”。[1] 此外，哈特的承认规则也具有一种元规则属性，他指出，“提供判准以衡量法体系内其他规则之效力的‘承认规则’，在某种重要的意义上，可以说是‘终极的’规则”，这也就是“说某个既存规则是有效的，就是肯定了它已通过所有承认规则所提供的判准，并成为法体系规则中的一员”。[2]

然而，元规则的理念并非只属于实证主义法学，自然法学者同样也承认元规则的存在。例如，奥地利法学家菲德罗斯基于古典自然法之人类学提出的温良理论（moderate theory）就是这样一种代表。他认为，所有正常的人类都能感知某些特定的基本需求，并展示着某些基本需要。永恒的社会道德表达了这些需求和需要。首要的自然法则由下列规范构成：属于社会道德的规范和调整法律问题的规范。首要的自然法则是永恒的。第二性的自然法则所指示的是在给定的社会条件下，从首要自然法则中获得的法律体系之目标是如何最佳地予以实现的。[3]

可见，无论是实证主义法学还是自然法学，它们在元规则问题上具有某种默契。这种默契与其说来自于对法哲学的反思，毋宁说是一种人性使然。由此，让我们再回到法律解释，毋庸置疑，融贯论提出了一种良好的解决路径，然而它却是不彻底的。为此，美国哲学家苏珊·哈克提供了一条修正的解决之道，即她提出的“基础融贯论”。所谓基础融贯论乃是指，既允许渗透于信念之间的相互支持，也允许经验对经验证成作出贡献。[4] 基于此，我们可以理解为：一个解释的证成或接受不仅依赖于所有与之相关内容的融贯，而且也依赖于基于经验的证成。此处尽管不论经验为何，却为解释提供了某种

---

[1] 参见［奥］汉斯·凯尔森著：《法与国家的一般理论》，沈宗灵译，中国大百科全书出版社1996年版，第477页，第441-442页。

[2] 参见［英］H. L. A. 哈特著：《法律的概念》，许家馨、李冠宜译，法律出版社2006年版，第97页，第100页。

[3] 参见［瑞典］亚历山大·佩岑尼克著：《法律科学：作为法律知识和法律渊源的法律学说》，桂晓伟译，武汉大学出版社2009年版，第128页。

[4] 参见［美］苏珊·哈克著：《证据与探究——走向认识论的重构》，陈波等译，中国人民大学出版社2004年版，第2页，第19页。

基础。显然，元规则亦是这样一种基础，一种带有终极意味的基础，由此或可阻止解释的无尽回溯。

二、能源变革作为能源法元规则的理论意蕴

“一切在这个世界中所共同地存在的东西，都是通过一条普遍的因果律，直接或间接地互相依存的……这种被直观地给予的周围世界的普遍的因果样式使假设、归纳和对世界的现在、过去和将来的未知事件的预言成为可能。”[1]无疑，元规则正体现了这样一种法学领域中的因果律。前者的建立就可以使“我遵从规则时并不选择”，或言之“我盲目地遵从规则”。[2]

然而，元规则毕竟也是规则，它又如何能摆脱规则的“宿命”呢？况且，这种因果律同样存在着一种被滥用的情势，即将法学实践归于某种非现实的、非真的因果律。因此，就需要“一种系统地和在某种意义上可以说事先地构成世界和它的因果的无限系列的方法被设计出来”[3]，从而使得“规则的路线延伸到无限的空间”，让“规则事先就产生出它的所有后件”，而也唯有如此，规则才能称之为元规则。[4] 无疑，能源变革正体现了这种要求。

（一）能源变革作为能源法元规则的哲学意蕴

能源变革是否能作为能源法的元规则，在一定意义上取决于其是否真实地反映出对世界本原的洞见。无疑，在此种探询中，无论人们对世界本原的观点有多么迥异，但都始终难以回避“存在与变化”这一主题。[5] 故而，如果说变化是存在的一种不可或缺的属性，那么，这种本质属性就为能源变革

[1] 参见［德］埃德蒙德·胡塞尔著：《欧洲科学危机和超验现象学》，张庆熊译，上海译文出版社1988年版，第37页。

[2] 参见［英］维特根斯坦著：《哲学研究》，陈嘉映译，上海人民出版社2001年版，第130页。

[3] 参见［德］埃德蒙德·胡塞尔著：《欧洲科学危机和超验现象学》，张庆熊译，上海译文出版社1988年版，第38页。

[4] 参见［英］维特根斯坦著：《哲学研究》，陈嘉映译，上海人民出版社2001年版，第130页，第134页。

[5] 参见［德］文德尔班著：《哲学史教程》，商务印书馆1987年版，第42页。亦可参见［德］马丁·海德格尔著：《存在与时间》，陈嘉映、王庆节译，三联书店1987年版，第1页；［美］撒穆尔·伊诺克·斯通普夫，詹姆斯·菲泽著：《西方哲学史：从苏格拉底到萨特及其后（修订第8版）》，匡宏、邓晓芒译，世界图书出版公司北京公司2009年版，第63页。

提供了最好的哲学诠释。基于此，考察这种哲学洞见的嬗变历程，势必有助于揭开能源变革作为能源法元规则的哲学意蕴。

早在前苏格拉底时期，希腊先哲就对存在与变化产生了浓厚兴趣。[1] 这正如文德尔班所言，“经验中事物的相互转化——这个事实激起了最早的哲学思考”。[2] 希腊爱菲斯城的赫拉克里特提出“万物皆流变”的观点，认为万物都变化，事物存在而又不存在。[3] 而埃利亚学派的巴门尼德则认为，存在只能产生于存在，没有一种东西能够变成别的东西。[4] 正是建立在这一相悖的论题基础上[5]，从智者学派到苏格拉底，从柏拉图到亚里士多德，再到希腊化罗马时期的五个哲学派别都力图从自己的学说来解读这一悖论。[6]

公元 4 世纪，基督教在罗马逐渐确立起自己的正统地位[7]，而随着蛮族对基督教的皈依，基督教哲学成为整个中世纪的主导思想。[8] 尽管如此，存在与变化的主题却并没有因为上帝的唯一确定而最终消弭；相反，对前者的认识被进一步深化，这尤其表现在奥古斯丁的时间观和阿奎那的存在论上。

奥古斯丁首先指出了存在与变化的关系，即“天地存在着，天地高呼说

---

[1] 此处须澄清：尽管黑格尔说，“真正的哲学是自西方开始”。参见［德］黑格尔著：《哲学史讲演录（第一卷）》，贺麟、王太庆译，商务印书馆 1959 年版，第 98 页。但这并不意味着东方包括中国在内没有关于“存在与变化”的哲学观点，相反，仅就中国古代哲学而言，无论是《老子》，还是《易经》中都存有“存在与变化”的哲学反思。参见胡适著：《中国哲学史大纲》，上海古籍出版社 1997 年版，第 40-43 页，56-57 页。冯友兰著：《中国哲学简史》，北京大学出版社 1985 年版，第 117-119 页，第 158 页。然而，考虑到中国近代法学体系多源于西方，因此，行文之处仅以西方哲学观点为主。参见李贵连：《中国法律近代化简论》，载《比较法研究》1991 年第 2 期，第 1-23 页。曹全来著：《国际化与本土化：中国近代法律体系的形成》，北京大学出版社 2005 年版。何勤华：《法的国际化与本土化：以中国近代移植外国法实践为中心的思考》，载《中国法学》2011 年第 4 期，第 43-52 页。

[2] 参见［德］文德尔班著：《哲学史教程》，商务印书馆 1987 年版，第 49 页。

[3] 参见屈万山主编：《〈赫拉克利特著作残篇〉评注》，陕西师范大学出版社 1987 年版，第 65 页，第 106 页。

[4] 参见［英］梯利著：《西方哲学史》，葛力译，商务印书馆 1995 年版，第 26 页。

[5] 参见［挪威］希尔贝克和伊耶著：《西方哲学史：从古希腊到二十世纪》，童世骏等译，上海译文出版社 2004 年版，第 10 页。

[6] 参见［荷］科恩著：《世界的重新创造：近代科学是如何产生的》，张卜天译，湖南科学技术出版社 2011 年版，第 7-12 页。

[7] 参见［古罗马］优西比乌著：《教会史》，［美］梅尔英译，评注；瞿旭彤译，三联书店 2009 年版，第 457-460 页。

[8] See Etienne Gilson, *The Spirit of Medieval Philosophy*, Translated by A. H. C. Downes, New York: Charles Scribner's Sons, 1940, p. 1. 亦可参见赵敦华著：《基督教哲学 1500 年》，人民出版社 1994 年版，第 10-16 页。

它们是受造的，因为它们在变化”[1]。接着，他将对变化的理解转化成对时间的理解，亦即存在只能是现在，没有过去与将来。用奥古斯丁的话来说就是：“如果过去和将来都存在，我愿意知道它们在哪里。假如目前我还不可能，那么我至少知道它们不论在哪里，绝不是过去和将来，而是现在。因为如作为将来而在那里，则尚未存在，如作为过去，则已不存在。为此，它们不论在哪里，不论是怎样，只能是现在。”[2] 最后，奥古斯丁将时间看作心灵的伸展，正如他所说，“我的心灵啊，我在你的里面度量时间”[3]。是以，这一观念的形成使变动不居的存在者（非存在）依赖“内在时间”或者说“心灵”而得以存在。

阿奎那的存在论则一改自古希腊以来本质先于存在的理念，并将本质与存在作为存在者的两个不可或缺的要素。更为重要的是，他将存在理解为一种活动，即他所言的，“存在表示某种活动”，“是”或“存在”的“纯粹意义”是“在行动”。[4] 换言之，存在是以活动的方式来表达一种现实性，它是存在者最先也是最纯粹的状态，没有存在活动，就没有存在者。[5] 毋庸讳言，无论是“内在时间”还是“在行动”都旨在反映一种变化，奥古斯丁和阿奎那的学说都从更高层面揭示了变化对于存在的意义。

但不可否认的是，尽管基督教哲学家们没有抛弃对变化的理解，但是无论如何，中世纪“哲学作为神学的婢女”，它的主要任务在于解读信仰[6]。而恰恰是上帝的确定性成了一切知识的来源和基础。倘若世界就此驻足，变化将不复存在。所幸的是，在基督教世界中始终存在着教会与世俗权威的二元

---

[1] 参见［古罗马］奥古斯丁著：《忏悔录》，周士良译，商务印书馆 1963 年版，第 234 页。

[2] 参见［古罗马］奥古斯丁著：《忏悔录》，周士良译，商务印书馆 1963 年版，第 245 页。

[3] 对此，奥古斯丁还说道，“我以为时间不过是伸展，但是什么东西的伸展呢？我不知道。但如不是思想的伸展，则更奇怪了”。参见［古罗马］奥古斯丁著：《忏悔录》，周士良译，商务印书馆 1963 年版，第 253-254 页。

[4] 转引自段德智：《试论阿奎那存在论的变革性质和现时代意义》，载《华中科技大学学报（社会科学版）》2008 年第 5 期，第 121 页。

[5] 参见董尚文著：《阿奎那存在论研究》，人民出版社 2008 年版，第 194-198 页。亦可参见翟志宏：《阿奎那关于存在与本质相区分的思想》，载《现代哲学》2010 年第 2 期，第 75-80 页。

[6] 参见［法］吉尔松著：《中世纪哲学精神》，上海人民出版社 2008 年版，第 22 页。

斗争，这成为变化观念得以存续的制度萌芽”。[1]

一方面，教会自身的变革动摇了其对世俗的统治。1517年马丁·路德的新教改革揭开了这一序幕，在声讨罗马天主教会出售赎罪券的同时，马丁·路德也极力反对教会对世俗事务的关心。[2] 而后来的改革者加尔文则更明确地提出精神与世俗的绝对分离，这种神学二元观最终促成了现代形而上学二元论的产生与发展。[3] 而斯宾诺莎则将怀疑主义延伸到宗教领域，彻底摧毁了教义是一切知识来源这一基础。[4]

另一方面，科学开始宰制世界。教会与世俗权威的争斗无疑为近代科学的产生提供了制度性舞台。[5] 究其原因，是因为教会希冀借科学之名，特别是通过对物理世界的认识来诠释教义和上帝的伟大，进而强化与世俗权威的斗争。[6] 然而，两次文艺复兴带来的翻译运动，不仅没有使科学成为神学的“婢女”，相反，16—17世纪的科学革命却以一种摧枯拉朽之势湮没了一切，也包括教会。至此，科学开始宰制世界，成为人们理解自然与社会的中心。

毋庸置疑，16、17世纪发生的宗教改革和科学革命，将人类社会带入了近代世界。尽管这并非宗教改革的本意，但教会及基督教教义已无法再承担起理论诠释的基础。而这一重任毫不犹豫地转移给了科学，这一如罗素所言，“近代世界与先前各世纪的区别，几乎每一点都能归源于科学”。[7] 同样，科

---

[1] 参见［德］毕尔麦尔等编：《中世纪教会史》，［奥］雷立柏译，宗教文化出版社2010年版，第136-164页。

[2] 参见［英］林赛著：《宗教改革史》（上册），孔祥民等译，商务印书馆1992年版，第313-216页。

[3] 加尔文在其经典文著《基督教要义》一书中，开篇即指出，“我们所拥有的一切智慧，也就是那真实与可靠的智慧，几乎包含了两个部分，就是认识神和认识自己”。这一论断与近代哲学之父、二元论的代表人笛卡尔的观点如出一辙。如笛卡尔也曾说过，“我认为所有神给予这理性功用的人，必要用它来努力认识他和认识自己”。参见［法］约翰·加尔文著：《基督教要义》，钱曜诚等译，三联书店2010年版，第3页。

[4] 参见［荷兰］斯宾诺莎著：《知性改进论：并论最足以指导人达到对事物的真知识的途径》，贺麟译，商务印书馆1960年版，第24页，第28页。

[5] 参见［美］爱德华·格兰特著：《近代科学在中世纪的基础》，张卜天译，湖南科学技术出版社2010年版，第14页，第223页。

[6] 参见［英］约翰·H. 布鲁克著：《科学与宗教》，苏贤贵译，复旦大学出版社2000年版，第19-32页。

[7] 参见［英］罗素著：《西方哲学史（下卷）》，何兆武、李约瑟译，商务印书馆1963年版，第43页。

学也为“存在与变化”带来新的认识论上的解读，不过，这种认识却是建立在对“确定性”的转向上。

具言之，科学为理论研究提供了一种新的权威判准。这是一种建立在以数学为基的认知上，它所带来的普遍意义，就像英国数学家怀特海所指出的，（数学使）“理性坚信任何实有如果具有满足某某纯抽象条件的关系，就必然也具有能满足另一件纯抽象条件的关系”。[1] 无疑，正是建立在以数学为基的科学之上，确定性被牢牢地确立起来。更为重要的是，近代哲学之父笛卡尔通过身心二元论，将这种认知进一步扩大，使科学得以建立起自己的合法性。[2] 而休谟的绝对怀疑论则推动科学始终保持着进步的姿态。

然而，他们在为科学寻求到合法性的同时，也为确定性埋下了相悖的“祸根”。那就是科学的进步不断打破原先的确定性，这尤其表现在作为基础科学的物理学与数学上。例如，作为现代物理学前沿，量子理论将不确定性作为研究微观世界的基础，从而打破了经典物理学中一贯坚持的决定论。[3] 对此，德国量子科学家海森伯不无感慨地指出，“在量子论中显示的实在概念的变化，并不是过去的简单的继续，却像是现代科学结构的真正破裂”。[4] 同样，更实质的变化也出现在数学领域。1931 年德国数学家哥德尔提出了不完备性定理，数学自洽的确定性受到了严重冲击。[5] 美国数学家克莱因也不得不承认，“过去人们认为数学的特征——从明确的公理经过无可辩驳地证明——如今已不复存在了”。[6]

无疑，这种由科学确立起来的确定性是“不纯的”，而且随着现代性的深入，不确定性被一次又一次地放大。尽管现代主义者，无论是从理性到经验，

---

[1] 参见［英］怀特海著：《科学与近代世界》，何钦译，商务印书馆 1959 年版，第 21 页。

[2] 参见［法］笛卡尔著：《谈谈方法》，王太庆译，商务印书馆 2000 年版，第 16 页，第 26-33 页。

[3] 参见［美］帕格尔斯著：《宇宙密码：作为自然界语言的量子物理》，郭竹第译，上海辞书出版社 2011 年版，第 4-5 页，第 56-81 页。

[4] 参见［西德］W. 海森伯著：《物理学与哲学：现代科学中的革命》，范岱年译，商务印书馆 1981 年版，第 2 页。

[5] 参见［美］欧内斯特·内格尔和詹姆斯·R. 纽曼著：《哥德尔证明》，陈东威、连永君译，中国人民大学出版社 2008 年版，第 45-46 页。亦可参见朱水林编著：《哥德尔不完全性定理》，辽宁教育出版社 1987 年版，第 3 页。

[6] 参见［美］M. 克莱因著《数学：确定性的丧失》，李宏魁译，湖南科学技术出版社 2002 年版，第 324 页。

还是再到超验，都意欲为确定性寻找一种合理基础，但这种努力终归是失败的。而那种以不确定性作为张本的后现代理念，正日益代替科学的角色，彰显在世人面前。这犹如英国学者吉登斯所言，“后现代视角看到了对知识的异质要求之多样性，这样一来，科学不再享有特权地位了”。❶

是以，通过对哲学史的回顾，可以发现，将存在作为一种无须变化的理想而言说，是难以实现的，这正如维特根斯坦所深刻指出的，“从来没有规定出准确性的唯一理想；我们不知应该怎样来想象这种理想——除非你自己设定应该把什么称作这个理想。但你会发现很难遵守这样一个设定，遵守一个使你自己满意的设定”。❷ 因此可以说，变化是存在固有的一种表现方式，那种完全脱离变化的存在，不仅在现实中而且在理论上都是难以自洽的。

由是观之，能源变革彰显了存在与变化的哲学意蕴。一方面，它始终强调变化的意义，将变革视为能源存在的根本性特征；而且不宁唯是，能源只有通过不断的自我革新，才能实现其存在的价值旨趣。另一方面，这种变革亦不是漫无目的之变化，而是一种建立在能源框架下的变革，能源无疑是其发生作用的在场语境。且更值得一提的是，它凸现了一种内在的发展动力，从而保证了能源能够不断地自我完善与强化。这诚如黑格尔所言，“那自身决定的真理有一种冲力去发展它自身。只有那有生命和精神的事物，才有自身冲动，自身发展”。❸

（二）能源变革作为能源法元规则的法学体认

从法学维度来看，如若将某一语词作为元规则，那么，其是否揭橥了法的本质或价值，就成为一种必然的智识追问。毫无疑问，在这一方面，能源变革对能源法元规则的体认仍是彰显无疑的。这表现在两个方面，一是能源变革对法变化必然性言说的肯定，二是能源变革融入法体系的价值所在。

就第一个方面而言，对法变化性的言说，从古至今一直未曾中断过，众说纷纭，莫衷一是。为何会是这样？这不免让人对法是否存在着真正可欲的

---

❶ 参见［英］吉登斯著：《现代性的后果》，田禾译，译林出版社 2000 年版，第 2 页。

❷ 参见［英］维特根斯坦著：《哲学研究》，陈嘉映译，上海人民出版社 2001 年版，第 63 页。

❸ 参见［德］黑格尔著：《哲学史讲演录（第一卷）》，贺麟、王太庆译，商务印书馆 1959 年版，第 32 页。

本质或价值充满怀疑。其实，这很大程度上在于，无论对法的本质或价值给予何种言说，它们都无法回避法的变化性问题。

毫无疑问，公平、正义、安全等法的价值提供给心灵世界的，乃是一种秩序，一种连续的、稳定的价值所在。因为只有这种连续性、稳定性才能彰显法的权威，才能保证社会的井然有序。为此，法的变动常常被认为是一种叛逆、一种背离。[1] 甚至苏格拉底宁冒一死，也不愿触动这种心灵秩序。[2] 然而，在法的稳定性带来权威的同时，它对法的变化却形成无形的扼杀。

那么，如何解决这一悖论呢？法学家们创设了各种技艺，而这其中，尤以衡平思想最为久远。[3] 亚里士多德对此给予了最早的智识阐述。他指出，衡平是一种善，它是公正但却不属于法律的公正，它是对法律由于其一般性而带来的缺陷之纠正。[4] 毫无疑问，衡平在一定程度上有利于化解法的稳定与变化之间的吊诡。到罗马法时期，这一思想得到进一步发展，西塞罗曾用“最严格地守法是最大的犯法”的格言来说明衡平的意义。[5] 特别重要的是，罗马执法官的出现在一定意义上开创了对衡平思想的法律实践。[6] 当然，真正从制度上构建起衡平法的当属英国。[7] 14 世纪，为了平衡普通法所带来的僵化弊

---

[1] 参见［爱尔兰］凯利著：《西方法律思想简史》，王笑红译，法律出版社 2002 年版，第 10 页。

[2] 参见［古希腊］柏拉图著：《苏格拉底之死》，谢善元译，上海译文出版社 2011 年版，第 92-116 页。

[3] 有学者指出，最早提出衡平的人可以追溯到智者学派的高尔吉亚，他指出，法律过于僵硬、顽固，需要通过衡平来加以矫正。但智者们没有系统地提出衡平思想。参见杨贝：《古希腊的双生花：衡平与修辞学》，载舒国滢主编：《法学方法论论丛（第一卷）》，中国法制出版社 2012 年版，第 104-105 页。

[4] 参见［古希腊］亚里士多德著：《尼各马可伦理学》，廖申白译，商务印书馆 2003 年版，第 160-161 页。

[5] 参见［古罗马］西塞罗著：《论义务》，王焕生译，中国政法大学出版社 1999 年版，第 33 页。

[6] 参见［英］乔洛维茨、尼古拉斯著：《罗马法研究历史导论》，薛军译，商务印书馆 2013 年版，第 127-131 页。亦可参见《学说汇纂》（第一卷），罗智敏译，中国政法大学出版社 2008 年版，第 13 页。然而必须指出的是，到古罗马帝政时期，这种衡平的法律渊源逐渐以法学家的评述和皇帝的敕令为主了。See W. W. Buckland, *Equity in Roman Law*, London: University of London Press, 1911, pp. 6-13.

[7] 参见［爱尔兰］凯利著：《西方法律思想简史》，王笑红译，法律出版社 2002 年版，第 181 页。

端，衡平制度被英国大法官法院所创设。[1] 它以良心正义和自然理性作为裁判的基础和依据。[2]

但不容否认的是，绵延了近五个世纪的英国衡平制度，在 19 世纪后半叶，逐渐走向式微，并被普通法所吸纳。[3] 尽管当前英美普通法中，衡平依然起着重要的作用，但从一定意义上而言，前者已迥异于其创设之初的基本理念。这表现在：第一，普通法，至少从整体形式而言，在英美法律体系中的优势地位已不复存在。这正如美国法学家卡拉布雷西所言，“我们已经从一个由法院所宣示的普通法主导的法律制度，进入到一个由立法者所制定的制定法成为首要法律渊源的法律制度中”。[4] 第二，实证主义法学意欲抨击狭义上的普通法，而恢复衡平思想的理念最终未能实现。[5] 第三，也是最为重要的是，被纳入到普通法中的衡平已失去其“自然理性”的特征，而更多地呈现出“技艺理性”。这无疑使其不可避免地带有了普通法所具有的僵化弊端，从而失去了其变化的本真。[6]

20 世纪 30 年代，随着人们对事物认识的深入，法学家们逐渐发现，变

---

[1] See Edward Jenks, *A Short History of English Law: from the Earliest Times to the End of the Year* 1911, Boston: Little, Brown and Company, 1912, pp. 163-164. 值得强调的是，在衡平制度出现以前，在英国实施的普通法，以及地方法院、教会法院等司法机构中都存在着衡平，但随着时间和社会的不断演进，这些衡平逐渐湮灭了。因此，从一定意义上而言，14 世纪的英国衡平制度是一个不同于早期普通法等法律中的衡平，是一个完全独立的制度创设。See O. W. Holmes, “Early English Equity,” *The Law Quarterly Review*, Vol. 1, 1885, pp. 162-174. See also George Burton Adams, “The Origin of English Equity,” *Columbia Law Review*, Vol. 16, No. 2, 1916, pp. 87-98. H. D. Hazeltine, The Early History of English Equity, in Paul Vinogradoff ed., *Essays in Legal History*, Oxford: Oxford University Press, 1913, pp. 261-285. W. S. Holdsworth, “The Relation of the Equity Administered by the Common Law Judegs to the Equity Administered by the Chancellor,” *Yale Law Journal*, Vol. 26, No. 1, 1916, pp. 1-23.

[2] See Frederick Pollock, The Transformation of Equity, in Paul Vinogradoff ed., *Essays in Legal History*, Oxford: Oxford University Press, 1913, pp. 286-287. 此外，英国法史学家玛希教授也明确地指出，“大法官是国王良心的守护者”。A. H. Marsh, *History of the Court of Chancery and of the Rise and Development of the Doctrines of Equity*, Toronto: Carswell, 1890, p. 14.

[3] See F. W. Maitland, *Equity-also the Forms of Action at Common Law-Two Courses of Lectures*, A. H. Chaytor & W. J. Whittaker ed., Cambridge: Cambridge University Press, 1929, p. 15.

[4] 参见［美］卡拉布雷西著：《制定法时代的普通法》，周林刚等译，北京大学出版社 2006 年版，第 1 页。

[5] 参见［美］波斯特玛著：《边沁与普通法传统》，徐同远译，法律出版社 2014 年版，第 289-332 页，第 454-463 页。

[6] See Roscoe Pound, “The Decadence of Equity,” *Columbia Law Review*, Vol. 5, No. 1, 1905, pp. 20-35.

化，或言之，不确定性乃是法本身所具有的一种属性。这一点尤其体现在现实主义法学的论述中，如美国现实主义法学家卢埃林就深刻指出，“我在法律生活的任何方面的结果中看不到存在绝对的确定性”。❶ 而法学家弗兰克则更直言不讳地提到，“广泛流传的那种认为法律是，或者可以在很大程度上被制定成稳定、确定的看法是非理性的，应归结为一种幻觉或神话”。❷ 随即，以现实主义法学理论为基础前奏的批判法学运动，同样祭起了不确定性的大旗。❸

然而，是什么造成了法律的不确定性？是语言。哈特曾言之，“无论我们到底选择判决先例或立法来传达行为标准……这些方式仍会显出不确定性；它们有着所谓的开放性结构”，而开放性结构是“人类语言的普遍特征……边界地带的不确定性是我们必须付出的代价”。❹ 因此，只要人类以语言为基，这种不确定性就将必然存在。

基于此，在我们普遍承认法最大的品性是其公开和稳定时，我们也不应忽视由法本身所带来的变化及其意义。❺ 这正如庞德所言，“法律必须是稳定的，但它不是静止的”。❻ 因为变化是法生存的根本。对此，法学家伯尔曼更深有感触地指出，“法律体系只因为它包含一种有机变化的内在机制才能生存下来”，且“法律的发展被认为具有一种内在的逻辑，变化不仅是旧对新的适应，而且也是一种变化形式的一部分”，更为重要的是，“及时变革是所有面临不可抗拒变革压力的法律制度获得生命力的关键”。❼

因此，“法不能只被看成当前社会（甚至自然）秩序正式和公开的体现，

---

❶ 参见［美］卢埃林著：《普通法传统》，陈绪纲等译，中国政法大学出版社 2002 年版，第 16 页。

❷ See Jermoe Frank, *Law and the Modern Mind*, Gloucester, Mass.: Peter Smith, 1970, p. 13.

❸ See Roberto Mangabeira Unger, *The Critical Legal Studies Movement*, Cambridge, Mass.: Harvard University Press, 1986, pp. 5-8.

❹ 参见［英］H. L. A. 哈特著：《法律的概念》（第二版），许家馨、李冠宜译，法律出版社 2006 年版，第 123 页。

❺ See Thomas Aquinas, *Thomas Aquinas Treatise on Law*, Richard J. Regan trans. & glossary, Cambridge: Hackett Publishing Company, Inc., 2000, pp. 63-69.

❻ See Roscoe Pound, *Interpretations of Legal History*, London: Cambridge University Press, 1930, p. 1.

❼ 参见［美］伯尔曼著：《法律与革命》（第一卷），贺卫方等译，法律出版社 2008 年版，第 9 页，第 20 页。

而要能被看成一种改变，甚至再造那个秩序的工具”。[1] 然而，当前我们所面临的，却正如维特根斯坦所承认的，即“最困难的就是在这里正确而不作假地把不确定性表达出来”。[2] 毫无疑问，在一个制定法宰制的时代，法的稳定性无比强大，法的僵化和执拗是其带来的必然结果。[3] 倘若不能处理好稳定与变化之间的关系，法的激变将会给社会造成更深层的断裂和动荡。

是以，真正意义上的法或立法，应是一种“使自由有可能存在的结构，而非一种限制自由的秩序”[4]，亦是一种既可消解法的固化，又能将激进的革命力量蕴含于其中的法。由是观之，将能源变革作为元规则纳入到能源立法之中，正体现了法对变化的一种体认。这犹如英国18世纪法学家伯克所言，“我们能做的，以及人类智慧能做的，只不过是确保该变化将会在不知不觉中逐渐地进行。这具有变化的所有优势，而无突变之扰”。[5]

对此，可以具体理解为：第一，它是以一种确定性来保障变化的稳定性。无疑，这种以法的形式来保障能源变革的意义，就如同维特根斯坦所指出的，“唯当我们以某种确定的方式对待所观察的对象时，这里闪现的东西才保持着”。[6]

第二，它为能源变革带来了权威性。当能源变革进入法律中时，即带来了一种权威性，这种“权威性一元语言不仅是把话语呈现为一种科学或‘自在之物’的一种方式……而且是一种独特的说服策略”，[7] 按照俄罗斯语言学家巴赫金的说法，“权威性词语要求我们承认它，并把它当作我们自己的语

---

[1] 参见［美］波斯特玛著：《边沁与普通法传统》，徐同远译，法律出版社2014年版，第17页。

[2] 参见［英］维特根斯坦著：《哲学研究》，陈嘉映译，上海人民出版社2001年版，第357页。

[3] 参见［美］卡拉布雷西著：《制定法时代的普通法》，周林刚等译，北京大学出版社2006年版，第3页。

[4] 参见［美］波斯特玛著：《边沁与普通法传统》，徐同远译，法律出版社2014年版，第32页。此外，我们也应当注意到，黑格尔也曾反复强调，“法的理念是自由”。参见［德］黑格尔著：《法哲学原理》，范扬、张企泰译，1961年版，第1-2页。

[5] 转引自［美］波斯特玛著：《边沁与普通法传统》，徐同远译，法律出版社2014年版，第14页注［26］。

[6] 参见［英］维特根斯坦著：《哲学研究》，陈嘉映译，上海人民出版社2001年版，第328页。

[7] 参见［美］古德里奇著：《法律话语》，赵洪芳、毛凤凡译，法律出版社2007年版，第171页，第177页。

言；它约束我们，不依赖任何它可能拥有的权力就能从内心说服我们”。❶

第三，它为能源变革限定了界线。这种以立法的制度形式将能源变革纳入其中，无疑助益于将变化所带来的破坏性降到最低，使得“变化从不影响系统作为一个整体，只会影响它的个别组成成分”❷，从而即使是一种革命性的、激进性的力量，也得以在制度内部实现。

此外，它也裨益于摆脱繁杂的价值判断。这正如哈特所言，“法律系统是一个封闭的‘逻辑系统’，在这个系统中正确的法律决定可以通过逻辑方法从既存的法规中演绎出来，无须参考社会目标、政策或道德标准”。❸ 无疑，当能源变革纳入法之体系中时，在一定程度上避免了人们对能源的变与不变再次进行无穷的争辩，而是将着眼点放于能源的具体实践之上，尽可能快地实现能源的发展与转型。

三、能源变革作为能源法元规则的实践意蕴

我们说，“形而上学的可能性问题归根结底也涉及事实科学的可能性问题，因为在哲学的不可分割的统一体中事实科学有其关系意义，有其作为真理对于存有者的纯粹领域而言的意义”。❹ 毫无疑问，无论是法学理论，还是哲学蕴涵都昭然揭示出能源变革作为元规则的意义。然而，也须警惕“理论世界取代日常生活世界”的危险，因此，必须回到“生活世界”，回到“日常生活”中去。❺ 同样，也是由于考虑到培根所说的，“假如概念本身是混乱的以及是过于草率地从事实中抽出来，那么其上层建筑物就不可能坚固”。❻

---

❶ See Mikhail M. Bakhtin, *The Dialogic Imagination: Four Essays*, translated. by C. Emerson & M. Holquist, Austin: University of Texas Press, 2008, p. 342.

❷ 参见［瑞士］索绪尔著：《普通语言学教程》，高名凯译，商务印书馆 1988 年版，第 124 页。

❸ 参见［英］H. L. A. 哈特著：《法律的概念》（第二版），许家馨、李冠宜译，法律出版社 2006 年版，第 62 页。

❹ 参见［德］埃德蒙德·胡塞尔著：《欧洲科学危机和超验现象学》，张庆熊译，上海译文出版社 1988 年版，12 页。

❺ 参见［德］埃德蒙德·胡塞尔著：《欧洲科学危机和超验现象学》，张庆熊译，上海译文出版社 1988 年版，第 88 页。亦可参见［英］维特根斯坦著：《哲学研究》，陈嘉映译，上海人民出版社 2001 年版，第 354 页。其实，马克思和恩格斯在《德意志意识形态》一书中早已阐发出这一观点，他们说，“从思维世界降到现实世界的问题就变成了从语言降到生活中的问题”。转引自［美］彼得·古德里奇著：《法律话语》，赵洪芳、毛凤凡译，法律出版社 2007 年版，第 13 页。

❻ 参见［英］培根著：《新工具》，许宝骙译，商务印书馆 1984 年版，第 10 页。

所以，对能源变革这一概念仅有理论上的证成仍是不彻底的；唯有审慎地观照能源变革的实践历程，才能从根本上确立起能源变革乃能源法元规则的基本信念。

回溯整个人类文明史，我们发现，人类社会的根本进步始终伴随着能源变革。[1] 但遗憾的是，我们缺乏一种认识观念，即在面对诸多能源实践时，并没有深入考虑它们的内在意义。一如胡塞尔所言，“就像对于某些文化产品（如钳子、钻头等）一样，我们理解和简单地‘看到’它们特殊的文化性能，却没有重新审视使这些性能具有根本意义的东西”。[2] 其实，能源变革对整个人类社会的进步具有更为深远的意义。[3] 例如，对“火”的发现和利用，结束了人类茹毛饮血的前农耕社会[4]；而从“火”到植物能源的利用，则使人类迈入了农耕社会[5]；近代，又是煤炭代替柴薪，人类步入了工业文明[6]。而当前，如火如荼的新能源发展又意在从根本上替代化石能源，使人类进入一个更完善的生态文明。[7] 毫无疑问，这正如比利时社会学家浩达教授所指出的，没有能源，便没有发展；能源是人类的“动力体系”，历史是随着能源的变革而变革的。[8] 在此，我们不可能将所有的能源变革实践都一一阐述，故而仅选择了两个较为典型的能源变革事例，即近代英国的工业革命与当代美国的页岩气革命，来彰显能源变革的实践意蕴。

---

[1] See Leslie White, *The Evolution of Culture: The Development of Civilization to the Fall of Rome*, New York: McGraw-Hill, 1959, pp. 33-57.

[2] 参见［德］埃德蒙德·胡塞尔著：《欧洲科学危机和超验现象学》，张庆熊译，上海译文出版社1988年版，第31页。

[3] See Leslie White, “Energy and the Evolution of Culture,” *American Anthropologist*, Vol. 45, No. 3, 1943, p. 338.

[4] 参见［美］阿莫斯·萨尔瓦多著：《能源：历史回顾与21世纪展望》，赵政璋等译，石油工业出版社2007年版，第1页。

[5] 参见［美］道格拉斯·C. 诺思著：《经济史中的结构与变迁》，陈郁等译，上海三联书店1991年版，第232-233页。

[6] 参见E. A. 里格利：《探问工业革命》，俞金尧译，载《历史研究》2006年第2期，第61-77页。

[7] 参见吕江：《社会秩序规则二元观与新能源立法的制度性设计》，载《法学评论》2011年第6期，第82-89页。

[8] 参见［比］弗朗索瓦·浩达著：《作物能源与资本主义危机》，黄钰书等译，社会科学文献出版社2011年版，第6页。

（一）能源变革与英国工业革命

美国历史学会主席、现代史学家帕尔默曾这样评价道，“工业革命或许比法国革命和其他任何革命更为重要。纵观世界历史，似乎可以认为，过去一万年中人类经历的两次最大变革，一是农业革命（或新石器革命），二是工业革命。前者开始于大约公元前八千年，迎来了人类文明的曙光，而后者则开创了过去两个世纪的现代全球文明”。[1] 那么，这一工业文明是如何产生的，就成为世界各国学者探讨的主要议题。[2] 然而，无论学术界的观点如何，人们均无法忽视能源变革对英国工业革命产生的影响，这一点已被众多学术著述所言中。[3]

在工业革命之前，英国已是一个无森林的国家。[4] “对于这个国家的许多地区来说，17 世纪是一个能源危机时期。”[5] 由于森林消亡，英国必须找到一种可替代性能源，煤因此成为一种不得不被选择的燃料。[6] 而煤的大量使用促使英国开始相应的技术革新。蒸汽机首先应用在矿井的抽水过程中。[7] 焦炭炼

---

[1] 参见［美］R. R. 帕尔默、乔·科尔顿、劳埃德·克莱默著：《工业革命：变革世界的引擎》，苏中友等译，世界图书出版公司 2010 年版，第 1 页。

[2] 这一议题又被称为“李约瑟之谜”，即为何工业革命首发英国，而不是其他国家。对国内外对李约瑟之谜研究的理论梳理，参见赵红军：《李约瑟之谜：经济学家应接受旧解还是新解?》，载《经济学（季刊）》2009 年第 4 期，第 1615–1649 页。

[3] 参见 E. A. 里格利：《探问工业革命》，俞金尧译，载《历史研究》2006 年第 2 期，第 61–77 页。吕江、谭民：《能源立法与经济转型——以英国工业革命缘起为中心》，载中国法学会能源法研究会编：《中国能源法研究报告 2011》，立信会计出版社 2012 年版，第 34–45 页。俞金尧：《近代早期英国经济增长与煤的使用》，载《科学文化评论》2006 年第 4 期，第 49–63 页。舒小昀：《工业革命：从生物能源向矿物能源的转变》，载《史学月刊》2009 年第 11 期，第 118–124 页。邱建群：《生态危机与能源转换——英国首先发生工业革命原因之新解》，载《辽宁大学学报（哲学社会科学版）》2010 年第 2 期，第 101–108 页。

[4] 参见［英］克拉潘著：《现代英国经济史》（上卷），姚曾廙译，商务印书馆 1964 年版，第 24–31 页。

[5] See John Nef, *The Rise of the British Coal Industry*, London: Routledge, 1964, p. 262.

[6] See William H. Te Brake, Air Pollution and Fuel Crises in Preindustrial London, 1250–1650, *Technology and Culture*, Vol. 16, No. 3, 1975, pp. 337–359. See also Edward Hull, *The Coal Fields of Great Britain: Their History, Structure and Resources*, 2nd ed., London: Edward Stanford, 6, Charing Cross, 1861, pp. 20–23.

[7] 参见［美］罗伯特·B. 马克斯著：《现代世界的起源——全球的、生态的述说》，夏继果译，商务印书馆 2006 版，第 148–150 页。

铁法的改进成功地解决了硫化物使生铁易断而不能被加工的问题。[1] 这样，煤炭、钢铁和蒸汽机一起形成了工业革命最具时代特点的表征。

当然，英国煤炭的开采也得益于其特有的土地保有制度。[2] 正是这一制度使英国煤炭能够自由开采而免受王权的限制。毫无疑问，工业革命时代，煤炭的使用推动人类实现了从有机能源走向无机能源，同时也形成了围绕着无机能源展开的经济模式。而这种经济模式的出现正是得益于英国工业革命在能源领域的变革。

毋庸讳言，现代经济增长的缘起存在着极大的偶然性。对此，美国政治社会史学家戈德斯通教授就曾指出，"英国的现代经济增长必须被看作是偶然性的进程，它并非一定要这样发生，也完全有可能根本不出现"。[3] 因此，重视和促发偶然性，往往在人类发展历程中具有某种决定性的力量。是以，倘若一国要激发经济的繁荣昌盛，就必须从制度上保证这种偶然性生发的可能。从这一点来说，能源变革一语恰恰凸显了这种潜质，当其被纳入到法律体系中时，那种制度保障就实现了能源偶发的可能性，进而助益于整个社会的进步。

（二）能源变革与美国页岩气革命

如果说英国工业革命已然离我们较为遥远，且与当前的能源实践有着诸多的迥异和不同。那么，我们亦可将视线聚焦到当前的能源议题上。毫无疑问，在这一方面，肇始于21世纪的美国页岩气革命，同样有助于我们深刻理

---

[1] 参见［法］保尔·芒图著：《十八世纪产业革命——英国近代大工业初期的概况》，杨人楩、陈希秦、吴绪译，商务印书馆1983年版，第224-233页。

[2] 参见沈汉著：《英国土地制度史》，学林出版社2005年版，第2-10页。也可参见咸鸿昌著：《英国土地法律史——以保有权为视角的考察》，北京大学出版社2009年版，第102-129页。See Sir Frederick Pollock，Frederic William Maitland，*The History of English Law before the Time of Edward I*，Vol. II，2nd ed.，Cambridge：Cambridge University Press，1898，pp. 2-3. See also Henry C. Darby，*Domesday England*，Cambridge：Cambridge University Press，1977，pp. 260-288. See also J. C. Holt，*Magna Carta*（*2nd ed.*），Cambridge：Cambridge University Press，1992，pp. 512-517. See also Edward Hull，*The Coal Fields of Great Britain：Their History，Structure and Resources* 2nd ed.，London：Edward Stanford，6，Charing Cross，1861，p. 20. 参见［英］劳伦斯·斯通著：《贵族的危机：1558—1641年》，于民、王俊芳译，上海人民出版社2011年版，第164页。

[3] 参见［美］戈德斯通著：《为什么是欧洲？世界史视角下的西方崛起（1500—1850）》，关永强译，浙江大学出版社2010年版，第198页。

解能源变革的实践。虽然工业界和学术界对于美国页岩气革命能持续多久，仍持一种不乐观的态度，❶ 然而确凿无疑的是，它的确让美国人看到了能源独立的希望。❷

此外，尽管各国专家不断强调美国页岩气革命的不可复制性，❸ 然而“在这个世界中的对象不是单个地、不完全地、仿佛偶然地被我们获知的，而是通过一种理性的、连贯地统一的方法被我们认识的”。❹ 无疑，这种智识洞见乃要求我们应更多地关注于美国页岩气革命背后所蕴藏的制度机理，而不只是简单地去复制和仿效。

页岩气作为一种非常规天然气，早在19世纪20年代就已被人们认识到，但由于其开发难度较大，一直不被认为具有经济上的可开采性。❺ 然而，20

---

❶ 例如，俄罗斯天然气巨头俄罗斯天然气工业股份公司（Gazprom）首席执行官阿列克谢·米勒早在2013年就认为，美国页岩气项目是无利可图的，这个泡沫迟早会破灭。See Russia Today，“American Shale Gas Project is A Bubble about to Burst-Gazprom CEO”，http://rt. com/business/shale gas gaz prom us 088/（last visited on 2020-11-23）. 甚至2015年年初美国石油大亨小佩罗特也指出，在低油价打击下，美国页岩产能将萎缩30%，页岩繁荣无疑是不可持续的。See http://money. cnn. com/2015/01/21/investing/oil-prices-ross-perot-davos/（last visited on 2020-11-23）. 此外，亦有美国地质学家在《自然》杂志上撰文，指出“美国的页岩革命被夸大了”。See J. David Hughes，“A Reality Check on the Shale Revolution，” *Nature*，Vol. 494，2013，pp. 307-308. 更有学者指出，一旦美国页岩气“泡沫”破碎，全球将面临一个紧迫的天然气短缺。See Paul Stevens，*The “Shale Gas Revolution”：Hype and Reality*，London：Chatham House，2010，pp. 1-36. 而且，国际能源署在最新的世界能源展望中也指出，尽管当前全球能源供应充裕，20年后美国非常规油气也将进入一个回落期。See International Energy Agency，*World Energy Outlook 2014*，Paris：IEA，2014，p. 2.

❷ 据美国国家石油理事会（NPC）2011年的咨询报告，页岩气开采技术的突破，使美国天然气储量大增。而且从目前的消费水平来看，足以支持美国近100年的天然气消费。See U. S. National Petroleum Council，*Prudent Development：Realizing the Potential of North America's Abundant Natural Gas and Oil Resources*，Washington，DC：the NPC，2011，p. 8.

❸ See Juan RobertoLonzano Maya，“The United States Experience as A Reference of Success for Shale Gas Development：The Case of Mexico，” *Energy Policy*，Vol. 62，2013，pp. 70-78. See also David Hastings Dunn & Mark J. L. McClelland，“Shale Gas and the Revival of American Power：Debunking Decline?” *International Affairs*，Vol. 89，No. 6，2013，pp. 1411-1428. See also Mehmet Melikoglu，“Shale Gas：Analysis of Its Role in the Global Energy Market，” *Renewable Sustainable Energy Reviews*，Vol. 37，2014，p. 467.

❹ 参见［德］埃德蒙德·胡塞尔著：《欧洲科学危机和超验现象学》，张庆熊译，上海译文出版社1988年版，第26页。

❺ See U. S. National Energy Technology Laboratory & U. S. Strategic Center for Natural Gas and Oil，*Modern Shale Gas development in the United States：An Update*，Washington，DC：U. S. Department of Energy，2013，p. 19. see also David A. Waples，*The Natural Gas Industry in Appalachia：A History from the First Discovery to the Tapping of the Marcellus Shale*，2nd ed.，Jefferson，North Carolina：McFarland & Company，Inc.，2012，pp. 9-15. 亦可参见［美］耶金著：《能源重塑世界（上）》，朱玉犇、阎志敏译，石油工业出版社2012年版，第290页。

世纪 70 年代，欧佩克的石油禁运重创美国，使美国断然决定加大对国内油气资源的勘探和开发，这其中就包括了对各种非常规天然气的研发，而页岩气项目位列其中。❶ 1998 年，美国一家中型油气公司——米切尔公司——率先在页岩气开发上出现技术性突破，它利用水力压裂技术在德克萨斯州的巴尼特页岩区成功开采出具有经济规模的页岩气。❷ 2009 年美国页岩气出现“井喷式”繁荣，一跃超越传统天然气强国俄罗斯，成为全球最大的天然气生产国。❸

显然，这仅仅是一个开始，页岩气革命为美国更带来了一系列意想不到的效果。首先，页岩气革命使美国能源独立成为一种可能。自 1973 年石油危机以来，美国历届总统都以实现能源独立作为政府施政的主要目标和任务，但国内油气资源开采的持续下降，使其不得不长期依赖于能源进口。❹ 无疑，页岩气革命改变了这种颓势，能源自给率得到大幅提高。❺ 更重要的是，随着

---

❶ See U. S. National Energy Technology Laboratory & U. S. Strategic Center for Natural Gas and Oil, *DOE's Unconvential Gas Research Programs, 1976—1995: An Archive of Important Results*, Washington, DC: U. S. Department of Energy, 2007, pp. 1-10.

❷ See Joseph W. Kutchin, *How Mitchell Energy & Development Corp. Got its Start and How It Grew: An Oral History and Narrative Overview, Updated*, Boca Raton, Florida: Universal Publishers, 2001, pp. 11-72. See also Diana davids Hinton, "The Seventeen-Year Overnight Wonder: George Mitchell and Unlocking the Barnett Shale," *The Journal of American History*, Vol. 99, No. 1, 2012, pp. 229-235. See also Zhongmin Wang & Alan Krupnick, *A Retrospective Review of Shale Gas Development in the United States: What Led to the Boom?* Washington, DC: Resources for the Future, 2013, pp. 15-27. 亦可参见［美］祖克曼著：《页岩革命：新能源亿万富豪背后的惊人故事》，艾博译，中国人民大学出版社 2014 年版，第 14-88 页。

❸ See BP, *BP Statistical Review of World Energy 2010*, London: BP Company, 2010, p. 5. See also Thierry Bros, *After the US Shale Gas Revolution*, Paris: Editions Technip, 2012, p. 1.

❹ See Richard Nixon, "Address to the Nation about Policies to Deal with the Energy shortages," Nov. 7, 1973. in http://www.presidency.ucsb.edu/ws/?pid=4034 (last visited on 2020-11-23). See also Richard H. K. Vietor, *Energy Policy in America since 1945: A Study of Busines-Government Relations*, Cambridge: Cambridge University Press, 1984, pp. 193-354. Barack Obama: "Presidnet 2015 State of The Union Address," Jan. 20, 2015. in http://www.whitehouse.gov/the-press-office/2015/01/20/remarks-president-state-union-address-january-20-2015 (last visited on 2020-11-23). 亦可参见［美］耶金著：《石油大博弈：追逐石油、金钱与权力的斗争（下）》，艾平等译，中信出版社 2008 年版，第 182-184 页。［美］斯泰格利埃诺著：《美国能源政策：历史、过程与博弈》，郑世高等译，石油工业出版社 2008 年版，第 12-40 页。

❺ 根据美国能源信息署 2012 年和 2014 年的年度能源报告即可得出，美国能源自给率在 2010 年为 76.9%，而到 2012 年则上升到 83.3%。See U. S. Energy Information Administration, *Annual Energy Outlook 2012*, Washington DC: EIA, p. 173. U. S. Energy Information Administration, *Annual Energy Outlook 2014*, Washington DC: EIA, p. C-1.

页岩气革命的深入，其他非常规油气资源也出现了大规模增长。[1] 2014 年，美国超过沙特阿拉伯，成为全球最大的石油生产国。[2]

其次，页岩气革命使美国重返国际气候政治的中心。尽管页岩气仍属于化石燃料，但它的碳排放明显低于煤炭和石油。[3] 作为一种替代或过渡性能源，页岩气将极大地降低美国的碳排放。这种趋势无疑有助于美国在全球应对气候变化上改变其一直踯躅不前的态势，且更可能利用这种优势，而重新主导未来全球气候政治的方向。[4]

最后，页岩气革命促使美国经济复苏，使美国走出金融危机的阴霾。随着页岩气的大规模开采，美国能源价格出现大幅下降。[5] 这使得较为倚重于能源消费的全球制造业开始向美国回流。经济形态亦从网络经济、金融衍生经济等虚拟经济向制造业等具有实体经济的属性转变，形成了一种良性发展的螺旋式上升。

毫无疑问，“如果我们超出实在的实践领域……进入到一个‘纯粹思想的’观念的实践的领域中，［即只是］一个包括纯粹的极限形状的领域”[6]，就可以发现，美国页岩气革命中亦蕴含着能源变革的理念。或言之，正是由于技术上的突破，美国创造了一种新的能源变革。而也正是这种能源变革，为美国带来了能源独立和经济复苏的希望。

---

[1] See U. S. Energy Information Administration, *Annual Energy Outlook 2014*, Washington DC: EIA, 2014, p. ES-2. See Leonardo Maugeri, *Oil: the Next Revolution*, Cambridge, MA: Belfer Center for Science and International Affairs, Harvard Kennedy School, 2012, pp. 46-55.

[2] See BP, *BP Statistical Review of World Energy 2015*, London: BP Company, 2015, p. 3.

[3] See Stephen Brown, Steven Gabriel & Ruud Egging, *Abundant Shale Gas Resources: Some Implications for Energy Policy*, Washington, DC: Resources for the Future, 2010, p. 1.

[4] 自 2001 年美国总统小布什拒签《京都议定书》以来，美国在全球气候变化问题上一直摆出一副消极的立场，甚至包括在启动后京都气候变化谈判的 2009 年《哥本哈根协议》上亦是如此。为了能将美国等排放大国纳入到全球温室气体减排的行列，2011 年联合国气候变化谈判正式启动了德班谈判平台，根据协议的规定，“到 2015 年要出台一份将所有缔约主纳入的具有法律约束力的协议”。因此，随着美国温室气体排放的下降，2015 年巴黎协议，美国或将有大的动作。参见吕江：《气候变化立法的制度变迁史：世界与中国》，载《江苏大学学报（哲社版）》2014 年第 4 期，第 41-49 页。

[5] See David B. Spence, “Federalism, Regulatory Lags, and the Political Economy of Energy Production,” *University of Pennsylvania Law Review*, Vol. 161, 2013, p. 439.

[6] 参见［德］埃德蒙德·胡塞尔著：《欧洲科学危机和超验现象学》，张庆熊译，上海译文出版社 1988 年版，第 31 页。

四、能源变革作为能源法元规则的语境实在

能源变革作为元规则的这种理论与实践的吻合，毫无疑问地印证了维特根斯坦的那种预言，“即世界和思想必定共同具有种种可能性的秩序。但这种秩序似乎必定是最最简单的。它先于一切经验，必定贯穿一切经验；它自己却不可沾染任何经验的浑浊或不确——它倒必定是最纯粹的晶体。这种晶体却又不是作为抽象出现的，而是作为某种具体的东西，简直是最具体的，就像是世界上最坚实的东西”。[1] 如是，基于这样一种认识，我们就应当给整个能源实践及其制度安排提供一种能源变革的语境实在，以期解决能源实践及其制度安排中出现的种种冲突和选择。这样，就可达致胡塞尔所提倡的，“通过那种在历史上早就形成的，并能在社会中主观地加以实践的，进行观念化和构造的方法，这些极限形状就成为能被习惯地使用的工具，并始终能被用来掌握新的东西”。[2]

（一）能源法中节约优先的能源变革语境

在当下中国能源法律语境中，节约能源和能源效率是两个常用的专业词汇。在此基础上，“节约优先”一语迅速在与能源法相关的文献中频繁出现。[3] 可以说，从一般意义上而言，“节约优先”一语，应被全社会力行倡导。然而必须指出的是，在缺乏能源变革的语境实在下，将“节约优先”诉

---

[1] 参见［英］维特根斯坦著：《哲学研究》，陈嘉映译，上海人民出版社2001年版，第67页。

[2] 参见［德］埃德蒙德·胡塞尔著：《欧洲科学危机和超验现象学》，张庆熊译，上海译文出版社1988年版，第31页。

[3] “节约优先”最早出现在1981年的第五届全国人民代表大会第四次会议的工作报告中，当时提出“开发和节约并重，近期把节约放在优先地位”。（必须指出的是：第一，它是放在“提高能源的利用效率”这一大标题下；第二，时间上强调“近期”）。然而，1986年的“七五”计划中没有强调这一点。到1991年的“八五”计划则将其表述改为“坚持开发与节约并重的方针，把节约放在突出位置”。1996年“九五”计划时，将其再次改为“坚持节约与开发并举，把节约放在首位”。值得关注的是，2001年“十五”计划时，能源领域没有出现节约优先，相反，将节约一词纳入到资源领域，表述为“坚持资源开发与节约并举，把节约放在首位”。到2006年“十一五”规划时，节约优先的范畴得到进一步扩大，不仅在能源领域，而且涉及用水、土地、材料等各个方面的节约表述。截至2011年“十二五”规划时，节约优先则从原先的循环经济一章中独立出来，单列了“加强资源节约和管理”一章。此外，在其他有关能源的文献中，2007年《中国的能源状况与政策白皮书》中，将节约优先纳入到能源战略中。2012年之后，节约优先的表述被不断强化。例如，2012年《能源法（征求意见稿）》中第一个原则就是节约优先，甚至排在保障能源安全原则之前。

诸到能源法的具体操作层面时，则会有失偏颇。这具体表现在以下几点。

第一，节约优先存在“以德入法”的立法技术问题。在中国传统文化中历来强调节约的义理，像对“竭泽而渔”的反对、对“克勤克俭”的支持等。然而，将一个道德词汇纳入法律语境下，则须谨慎为之，特别是当其进入到具体操作层面时。因为在没有任何限定语的情况下，节约优先一语或将产生负面效应。例如，建筑业完全可以以节约优先减少建筑成本，使得建筑质量不是在逐渐提高，而是呈现下滑。[1] 又如，能源生产单位为完成节能指标，而拒绝或减少生活能源的基本供给。[2]

第二，缺乏能源变革语境下，节约优先较难彻底实现能源经济与社会的根本进步。英国经济史学家诺思在研究经济社会变迁规律时曾指出，从狩猎采集到农耕社会，再到工业社会，节约显然是一种不得已而为之，且旨在保存现有经济的平衡手段和方式，而真正促进社会进步的不在于节约，而在于经济生产方式的根本变革。[3] 因此，节能优先实质上只起到保持现有能源生产与消费的平衡，而并没有从根本上促进经济与社会的发展。显然，这不符合其在社会和经济发展中所应起到的推动作用。相反，实践中，能源变革却往往是直接促进经济生产方式进步的原动力。

第三，缺乏能源变革语境下，节约优先在能源利用时存在社会认知上的混乱。2011 年国家“十二五”规划中提出要落实节约优先战略，不仅包括了节能降耗，而且还包括了水、土地和矿产资源三个方面。在一定意义上而言，水、土地和矿产资源的节约是可以通过减少使用，抑或提高效率达到目标，它们均不会产生社会损抑。然而，节约在能源领域应仅是指能效的提高。其实质不是能源利用的减少，而恰恰相反是扩大，因为唯有如此，才符合能源发展的规律。[4] 所以，倘若以水、土地和矿产资源的节约意义来理解节能，势

---

[1] 参见唐悦、汪晓霞：《“短命房”又现，谁该接受考问》，载《新华日报》2012 年 12 月 18 日，第 A06 版。亦可参见陈聚：《基于系统思维的桥梁事故原因分析与预防策略——以 1999—2013 年桥梁事故统计数据为基础》，载《学术论坛》2014 年第 6 期，第 40-45 页。

[2] 参见《齐晔（清华大学公共管理学院教授）：为减排而停止供暖是本末倒置》，载《光明日报》2011 年 1 月 13 日，第 2 版。

[3] 参见［美］道格拉斯 · C. 诺思著：《经济史中的结构与变迁》，陈郁、罗华平等译，上海人民出版社 1994 年版，第 85-100 页。

[4] 参见［加］彼得 · 特扎基安等著：《破解能源饥渴症：未来低碳之路》，裴文斌译，石油工业出版社 2010 年版，第 16 页。

必出现认知上的混乱，从而阻碍能源的合理利用。

毫无疑问，“完全相同的信息，常常在一个解释性框架里有意义，而在另一个框架里则否”。❶ 是以，在能源领域中的节约优先战略，必须建立在能源变革这一元规则语境之下。这是因为：一方面，能源变革是节约优先的动态反映。在能源变革语境下，节能不再是单纯地减少能源利用，而是通过能源生产和消费方式的变化，实现能源利用的扩大，进而促进经济与社会的根本进步。❷

另一方面，能源变革是将节约优先转化为能效优先的语境。在一定意义上，能效的提高等同于技术革新，而技术革新无疑又是国家经济增长、财富积累的关键。❸ 因此在能源变革语境下，节约优先可被准确转化为能效优先，且这种转化也就意味着有了技术进步的需求。而“社会一旦有技术上的需要，则这种需要就会比十所大学更能把科学推向前进”。❹ 况且，纵观世界各国在节能领域的行动无不是将能效优先放在首位。❺ 这一如德国能源法学者所指出的，对于发达国家，“效率在 21 世纪的重要意义就相当于石油在 20 世纪的重要意义”。❻

此外，从市场与政府的角度来看，能源变革语境下催生的能效优先更体现市场价值，而节约优先则更突出政府职能。特别是在自由的市场经济下，能效的提高与利润的攫取是一致的。因此，能效优先更有助于促进市场竞争，防止垄断，而且它避免了政府为实现节能减排目标对市场过度干预。

---

❶ 参见［美］安德雷·马默主编：《法律与解释》，张卓明等译，法律出版社 2006 年版，第 243 页。

❷ 这里必须强调的是，如无能源变革一语作为语境，节能极可能走向另一个极端，即能源极微主义。所谓能源极微主义，是美国加州大学环境研究中心主任波特金教授针对一种极端的能源利用方式提出的概念，即尽可能少地使用能源。毫无疑问，在其著述中，这一概念遭到了强烈驳斥。See Daniel B. Botkin & Diana Perez, *Powering the Future: A Scientist's Guide to Energy Independence*, New Jersey, Upper Saddle River: Pearson Education, Inc., 2010, Preface p. xviii–ix.

❸ 参见［美］约瑟夫·熊彼特著：《经济发展理论——对于利润、资本、信贷、利息和经济周期的考察》，何畏、易家详等译，商务印书馆 2009 年版，第 290 页。亦可详见美国经济学家乔尔·莫基尔著作《富裕的杠杆：技术革新与经济进步》，陈小白译，华夏出版社 2008 年版。［英］兰德斯著：《解除束缚的普罗米修斯：1750 年迄今西欧的技术变革和工业发展》，谢怀筑译，华夏出版社 2007 年版。

❹ 参见《马克思恩格斯选集》第四卷，人民出版社 1972 年版，第 505 页。

❺ 参见大卫·希尔：《美国节能减排法律方面的经验》，载《第一届全球智库峰会演讲集》，中国国际经济交流中心，2009 年 7 月，第 200 页。

❻ 参见 Ines Härtel：《能源效率法：一个新兴法学学科的演进》，赵鑫鑫译，载《中国政法大学学报》2012 年第 6 期，第 136 页。

(二) 能源法中可持续发展的能源变革语境

从学术角度而言，当前“可持续发展”一语，已从一个环境概念演变为一个多元概念。[1] 其外延和内涵都已远远超出其创立之初的本意。[2] 然而，这也为其带来了诸多弊症：其一，可持续发展的语义模糊，各种释义驽骥杂处。[3] 其二，可持续发展多囿于政治层面，难以开展实际操作。[4] 其三，可持续发展往往被误用，遮蔽了许多不可持续的事实。[5]

毋庸讳言，上述问题在能源领域同样有过之而无不及。因此，倘若不从理论上加以廓清，势必阻碍真正的能源可持续发展。而解决这一问题的关键则在于须将可持续发展纳入到能源变革的语境之下。这是因为以下几点。

首先，能源可持续发展需要能源变革语境的存在。当前我们已进入一个可持续发展的时代。[6] 虽然关于何者才是真正的可持续发展，各国仍存异议，

---

[1] 参见［荷兰］斯赫雷弗著：《可持续发展在国际法中的演进：起源、涵义及地位》，汪习根、黄海滨译，社会科学文献出版社2010年版，第194页。

[2] 如果我们不考虑可持续发展的思想溯源（就国际社会对此的认同最早可追溯到1968年的人类环境大会），而仅从概念出发，则1987年由时任瑞典首相布兰德夫人领导并撰写的《我们共同的未来》报告中最早阐述了可持续发展的概念，即“满足当代的需要，且不危及后代满足其需要的能力发展”。而在经历了1992年的联合国环境与发展大会、2002年的联合国可持续发展会议，以及2012年的可持续发展的“里约+20”峰会后，可持续发展已由原来的环境议题转变为环境与发展问题，又从环境与发展议题迈向了环境、经济与社会问题，当前，随着联合国可持续发展目标的制定，可持续发展已逐渐由环境、经济与社会，开始向环境、经济、社会与善治这四个主导因素转变。See World Commission on Environment and Development, *Our Common Future*, New York: Oxford University Press, 1987, p. 43. See also John Blewitt, *Understanding Sustainable Development*, 2nd ed., London, New York: Routledge, 2015, pp. 6-16. Luc Hens & Bhaskar Nath ed., *The World Summit on Sustainable Development: The Johannesburg Conference*, Dordrecht, The Netherlands: Springer, 2005, pp. 1-33.

[3] 据学者统计，在20世纪90年代时，可持续发展的不同定义就已多达70项了。See J. Holmberg ed., *Policies for A Small Planet*, London: Earthscan, 1992, pp. 19-38. 而这种情境甚至使人们怀疑在可持续发展方面，是否存在一个能被共同接受的美好事物。See M. Mawhinney, *Sustainable Development: Understanding the Green Debates*, Oxford: Blackwell, Science, 2002, p. 1.

[4] See Earco Keiner ed., *The Future of Sustainability*, Dordrecht, The Netherlands: Springer, 2006, p. 2.

[5] See Alan Atkisson, “Sustainability is Dead-Long Live Sustainability,” in Earco Keiner ed., *The Future of Sustainability*, Dordrecht, The Netherlands: Springer, 2006, pp. 231-243.

[6] See Jeffrey D. Sachs, *The Age of Sustainable Development*, New York: Columbia University Press, 2015, Preface.

但没有一个国家敢妄言声称自己不是在追求可持续发展。[1] 这是因为可持续性的理念已越来越切合人类社会发展的基本需求，彰显了人类文明的一种进步。[2] 对此，荷兰法学家斯赫雷弗指出，“在经历了长期的发展历程之后，可持续发展的概念……最终已演变成一个倾向于以人为本且具有社会经济性质的概念了”。[3] 此外，更为重要的是，可持续发展概念的滥觞，也与人们意欲通过一种整体观来克服应对危机时所采用机制的单一性和碎片化有关。[4] 因此，也有学者毫不掩饰地称其为“21 世纪人类文明的黄金规则”。[5]

然而，可持续发展的繁盛，严格意义上并不是经由规则的力量，而更多的是国家及个人在诸多不同话语中的彰显。[6] 而由此带来的弊端则是，它易成为许多不可持续的实践得以存续的理由。[7] 这些彰显，难免使“人们经常觉得可持续发展如果不是一个空洞的口号，就是一个囊括对地球、人类自己以及后代一切美好之物的无所不包的概念”，且其“概念含义的不精确也导致人们继续采取‘不可持续’的生产和消费模式”。[8]

譬如，在能源领域，人们普遍存在一种观点，即认为只要是可再生能源

---

[1] See Christina Voigt, *Sustainable Development As A Principle of International Law*, Leider, Boston: Martinus Nijhoff Publishers, 2009, p. 3. 而且世界上绝大多数国际机构，诸如联合国、世界银行、世界贸易组织等都将可持续发展作为主要的政策目标之一。See also Jennifer A. Elliott, *An Introduction to Sustainable Development*, 3rd ed., London, New York: Routledge, 2006, p. 1.

[2] See Earco Keiner ed., *The Future of Sustainability*, Dordrecht, The Netherlands: Springer, 2006, p. 1.

[3] 参见［荷兰］斯赫雷弗著：《可持续发展在国际法中的演进：起源、涵义及地位》，汪习根、黄海滨译，社会科学文献出版社 2010 年版，第 194 页。

[4] See Christina Voigt, *Sustainable Development As A Principle of International Law*, Leider, Boston: Martinus Nijhoff Publishers, 2009, p. 3.

[5] See Michael Decleris, *The Law of Sustainable Development*: *General Principles*, Luxembourg: Office for Official Publications of the European Communities, 2000, p. 48.

[6] See Anne E. Egelston, *Sustainable Development*: *A History*, New York: Springer, 2006, pp. 26–30. See also John Blewitt, *Understanding Sustainable Development*, 2nd ed., London, New York: Routledge, 2015, p. 6, pp. 34–37.

[7] See Alexander Gillespie, *The Illusion of Progress*: *Unsustainable Development in International Law and Policy*, London: Earthscan, 2001, pp. 11–14.

[8] See Nico Schrijver, *The Evolution of Sustainable Development in International Law*: *Inception*, *Meaning and Status*, Hague, The Netherlands: Hague Academy of International Law, 2008, p. 2.

就是可持续的。殊不知，水电、风能甚至包括太阳能都存在着不可持续的一面。[1] 而传统能源煤炭、石油和天然气亦可通过技术改进，实现能源的可持续发展。[2] 因此，对可持续发展话语的误读，就需要能源变革的语境来加以纠正；或言之，无论何种能源，只有通过能源变革的方式才能走向真正的可持续；而反对变革、一味强调某种能源就是可持续的，则是一种荼毒无尽的观点。

其次，能源变革的语境为能源的可持续发展提供了实际操作的可能性。纵观21世纪的可持续发展研究，可以发现，一个可持续发展的操作主义转向正在形成。尽管关于可持续发展的合理性问题仍存争议，但如何在众多现实场景中实现可持续发展，则已成为各方关注的重点。这从联合国积极筹措和制定未来全球可持续发展目标，以及将其纳入到联合国2015年后发展议程即可窥见一斑。

但是，意欲在环境、经济和社会之间找到一种平衡，以期实现可持续发展实属不易。英国可持续发展专家埃利科特对此分析认为，可持续发展的全球挑战就在于，那些迥异的学科和哲学理念在某种程度上加剧了人们达致可持续发展的路径分歧。[3] 因此，如何正确实现可持续发展，亦即如何能在人类社会所赖以生存的环境与经济之间寻求一种有效的途径，即成为现实世界面临的严峻课题。

毋庸讳言，能源的生产和消费，与环境、经济和社会三个方面均关联密切，这就使其成为可持续发展实践中的核心问题。[4] 而能源可持续发展的实

---

[1] 例如，拦河堤坝对周边环境的破坏、风电场的噪音污染，以及太阳能电池板生产过程存在环境污染等。特别是当前拦河堤坝造成的环境影响已越来越得到国际社会的认可，致力于消除此种影响已成为国际社会的一种共识。See Waltina Scheumann & Oliver Hensengerth, *Evolution of Dam Policies: Evidence from the Big Hydropower States*, Heidelberg, New York, Dordrecht, London: Springer, 2014.

[2] 例如，当前世界各国都在大力发展的碳捕获与封存技术。See James Meadowcroft & Oluf Langhelle, *Caching the Carbon: The Politics and Policy of Carbon Capture and Storage*, Cheltenham: Edward Elgar, 2009. See also Ian Havercroft, Richard Macrory & Richard B. Stewart, *Carbon Capture and Storage: Emerging Legal and Regulatory Issues*, Oxford: Hart Publishing, 2011.

[3] See Jennifer A. Elliott, *An Introduction to Sustainable Development*, 3rd ed., London, New York: Routledge, 2006, p. 7, 10.

[4] See Adil Najam & Cutler J. Cleveland, "Energy and Sustainable Development at Global Environmental Summits: An Evolving Agenda," in Luc Hens & Bhaskar Nath ed., *The World Summit on Sustainable Development: The Johannesburg Conference*, Dordrecht, The Netherlands: Springer, 2005, pp. 113-120.

现，无疑就需要在这三方面实现一种根本转型。因此，尽管能源变革的语境未必是最佳实现路径，但却至少是一种次优选择。特别是在人类无法准确把握何者是最优的可持续发展方式时，能源变革往往能从形式上保证选择的可能性。

此外更需指出的是，可持续性与能源变革相结合才是实现能源进步的必由之路。不可否认，在一定程度上，可持续发展与能源变革的理念路径不同。能源变革更强调一种带有革命性质的变革力量，技术创新将起到主要的支撑作用；而可持续发展则更强调演化或演进的意义，协同与合作是其进步的根本。[1] 因此，将两者简单地放在一起，或不加区分地将可持续发展放在能源变革之上，都是一种极端的谬误。

是以，只有将可持续性与能源变革相结合，才是真正的能源进步。而要达到这种进步，就需认识到：一方面，在能源领域，能源变革是核心，是内在的，或言之，可持续发展是建立在能源变革语境之上的，没有能源变革，就谈不上可持续发展；另一方面，认识到可持续性与可持续发展的不同，即一个是目标，一个则是过程。[2] 就过程而言，它是由“潜在变成存在，是一个变化的过程”[3]。这更表明能源变革实质上是可持续发展的内涵本义。强调能源变革就是旨在强调可持续发展。同时相应地，可持续发展则是一种整体观下的能源变革。它为能源变革提供了一种智识支持，鼓励那种勇于“拥抱变化、不同、创新性、风险、不确定性，以及学习的渴望和能力”。[4]

由此，无论是节约优先，还是可持续发展，在能源，特别是其制度安排的实践中都不应离开能源变革的语境。这不仅是因为，“法律语词仅能通过考虑其使用语境的方式来阐释，在一种语境下拥有它们各自特征的陈述才是真

---

[1] See Monika Ehrman, “The Next Great Compromise: A Comprehensive Response to Opposition against Shale Gas Development Using Hydraulic Fracturing in the United States,” *Texas Tech Law Review*, Vol. 46, 2014, p. 460.

[2] See John Blewitt, *Understanding Sustainable Development*, 2*nd ed.*, London, New York: Routledge, 2015, p. 2.

[3] 参见［德］黑格尔著:《哲学史讲演录》（第一卷），贺麟、王太庆译，商务印书馆 1959 年版，第 27 页。

[4] See John Blewitt, *Understanding Sustainable Development*, 2*nd ed.*, London, New York: Routledge, 2015, p. 2.

实的”,[1] 亦是因为“由形式指派的词义有诸多不完善之处——毕竟它只阐明了可理解性的最低条件——所以常常只有借助于特定的语境（言语语境或情景语境）表达才能被理解”。[2]

结 语 能源变革在制度安排中的局限性

“为了在作出任何决定之前达到一种彻底的自身理解，必须进行深入的历史的和批判的反思。”[3] 我们说，能源变革作为能源法的元规则在解决能源法理论与实践中有着重要的意义，但这并不代表能源变革元规则自身就没有任何局限性。现实世界中确实存在着一些事实是其无法直接涉入和规制的。

（一）能源变革存在内生与外在的识别困境

能源变革如同其他理念一般，亦有着内生与外在之分。毫无疑问，只有内生性的能源变革才是真正意义上的能源变革，才是推动能源发展、社会经济进步的根本。而外在性能源变革则主要助益于能源变革观念的形成，但它无法起到实质性的推动作用，仅是一种形式的表达或装饰。这正如美国法哲学家波斯特玛谈及法的理性时的断言一样，能源变革“不是由据说它要遵守的任何外在的理智原则或标准保证的，而是由它自身内在的融贯性和完备性保证的”。[4] 然而，现实生活中，内生与外在能源变革辨别的困境，往往使人们陷入思想的混乱，犹如开篇所谈到的，即能源变革失去其应有之义。

是以，如何能将两者有效地辨别明晰就是未来能源法理论的中心问题。之所以这样说，盖因能源法如同其他制度安排一样，亦面临着革新与传统的悖论问题。在整个制度史的发展历程中，尽管革新始终是时代的强音，但回

[1] See H. L. A. Hart, “Definition and Theory in Jurisprudence,” *Law Quarterly Review*, Vol. 70, 1954, p. 60.

[2] 参见［美］古德里奇著:《法律话语》，赵洪芳、毛凤凡译，法律出版社2007年版，第28页。

[3] 参见［德］胡塞尔著:《欧洲科学的危机与超越论的现象学》，王炳文译，商务印书馆2001年版，第29页。

[4] 参见［美］波斯特玛著:《边沁与普通法传统》，徐同远译，法律出版社2014年版，第34页。

归传统的呼声从未消弭殆尽。[1] 这是因为革新中“外在”往往被披上僭越的力量，一旦超出革新的“内生”归旨，就常常成为一种谬误，荼毒社会。而此时，回归传统就成为厘正“外在”革新的不二法门。因此，如何能在革新与传统之间保持一种平衡，保护内生的而防止僭越的革新，就必然成为能源法要考虑的旨趣。无疑，对这一辨别困境的解决已远远超出本章所能论及的范围，此处我们仅指出一些端倪。那就是回到维特根斯坦所言的“日常生活中去”。运用诠释学、现象学的理论以及海德格尔的观点，尽可能地将具有能源变革的所有情境或现象显露于世间，而不是偏袒一类能源变革现象、压制另一类。只有充分地显露，才能从根本上发现那些真正的内生性能源变革，才能促使内生性能源变革真正地推动社会经济的进步。

（二）实践理性宰制着能源变革的制度存续

康德在论及事物发生的原因时曾指出，“我们只能就发生的事情设想两种不同的原因性，一种是按照自然的，一种是出自自由的”。[2] 毫无疑问，能源变革作为一种客观实在，它反映的乃是一种在世界图景上的自然秩序，因此，它的发生就具有纯粹理性上的自然原因性。

然而，从制度存续来看，能源变革却无时无刻不受到自由即实践理性的左右。这是因为，自然原因下的能源变革不存在自行发生的事实，它严格受到原因序列关于延续性的控制。[3] 因此，能源变革的自行产生很大程度上将不得不依赖于实践理性。[4] 这样，作为实践理性的制度安排，倘若不接纳能源变革，则后者在一定意义上就不能发生，抑或被推迟发生。

---

[1] See O. W. Holmes, Jr., *The Common Law*, Boston: Little, Brown & Company, 1881, pp. 1-2. 亦可参见［美］伯尔曼著：《法律与革命（第二卷）：新教改革对西方法律传统的影响》，袁瑜琤、苗文龙译，法律出版社 2008 年版，第 393 页。

[2] 参见［德］康德著：《纯粹理性批判》，邓晓芒译，人民出版社 2004 年版，第 433 页。

[3] 这正如康德所言，“这些在感官世界中的结果并不因此而可以自行开始，因为它们在其中任何时候都是由先前时间中的经验性条件、但毕竟只是借助于（仅仅是理知品格的现象的）经验性的品格而预先得到规定的，并且只是作为自然原因的序列的延续才是可能的”。参见［德］康德著：《纯粹理性批判》，邓晓芒译，人民出版社 2004 年版，第 438-439 页。

[4] 从另一角度而言，康德也指出了这种情况发生的必然性，即“在纯粹思辨理性与纯粹实践理性结合为一种知识时，后者领有优先地位”。参见［德］康德著：《实践理性批判》，邓晓芒译，人民出版社 2003 年版，第 164-167 页。

但是无论怎样，尽管存在上述局限性，我们仍应关注能源变革所具有的普遍意义，积极为之，因为“人类若不把他们的勤劳、美德、智慧作桨，与时间的河流和趋势撑拒，则他们的一切组织和法度，无论是多么纯洁的，都会腐化退步”。[1]

[1] 参见［英］弗·培根著：《培根论说文集》，水天同译，商务印书馆1983年版，第88页。

第七章

“一带一路”倡议下的国际能源合作
——以气候变化《巴黎协定》为视角

【本章摘要】2016年年底生效的《巴黎协定》将所有国家纳入到了全球减排行列。无疑，传统油气投资受到了其因温室气候减排带来的影响。然而，减排和能源合作其实并不是不能同时并存的，关键在于要有合理、科学的制度构建和安排。因此，在中国“一带一路”倡议走向深化之际，倘若既要实现《巴黎协定》下的国际法义务，又要促进“一带一路”倡议下的能源合作，就需尽快开展制度性设计研究，以期在维护中国国家核心利益的前提下，实现东道国与投资者的双赢格局。

【关键词】“一带一路”；能源合作；巴黎协定；气候变化

气候变化问题是21世纪人类社会面临的最为严峻的挑战之一，关系到人类社会的生存，因而引起世界各国的普遍关注。正如政府间气候变化委员会（IPCC）《第四次评估报告》所指出的那样，“自工业化时代以来，人类活动所引发的温室气体排放是造成气候变暖的主要原因。如果不采取相应的减缓措施，未来几十年全球温室气体排放将持续增长，高温、干旱、台风和洪水将更加频繁，全球也将面临严重的粮食短缺和疾病增加”。[1] 由于气候变化具有跨国界性和跨区域性，因此，应对气候变化就需要全球的决心和协调一致

---

[1] 参见政府间气候变化专门委员会：《政府间气候变化专门委员会第四次评估报告：气候变化2007——综合报告》，2008年，第2-13页。

的行动。[1] 所以，气候变化问题是国际社会普遍关心的重大的全球性的问题。

“安全低碳”能源战略理念的提出是国际能源发展的新趋势。欧盟将低碳经济视为新的工业革命并发布“欧洲2020战略”，美国制定了《美国清洁能源安全法案》，日本制定了《能源使用合理化法》《节能法》，英国一直把应对气候变化、发展低碳技术作为经济社会发展的重要战略。发达国家出台低碳通行证、碳关税等低碳壁垒，建立二氧化碳排放交易体系，这些做法都促进了低碳经济的持续发展，值得我国学习、借鉴并加以吸收利用。[2] 这正如英国能源问题专家赫尔姆（Dieter Helm）指出的：“未来新能源范式的中心问题将是以能源供应安全和气候变化为核心的制度设计。”[3] 它要求经济发展应建立在低碳基础之上，并将其作为衡量经济发展是否科学的一个重大指标。改革开放以来，中国经济的高速发展受到世界各国瞩目，然而，却存在一些高消耗、低产出的发展弊端，改变这一发展模式无疑是未来中国经济可持续发展的根本要求。从长远来看，应对气候变化的行动有利于能源结构调整，也有助于实现能源利用的多元化，进而益于从根本上保障能源安全。

同时，应对气候变化也是事关“一带一路”沿线国家发展路径选择的战略要素。气候变化问题是我们在进行“一带一路”建设过程中必须考虑的问题。在“一带一路”倡议提出之后，我国与沿线国家的合作和交流日益频繁，为气候合作的加强与全球气候治理的深入开展提供了有力平台。[4] 此外，中国在应对全球气候变化、“一带一路”建设、设立丝路基金、成立亚洲基础设施投资银行与金砖国家开发银行等方面的贡献，都展现了我国履行打造人类命运共同体的责任与担当。[5]

2015年12月12日，第21次联合国气候变化大会在法国巴黎闭幕。会议

---

[1] 参见巴巴拉·沃德、雷内·杜博斯编著：《只有一个地球》，燃料化学工业出版社，1974年版，第275页。

[2] 参见吴飞美、郗永勤：《我国低碳经济发展存在的问题与对策研究》，载《福建师范大学学报（哲学社会科学版）》2015年第1期，第28页。

[3] See Dieter Helm, *The New Energy Paradigm*, Oxford: Oxford University Press, 2009, p. 34.

[4] 参见王志芳：《中国建设“一带一路”面临的气候安全风险》，载《国际政治研究》2015年第4期，第56页。

[5] 参见高继文、程美：《十八大以来中国特色社会主义发展的新趋向》，载《山东行政学院学报》2017年第1期，第6页。

通过了旨在2020年后全球温室气体减排的《巴黎协定》（*Paris Agreement*）。《巴黎协定》达成以来，国际社会致力于推动协定尽快生效。中国于2016年4月22日《巴黎协定》开放签署首日签署协定，并于9月3日批准协定。作为主席国，中国推动二十国集团首次发表关于气候变化问题的主席声明，为推动签署《巴黎协定》提供政治支持。❶ 尽管气候变化《巴黎协定》中仍存在着诸多需要进一步完善的地方，但对于世界和中国而言，《巴黎协定》都将具有划时代的意义。2016年11月4日，《巴黎协定》生效，进入“履约和采取行动的新时代”。❷

在《巴黎协定》强制减排的条约义务之下，全球煤炭、油气等传统能源需求将持续下降，从而影响到“一带一路”沿线国家开发相关资源的积极性，进而直接影响到中国在该地区的能源投资合作。因此，如何维系和扩大中国在“一带一路”倡议下对传统能源的投资、保障稳定的能源进口，亟待新的制度安排加以保障。

一、“一带一路”能源建设成果显现

推动能源联通，是“一带一路”建设的重要内容。据不完全统计，自2013年10月至2016年6月，由我国企业在海外签署和建设的电站、输电、输油和输气等重大能源项目多达40个，涉及19个“一带一路”沿线国家。仅2016年上半年，我国与“一带一路”沿线国家达成的能源合作项目就有16个。我国还与俄罗斯、哈萨克斯坦、巴基斯坦、伊朗等国家开展核合作，推动中国自主三代“华龙一号”等核电技术走出国门。在油气方面，2016年9月公布的《建设中蒙俄经济走廊规划纲要》中，过境蒙古国的中俄原油及天然气管道被正式提上研究议程。❸

2014年6月，习近平主席在中阿合作论坛第六届部长级会议上提出，中阿共建“一带一路”，构建以能源合作为主轴，以基础设施建设、贸易和投资便

---

❶ 参见《习近平就气候变化〈巴黎协定〉正式生效致信联合国秘书长潘基文》，载《人民日报》2016年11月5日，第1版。

❷ 参见“马拉喀什气候变化大会落下帷幕，缔约国宣布进入履行《巴黎协定》行动期”，http://www.unmultimedia.org/radio/chinese/archives/272489/#.WGIS7dJ94dU（访问日期：2020-11-23）。

❸ 参见于学华：《上半年我国与沿线国家能源合作项目达16个》，http://www.cpnn.com.cn/zdyw/201612/t20161219_941150.html（访问日期：2020-11-23）。

利化为两翼，以核能、航天卫星、新能源三大高新领域为突破口的“1+2+3”合作格局。这一战略构想得到了阿拉伯国家的积极响应，已经成为中阿共同发展的一把金钥匙。[1]

2016年10月14—15日，习近平主席访问孟加拉国期间，两国签署了共建“一带一路”以及产能、能源、信息通信、投资、海洋、防灾减灾和气候变化等领域的合作文件，并发表了《关于建立战略合作伙伴关系的联合声明》，将基础设施、产能合作、能源电力、交通运输、信息通信、农业等作为重点领域加以推进，并鼓励中孟相关企业加强合作。[2]

二、气候变化《巴黎协定》对“一带一路”倡议下国际能源合作的影响

《巴黎协定》的通过，展示了各国对发展低碳绿色经济的明确承诺，绿色低碳成为未来全球气候治理的核心理念。

（一）《巴黎协定》加大了东道国可以以《巴黎协定》减排义务为由，对中国能源投资进行征收和国有化的可能性

《巴黎协定》第一次将发展中国家纳入到具有法律拘束力的减排协议下，而“一带一路”地区又多为发展中国家。在《巴黎协定》出台之前，尽管存在着这些国家以气候变化为由，阻挠中国能源投资的可能性，但毕竟没有相应法律依据。然而，在《巴黎协定》下气候责任正式成为具有法律拘束力的社会责任。这一变化无疑加大了能源投资的政治法律风险。一方面，在投资准入方面，气候责任将成为东道国阻碍投资者进入的有力屏障；另一方面，投资者如仍以传统模式进行投资，则可能遭受东道国以气候责任为由的征收和国有化，从而使中国处于法律弱势，即使中国参与诉讼，由于《巴黎协定》的法定义务，败诉概率也增大。

中国在“一带一路”倡议下将面临来自《巴黎协定》的挑战，特别是在能源投资方面，东道国将更强调投资者在条约下的气候义务。同时，中国无

---

[1] 参见习近平：《弘扬丝路精神，深化中阿合作——在中阿合作论坛第六届部长级会议开幕式上的讲话》，载《人民日报》2014年6月5日，第1版。

[2] 参见赵蕾、王国梁：《孟加拉国投资环境分析》，载《对外经贸》2017年第2期，第51页。

法再以传统投资模式进行油气领域的投资，必须在投资中注意到温室气体减排等相关由《巴黎协定》提出的基本要求。而达不到这种要求时，可能会对投资者实施征收和国有化。而之前的因气候变化而采取的征收和国有化，可能更多的是从政治角度而言，但《巴黎协定》的出台为开展这一投资的征收和国有化提供了国际法上的依据。

（二）《巴黎协定》中规定的以气候变化为基的法律责任，将成为未来中国企业在“一带一路”国家开展能源投资的主要社会责任

“一带一路”国家多为气候脆弱型国家。能源工业具有环境污染的特点，区域能源合作将进一步增强和放大环境污染的影响，蕴含高环境风险。因此，当中国进行油气勘探开发、火电等常规能源投资时，极可能触及这些国家敏感的减排义务。此外，新能源投资不当，同样也会产生气候责任，如水电对气候生态的影响，由于水电生产受气候和季节影响较大，而且目前仍然没有充分的证据表明大规模水电开发不会对生态环境造成危害。[1] 风电对土地规模也有要求，有多少土地可能用来发展风电，决定了风电可开发利用的数量，世界能源委员会（WEC）风能资源评估（1994）对我国风能资源的估算是：我国土地无限制的风能资源量为17万亿千瓦时/年，大致相当于我国2008年全国总发电量的4.9倍，土地面积利用为4%的风能资源量为0.7万亿千瓦时/年，大致相当于2008年全国总发电量的1/5[2]。因此可以肯定，以气候变化为基的法律责任，将成为未来中国企业在“一带一路”国家开展能源投资的主要社会责任。然而，目前中国企业不仅对气候责任相关信息了解不足，更谈不上形成基本的责任共识，从而难免遭受东道国的政治干预和法律诉讼。

（三）《巴黎协定》减排义务将进一步削弱“一带一路”国家对传统能源的投资需求，中国在区域内的能源投资必将受到直接影响

《巴黎协定》正式确定了国家自主贡献作为新的全球减排机制的法律地

[1] 参见解百臣、徐大鹏、刘明磊、许睿：《基于投入型Malmquist指数的省际发电部门低碳经济评价》，载《管理评论》2010年第6期，第127页。

[2] 参见朱成章：《我国风能资源到底有多少?》，载《中国电力企业管理》2010年第7期，第23页。

位。《巴黎协定》第三条、第四条明确规定了国家自主贡献（Nationally Determined Contributions，NDCs）。主要包括：①所有缔约国应当通报其在减缓、适应、提供资金等方面的有力度的努力，并且编制通报其打算实现的下一次国家自主贡献。②下一次的国家自主贡献将按照国情的不同在当前国家自主贡献基础上逐步增加，并且其实现方式是采取国内减缓措施。③肯定了发达国家的带头作用，并指出应向发展中国家提供支助。④每五年通报一次国家自主贡献。⑤缔约方可根据《巴黎协定》缔约方会议的《公约》指导调整其现有的国家自主贡献。⑥缔约方在承认和执行减缓方面的行动要依据情况考虑《公约》下已有的方法和指导。⑦对特殊缔约方——经济一体化组织及其成员的国家自主贡献作出特别规定。[1]

从广义角度来看，国家自主贡献的目标包括了三项：第一，减排目标。应实现“把全球平均气温升幅控制在工业化前水平以上低于2℃之内，并努力将气温升幅限制在工业化前水平以上1.5℃之内”。第二，适应目标。应“提高适应气候变化不利影响的能力并以不威胁粮食生产的方式增强气候复原力和温室气体低排放发展”。第三，资金目标。应“使资金流动符合温室气体低排放和气候适应型发展的路径”。[2]《巴黎协定》的性质属于国际条约，因此缔约方据此作出的国家自主贡献，无论其内容如何，都将具有法律拘束力，一旦违反其具体承诺，将承担相应的国家责任。尽管《巴黎协定》采取了自主贡献减排模式，但却明确限定温室气体排放应是逐渐减少，而不能增加的法定义务。在目前189个提交“国家自主贡献”方案的国家中，147个国家有关于发展可再生能源的计划，167个国家有提高能效计划，不少国家还将调整化石能源补贴政策。[3]《巴黎协定》规定了未来温室气体的排放容量，把全球平均气温较工业化前水平升高控制在2℃之内，并为把升温控制在1.5℃之内而努力。[4] 这实际上对“一带一路”国家的化石能源开采产生了约束性规

[1] 参见联合国气候变化框架公约秘书处：《巴黎协定》2015年12月18日，http://qhs.ndrc.gov.cn/gwdt/201512/W020151218641766365502.pdf（访问日期：2020-11-23）。

[2] 参见《全国人民代表大会常务委员会关于批准〈巴黎协定〉的决定》，载《中华人民共和国全国人民代表大会常务委员会公报》2016年9月25日。

[3] See “Renewables 2016 Global Status Report,” http://www.ren21.net/wp-content/uploads/2016/10/REN21_GSR2016_FullReport_en_11.pdf（访问日期：2020-11-23）.

[4] 参见李俊峰：《全球气候治理加快第四次能源革命》，载《环境经济》2016年Z1期，第37页。

定，必将影响中国对“一带一路”国家传统能源的投资。因此，在目前全球能源供大于求的情况下，《巴黎协定》减排义务将进一步削弱“一带一路”国家对传统能源的投资需求，中国在区域内的能源投资必将受到直接影响。

(四)《巴黎协定》减排义务对“一带一路”能源合作的国别影响

“一带一路”沿线各国的资源丰富，同时各国的资源禀赋存在一定的差异，这也为各国发挥自身比较优势提供了有利条件。因此，《巴黎协定》对于“一带一路”能源合作的国别影响亦是不同。有的国家较为倚重化石能源，其在《巴黎协定》背景下的减排义务将更为艰巨。而有的国家资源匮乏，则更希望通过“气候友好型”的新能源投资实现经济增长。如果不采取果断有效的措施，人类社会将不得不承受气候变化以及化石能源枯竭所引发的所有灾难。[1] 这样，不同的国家对能源投资合作将会产生不同需求。《巴黎协定》减排义务之下，中国如何能从制度安排角度出发，实现前期油气资源的投资稳定，并帮助这些国家完成其减排义务，是我们面临的重要问题。

三、气候变化《巴黎协定》对“一带一路”倡议下国际能源合作影响的法律对策

气候变化《巴黎协定》对“一带一路”倡议下国际能源合作影响的法律对策有如下几个方面。

(一)《巴黎协定》下“一带一路”国家的能源投资安全制度性设计

《巴黎协定》与以往《联合国气候变化框架公约》下的决议或协定的不同在于，第一次为所有国家设定了减排的法律义务，《巴黎协定》中提出的减排目标是具有法律效力的，这显然不同于自《哥本哈根决议》以来，关于温室气体减排目标的历次决议，其实质乃是从一种政治承诺转化为法律义务。在一定意义上，是全球应对气候变化制度安排的一次重大进步，是对温室气体减排从长期、概念性目标，走向阶段、具体性目标的实质转变。它为所有国家设定了减排的法律义务，“一带一路”国家也概莫能外。因此，在其能源

[1] 参见陈红彦：《碳税制度与国家战略利益》，载《法学研究》2012年第2期，第99页。

投资方面至少受到两方面的气候政治风险影响：一是投资准入。以投资准入为砝码换取人权、环境价值的输出自由贸易协定（Free Trade Agreement，FTA）下的投资准入条款亦成为欧盟向发展中国家输出欧洲环境、人权甚至减缓气候变化的媒介。[1] 二是征收和国有化问题。避免东道国对投资的征收和国有化是投资保护的重要内容，双边投资条约（Bilateral Investment Treaty，BIT）一般都进行了详细规定，要求征收外国投资必须满足一定前提条件，例如，出于公共利益、依照国内法律程序、采取非歧视性的方式并给予补偿等，还应按照投资被征收前的价值及时补偿。[2]《巴黎协定》下的法定减排义务将成为“一带一路”国家投资准入和征收最有力的工具，投资者将不得不面临巨大的气候政治风险。为此，应考虑在两个方面进行制度性设计：一是从未来能源投资协定角度入手，如何进行规定以最大程度减缓《巴黎协定》对投资准入和征收的限制；二是从已有能源投资入手，一旦东道国以《巴黎协定》法定减排义务为由实施征收和国有化时，应采取何种法律对策，以减少不必要的投资损失。

（二）气候变化与稳定性条款的制度性设计

稳定性条款是国际能源投资合同中保障投资者最为关键性的议题。[3] 稳定性条款是根据投资者在该特定项目中基于自身需求设定的具体条款，是通过各合同方仔细协商而明确表明的各方对该投资项目的期望，是东道国给投资者提供的最为具体的关于法律稳定性的承诺，而不是条约中适用于所有投资的一般条款和规则。它是确保投资合同的主体在投资中不受东道国后续法规或者显著的社会、政治环境变动影响的条款。中国投资者在海外投资中面临着诸多政治风险，订立稳定性条款是防范政治风险的有效方法之一。该条款

---

[1] 参见王燕：《欧盟投资保护理念的“西学东渐”及其启示》，载《国际商务研究》2015 年第 3 期，第 83 页。

[2] 参见宗芳宇、路江涌、武常岐：《双边投资协定、制度环境和企业对外直接投资区位选择》，载《经济研究》2012 年第 5 期，第 74 页。

[3] See Peter D. Cameron, *International Energy Investment Law: the Pursuit of Stability*, Oxford: Oxford University Press, 2010, pp. 5-13.

的作用体现在对相关法律制度的“稳定”。[1] 但从当前发展来看，稳定性条款越来越多地受到环境风险的影响。无疑，《巴黎协定》的出台使能源合同的稳定性条款更为脆弱。因此，在能源投资合同中应将环境风险列为稳定性条款主要考虑事项。其中，最重要的是如何实现《巴黎协定》法定减排义务与稳定性条款相结合。

我们认为，稳定性条款不能与《巴黎协定》规定的减排义务相违背，更不能通过稳定性条约排除对《巴黎协定》减排义务的遵守。但同时，我们也应谨防，东道国以《巴黎协定》减排义务为由，对原有的油气投资合同提出不合理的征收和国有化，甚至抛弃稳定性条款，从而造成能源投资合同的无法履行。

(三)“一带一路”能源合作的机遇与风险的制度性设计

《巴黎协定》的出台使中国对“一带一路”国家新能源投资进入新的机遇期。《巴黎协定》除规定减排义务以外，在减缓与适应方面创立了新的应对机制，如可持续发展机制、技术框架机制。《巴黎协定》第10条第4款提出，将建立一个技术性框架，为技术机制开展有关促进和方便技术开发与转让的强化行动提供指导。[2]《巴黎协定》还改进了资金援助机制、能力建设机制，并在这些基础上，建立起行动与支助的强化透明度框架。《巴黎协定》首次将技术和开发转让与资金资助相关联。其第10条第5款和第6款规定，应对这种努力酌情提供资助，包括由《公约》技术机制和《公约》资金机制通过资金手段，以便采取协作性方式进行研究和开发，为技术开发和转让所提供的资金资助被纳入到《巴黎协定》所安排的全球总结中。这些新机制的确立和旧机制的改进，无疑对传统能源升级改造、新能源投资都将带来新的变化。新的机制能否像《京都议定书》下的清洁发展机制（CDM）一样发挥效用，从而实现对“一带一路”国家的清洁能源投资？对此，应利用《巴黎协定》出台的可持续发展机制和技术框架等新机制，加大对“一带一路”国家新能源的投资。但同时也需防范，如水电对局部生态环境的破坏、风电对土地资源需求等新能源投资的环境

---

[1] 参见王斌：《论投资协议中的稳定条款——兼谈中国投资者的应对策略》，载《政法论丛》2010年第6期，第66页。

[2] 参见吕江：《〈巴黎协定〉：新的制度安排、不确定性及中国选择》，载《国际观察》2016年第3期，第96页。

风险问题。为此，一方面，应加强对《巴黎协定》的可持续发展机制等新制度如何促进在“一带一路”国家的新能源投资展开研究。《巴黎协定》第6条第4款规定，将在作为《巴黎协定》缔约方会议的《公约》缔约方会议的授权和指导下，建立一个机制，供缔约方自愿使用，以促进温室气体排放的减缓，支持可持续发展。从《巴黎协定》的第6条第8款的要求看，可持续发展机制将包括市场方法和非市场方法两个方面。[1] 另一方面，对新能源投资对“一带一路”国家可能产生的环境损害及其诉讼进行对策研究。

（四）能源合作机制的制度性设计

能源合作机制包括了双边和多边能源合作机制。中国与近30个国家建立了双边能源合作机制，覆盖了世界主要的能源消费国和生产国。在多边合作方面，中国已参与了20多个国际能源合作组织和国际会议机制，能源领域国际合作内容不断深入。从目前与“一带一路”相关的能源合作机制来看，对于气候变化问题，尽管有所论及，但没有形成具体制度安排。更为特殊的是，气候变化议题与能源议题是分属于“一带一路”合作中的两个方面，不仅没有实质性的联系，更遑论在二者之间建立起具体的制度安排。因此，在双边能源合作机制中，应广泛建立起以《巴黎协定》减排目标为考量的范本。而在多边能源合作机制中，应充分利用论坛及多边区域性组织，构建起能源与气候变化专门工作组，通过协商、谈判确立起地区能源与气候变化应对机制。国际能源宪章组织是一个可利用的治理机制和平台。我们认为，对于如何构建起具体的双边能源与气候变化范本，分析多边区域组织中能源与气候变化专门工作组构建的可能性、谈判要点，以及工作组基本职能要进行具体制度性设计。如上海合作组织，中国与中亚地区的哈萨克斯坦、吉尔吉斯斯坦、塔吉克斯坦、乌兹别克斯坦都是其成员方。它们在该组织的促动下签署了一系列协议，这些政府间协议为中国与丝绸之路经济带沿线国家开展经济贸易合作特别是能源合作提供了重要的法律保障。[2]

---

[1] 参见吕江：《〈巴黎协定〉：新的制度安排、不确定性及中国选择》，载《国际观察》2016年第3期，第96页。

[2] 参见曾加、王聪霞：《“一带一路”能源合作法律问题探析》，载《中共青岛市委党校青岛行政学院学报》2016年第3期，第90页。

（五）加强能源与气候交叉专家人才的培养机制

一直以来，我们对于能源与气候交叉专家和人才没有给予足够的重视。随着《巴黎协定》的出台，特别是将所有国家纳入到强制减排后，如何遵约就成为后期《巴黎协定》主要解决的问题所在。而这就需要中国培养大量的气候专家，特别是包括法学专家在内的进行气候制度建设的专家来具体从事减排承诺如何实现的研究。然而，能源领域受到气候制度的影响越来越直接，如果能源专家不了解气候制度安排，就会作出错误的判断。因此，中国亟须培养能源与气候相关的专家。而且更为重要的是，随着中国“一带一路”倡议的深入，中国在中亚等油气国家的能源投资必然会受到《巴黎协定》的影响。只有掌握气候变化制度安排，才能在能源投资领域作出正确判断，将能源投资风险在萌芽阶段就消解掉。

结　语

气候变化与能源合作是可持续发展的重中之重，尤其是金融危机后，确保经济持续增长以及实现经济与环境的协调发展，是当前各国迫切需要考虑和应对的重大议题。低碳发展、绿色增长和能源转型，正成为各国共识和努力的方向。[1] 因此，气候变化《巴黎协定》对“一带一路”倡议下国际能源合作影响的研究迫在眉睫。参加联合国气候变化谈判的中国气候事务特别代表解振华，在正式通过《巴黎协定》之后，在其发言中指出，“所达成的协定并不完美，也还存在一些需要完善的内容”。[2]《巴黎协定》的出台，有助于推动中国温室气体减排工作的开展。然而，我们也应清醒地认识到，由于受国际社会和自身国情限制的双重压力，未来我们仍将面临诸多挑战。为此，中国应积极采取应对策略并加强制度安排。

---

[1] 参见刘卫平：《中美加强气候能源合作　可持续发展系唯一途径》，http://world.people.com.cn/n/2015/0627/c157278-27217431.html（访问日期：2020-11-23）。

[2] 参见徐芳、刘云龙：《〈巴黎协议〉终落槌，中国发挥巨大推动作用》，http://news.xinhuanet.com/world/2015-12/13/c_128525228.htm（访问日期：2020-11-23）。

第八章

“一带一路”倡议下中国天然气国际合作的新变化与法律选择

【本章摘要】 天然气作为一种低碳清洁的能源，逐渐在中国的能源结构中扮演着越来越重要的角色。随着我国一系列政策的进一步推进，未来的天然气消费量还将持续增长。本章试图探讨我国天然气使用的现实形势，并在分析中揭示当前所存在的问题，寻求在“一带一路”倡议开展的背景下，我国未来能够更好地应对环保压力与保证天然气供应安全的路径选择。

【关键词】 “一带一路”；天然气；能源安全

产生等量热量的情况下，燃烧天然气要比燃烧石油所产生的二氧化碳减少30%左右，比燃烧煤炭减少45%。[1] 同时，相比于石油与煤炭来说，天然气放热可控并且稳定。得益于天然气的这些特性，其近年来占世界一次能源消耗的比例不断攀升，在2017年达到了23.3%的份额。[2] 随着全球应对气候变化而控制碳排放所作出的努力，未来这种低碳清洁的化石能源有望在一次能源消耗中占据更大的份额。具体到中国来看，面对《蓝天保卫战三年行动计划》（国发〔2018〕22号）的印发实施，中国各级政府仍将不遗余力地推行天然气利用的政策。根据国际能源署预测的结果，到2024年，中国将占全球天然气需求增长的40%以上。[3] 天然气在中国的大规模应用不仅是世界控制气

---

[1] 参见［卡塔尔］西奥多罗普罗斯著：《探寻能源的奥秘：石油、天然气和石化产品》，王大锐译，石油工业出版社2015年版，第120页。

[2] 参见BP公司：《2018年BP世界能源统计年鉴》，第9页。

[3] 数据来源于国际能源署，https://www.iea.org/gas2018/（访问日期：2020-11-23）。

候变化趋势所指，也是经济发展和城市化水平提高起了内在推动作用。中国天然气的使用存在着政策的强有力推动及供需紧平衡的特点，也面临着结构性问题突出、存在能源安全风险的局面。“一带一路”倡议的实施加深了中国与世界的联系，也为中国提供了天然气领域合作的机遇。当下，我们应当对中国天然气的发展路径进行深入的思考，探索出符合中国现实情况、面向能源未来，同时又与“一带一路”相契合的发展模式。

一、能源结构转型中的天然气

中国的能源禀赋决定了煤炭作为支柱型能源的地位，但是中国也在积极地作出努力，改变煤炭在中国一次能源消费结构中一家独大的局面。中央财经委员会第六次会议上，习近平指出，要着力发展非煤能源，形成多种能源多轮驱动的供应体系。[1] 国务院办公厅印发的《能源发展战略行动计划（2014—2020年）》，提出要积极发展天然气、核电、可再生能源等清洁能源，降低煤炭消费比重，推动能源结构持续优化。可以说在党中央、国务院的层面，已经将我国能源结构转型视作一项紧要的工作，而天然气在能源结构转型中所发挥的拉动作用还是较为显著的。以家庭采暖为例，在相应的基础设施建设完成后，居民就很难再退回燃煤取暖的局面，这种能源结构改变的反复性很低，由此就会带来长效的结构性转变，对于治理分散燃煤的粗放使用方式也卓有成效。

中国的天然气发展从四川盆地的小规模用气市场，到区域性、全国性的用气市场，[2] 历经60多年的时间。进入21世纪后，天然气应用呈现爆发性的增长，从2006年到2016年年均增长率达13.7%，[3] 而同期我国平均GDP增长率约为10.2%。[4] 天然气在我国蓬勃发展已是大势，在能源结构转型局面下的发展又呈现出以下特点。

[1] 参见习近平：《积极推动我国能源生产和消费革命》，http://www.xinhuanet.com//politics/2014-06/13/c_1111139161.htm（访问日期：2020-11-23）。

[2] 参见何润民：《中国天然气市场发展分析与研究》，载《天然气技术与经济》2018年第6期，第21页。

[3] 参见BP公司：《2018年BP世界能源统计年鉴》，2018年，第29页。

[4] 数据来源于世界银行，https://data.worldbank.org.cn/indicator/NY.GDP.MKTP.KD.ZG?contextual=default&end=2017&locations=CN&start=1961&view=chart（访问日期：2020-11-23）。

（一）强有力的政策推手

中国天然气强劲发展的背后，是强有力的政策推动。中国经历了一段时间的粗放式发展，取得了巨大的经济成就，但成就伴随着严重的环境污染。“煤改气”被视为改善空气质量的重要措施之一，2013年9月，随着《大气污染防治行动计划》（国发〔2013〕37号）（又称“大气十条”）的出台，将“煤改气”在全国范围内推向了高潮。在我国以中央统一领导的政治体制下，治理大气污染的压力从中央到地方层层传导，地方政府也纷纷行动起来，加入了“煤改气”的大潮中。2016年，我国第十三个五年规划开始，国家发展和改革委员会（以下简称“发改委”）发布《能源发展“十三五”规划》（发改能源〔2016〕2744号），提出注重结构调整，推动能源绿色低碳发展的取向，能源消费结构要提高天然气比重达10%。在此规划的基础上，还专门编制了《天然气发展“十三五”规划》（发改能源〔2016〕2743号），以更全面细致地推进天然气发展的各项工作。2017年国家发改委等十三个部委局单位联合制定的《加快推进天然气利用的意见》（发改能源〔2017〕1217号），2018年《国务院关于促进天然气协调稳定发展的若干意见》（国发〔2018〕31号）等政策的出台，都显示了国家方面对推进天然气发展的关注与重视。在各项有力的政策推动下，天然气在我国也确实实现了快速的增长。以北京市为例，截至2017年，经历了“大气十条”第一阶段的治理工作，农村“煤改气”项目共惠及18.5万户居民，压减燃煤1800万吨以上，[1] 创造了数量可观的天然气消费需求。

（二）供需紧平衡

政策的推动在需求侧创造了巨额的需求，但是供给侧需要具备足够的供给能力，才能保证充足的供应，否则相应的基础设施就位，而气源问题难以解决，即使是利好政策也会受人诟病，损害政府的权威。目前我国天然气供应就处于紧平衡的状态，即供应的平衡基本达到，但是剩余供应能力及储气能力严重不足。2017年，我国天然气消费量2352亿立方米，供应量为2402

---

[1] 数据来源于北京燃气集团，http://www.bjgas.com/news.aspx?id=6292（访问日期：2020-11-23）。

亿立方米。仅有50亿立方米的额外供应余量，约占全年消费量的2.1%。❶2018年，额外供应余量约61亿立方米，❷占全年消费量的2.2%。虽然数据面上存在一定供应余量，但是2018年冬季仍有地区出现气荒现象。❸供需紧平衡的局面反映了两个突出问题：一是供应能力有待加强，管道气与液化天然气（Liquefied Natural Gas，LNG）是两种最主要的天然气供应形式，管道气从我国气田以及周边气源国通过长输管道输送至消费市场，LNG通过海运从各出口国运至沿海LNG接收站，无论是本土气田增产或是增加管道气及LNG进口，两种形式的天然气供应还有很大的增长空间。二是储气能力亟待提升，储气能力建设对于天然气调峰应急至关重要，然而我国的储气能力还停留在很低的水平，截至2017年我国地下储气库只有100亿立方米的调峰能力，占当年消费量的4.2%，应急能力十分有限。截至2017年11月美国的地下储气库设计容量已达4725bcf，❹约合1323亿立方米，约占美国当年消费量的17.4%。❺储气能力持续在低位徘徊，将严重制约我国天然气的稳定供应与未来发展。

（三）结构性问题突出

天然气产业可以分为上游勘探开发、中游管道运输、下游市场销售这三部分，结构性问题即我国的天然气产业上中下游都存在各自的问题。一段时期内，我国的天然气行业长期由三大石油公司垄断经营，民间资本及外国资本难以进入，由此导致我国的天然气行业缺乏市场竞争的活力。在没有市场竞争的条件下，上游天然气勘探开发的效率难以得到有效的保证，同时由于市场主体较少，开发非常规气包括页岩气、致密气、煤层气等技术较难突破。

---

❶ 参见刘朝全、姜学峰著：《2017年国内外油气行业发展报告》，石油工业出版社2018年版，第74页。

❷ 参见刘朝全、姜学峰：《油气秩序重构 行业整体回暖——2018年国内外油气行业发展概述与2019年展望》，载《国际石油经济》2019年第1期，第31页。

❸ 西安市2018年11月23日10时起启动天然气应急保供措施停止对出租车天然气供应，http://www.xa.gov.cn/ptl/def/def/index_1121_6774_ci_trid_3017744.html（访问日期：2020-11-23）。

❹ 数据来源于美国能源信息署，https://www.eia.gov/naturalgas/storagecapacity/（访问日期：2020-11-23）。

❺ 数据来源于美国能源信息署，https://www.eia.gov/dnav/ng/hist/n9140us2A.htm（访问日期：2020-11-23）。

以三大石油公司的体量来讲，无论是开发常规天然气或是非常规天然气，往往投入甚大而会忽略小型气田的开发。中游天然气的运输管道，其天然地具有自然垄断的特点，没有放开通过市场力量进行管道建设的必要，但是输气管道的使用权是可以并且应当放开的。在不放开输气管道使用权的前提下，即使存在中小型企业进行勘探开发但也很难输送到市场用户端，以至于无法形成增量供应，更不待言形成市场竞争。下游销售市场部分，最大的问题是天然气的价格没有理顺，难以通过价格的杠杆作用调节用气需求，促进勘探开发的积极性。其中居民用气价格一直以来偏低，与非居民用气价格之间形成巨大的落差，[1] 而且在冬季即用气高峰时期，若供应量不能保证，地方政府往往采取压非保民的调峰手段，压减工业用气需求，这会严重挫伤企业利用天然气进行生产的积极性。

二、天然气形势的成因

（一）环境保护与人民生活向往

欧美等发达国家也经历过经济发展伴随着严重环境污染的过程，但与欧美国家不同的是，中国在富起来的过程中，就面临着全球范围内普遍要求加强环境保护和控制全球变暖的趋势。中国作为发展中的大国，义无反顾地担负起保护环境与控制温室气体排放的任务，这不仅是源自国际社会的普遍共识，也是满足人民对美好生活向往的需要。

根据国际能源署的研究，2016 年中国排放二氧化碳 91.02 亿吨，占亚洲总排放的 52%，而 1990 年中国排放则为 21.22 亿吨，只占亚洲总排放的 36%，排放量与比重双双上涨，让中国背负着沉重的温室气体减排压力。而能源消耗产生的温室气体排放，占到全球人为温室气体总排放的 74%，[2] 可见能源结构的转型对控制温室气体排放有很大作用。在能源替代结构调整方面，天然气清洁，全球范围内供应充足，使用上更为灵活与经济，[3] 因此将化石能源的使用转向排放少的天然气是一种十分现实的选择。气态天然气可以替代

---

[1] 参见胡奥林、董清：《中国天然气价格改革刍议》，载《安全与管理》2015 年第 4 期，第 101 页。

[2] See IEA, *CO_2 Emissions from Fuel Combustion Overview*, Paris: IEA, 2020, pp. 3-10.

[3] See IGU, *Global Gas Report 2018*, Barcelona: International Gas Union, 2018, p. 6.

居民生活用能、燃煤发电，压缩天然气（Compressed Natural Gas，CNG）与LNG可以替代成为船舶汽车等的动力燃料，天然气在国家的各个部门领域都有广泛的替代空间。大规模地用天然气替代煤炭石油等化石能源的使用，可大幅度降低温室气体及其他空气污染物的排放。

随着中国特色社会主义的发展进入新时代，我国的主要矛盾也发生了历史性转变。良好的生活环境及空气质量是人民美好生活的重要组成部分，而人民群众对美好生活的向往与我国目前处于发展不充分的阶段还存在矛盾。在我国目前的发展阶段，不可能无污染地进行经济活动，但是政府也在切实地作出努力。改变粗放的经济发展模式，调整各工业部门使用的能源，改进排放技术，向低碳清洁的排放目标努力，城市居民也早早地用上了天然气，并且这种趋势还在向广大的农村地区覆盖，农村居民逐步放弃燃烧会造成严重污染而且脏乱的煤炭，转为利用干净且更清洁的天然气进行炊事和取暖活动。“煤改气”项目不仅是能源结构转型的推手，也是提高居民生活质量与水平的重要举措，符合人民对美好生活向往的追求。

（二）对外依存度的攀升与消费量的跨越式猛增

供需紧平衡的成因，在供给侧方面表现为对外依存度的不断攀升，这严重地加剧了供给的不稳定性。而在需求侧方面则表现为消费量的跨越式猛增，供给曾一度跟不上消费量上涨的步伐，即使到现在也是勉强能消化消费量上涨的需求。

随着天然气消费量的大幅增长，我国天然气的对外依存度不断攀升。2018年我国天然气消费量为2803亿立方米，[1] 天然气进口达1228亿立方米，[2] 其中液化天然气进口约730亿立方米，管道天然气约497亿立方米，[3] 对外依存度已达到43.8%。管道气主要来自周边的土库曼斯坦、哈萨克斯坦、乌兹别克斯坦、缅甸等国，LNG则通过长期协议或是在国际市场上进行现货

[1] 数据来源于国家发展与改革委员会经济运行调节局，http://yxj.ndrc.gov.cn/mtzhgl/201901/t20190131_927428.html（访问日期：2020-11-23）。

[2] 数据来源于国家海关总署，http://www.customs.gov.cn/customs/302249/302274/302275/2166536/index.html（访问日期：2020-11-23）。

[3] 数据来源于国家海关总署海关统计数据在线查询平台。

采购。因为对外依存度的不断攀升，供给的一大部分依赖外国，所以供应的不稳定性形势严峻。2019 年 1 月我国就因土库曼斯坦的天然气供应出现问题，减少了每日的供应量，[1] 而且当时正值我国采暖季用气高峰时期，如果天然气供应突然大量减少，势必会影响我国居民生活采暖与工业用气，而且在国际市场上临时采购 LNG 现货又会造成额外的经济损失。因此，天然气的供应安全已经成为不可忽视的重要问题。我们应当研究对策方法，多措并举保证供应。

如上文所述，我国天然气消费量增长的步伐一度将 GDP 增长率甩在身后，但是供应量跟不上是很大的问题，在“煤改气”大力推行的前几年，一到冬季很多地区就会频繁曝出“气荒”的消息。一直以来，关于我国能源禀赋的论调是富煤贫油少气，而根据“十三五”全国油气资源评价工作的成果来看，我国天然气地质资源量为 90 万亿立方米，可采资源量为 50 万亿立方米，[2] 以年均 2500 亿立方米的消费量可供 100 年的消费，这还是未将页岩气及煤层气等非常规气计算在内的结果。然而我国 2018 年的天然气产量才达 1580 亿立方米。[3] 与此同时，我国的天然气供应还有两大制约因素：一是产气地与消费地的空间不平衡，我国天然气资源主要集中在塔里木盆地、四川盆地等西部地区，[4] 而主要消费地集中在东部沿海发达城市圈，在产出天然气后需要通过超长距离的管道输送到消费地区；二是用气峰谷时间不平衡，冬季受采暖影响，用气量会迅速增加并形成一段高峰用气时期，而在夏天则是用气低谷时期，2016 年全国冬夏季平均峰谷差率达到 1.7：1。[5] 政策强势拉动导致的消费量跨越式猛增，面对国产气量不足及时间和空间上的用气不平衡，严重考验着我国天然气运营的保供能力。

---

[1] 发改委经济运行调节局负责同志就土库曼斯坦供气向记者介绍情况，http://www.ndrc.gov.cn/xwzx/xwfb/201901/t20190108_925350.html（访问日期：2020-11-23）。

[2] 参见中华人民共和国自然资源部著：《中国矿产资源报告 2018》，地质出版社 2018 年版，第 7 页。

[3] 参见刘朝全、姜学峰：《油气秩序重构 行业整体回暖——2018 年国内外油气行业发展概述与 2019 年展望》，载《国际石油经济》2019 年第 1 期，第 32 页。

[4] 参见郑民等：《我国常规与非常规天然气资源潜力、重点领域与勘探方向》，载《天然气地球科学》2018 年第 10 期，第 1391 页。

[5] 参见孙德强等：《我国天然气供需现状、存在问题及政策建议》，载《中国能源》2018 年第 3 期，第 42 页。

（三）需要松绑的市场

我国天然气上下游产业的结构性问题，其实可以归因为一点：封闭的市场。在封闭的市场条件下必然会形成垄断，而垄断带来资本的高度集中与国家核心能源安全利益的绝对掌控，但是却难以实现效率的提高及技术的进步。笔者认为，在效率提高与技术进步的条件下，国内天然气产量实现大幅度增长，这反而更能保证国家的能源安全利益。天然气是上下游高度一体化的产业，无论是要加大勘探开发力度、增强供应能力，还是提高行业效率和保证供应安全，都应当从体制机制的改革入手。

从上游来看，截至2017年年底，全国共有石油、天然气、煤层气、页岩气探矿权941个，面积328.46万平方千米，采矿权762个，面积16.03万平方千米。[1] 而根据自然资源部油气探矿权与采矿权登记公告显示，三大石油公司所拥有的矿业权覆盖常规气、页岩气与煤层气等，集中度非常之高，而且多集中在中国石油天然气集团公司手中，其中也有陕西延长石油、新疆能源集团等地方油气企业的份额，但是占比非常少。[2] 树立行业标杆，引领行业发展方向，开发特大型气田需要资本雄厚、队伍精干的大型国有企业来完成。但是中国拥有广阔的陆地与海洋领土，下面蕴藏着惊人的气藏资源，以中小型企业在美国页岩气革命中的作用来看，我们需要的应当是多种所有制的企业进入天然气的勘探开发领域，以便完成不同体量气田的开发。

从中游来看，根据中国石油天然气集团公司的年度报告，截至2017年年底，其运营天然气管道53834千米，占全国总里程的76.2%。[3] 天然气的管道系统因自然垄断的属性由一家独大的企业来经营本身是没有问题的，但关键是管道使用权的放开以及管道运营要与其上下游业务分开。以美国的经验来看，美国联邦能源监管委员会（FERC）1985年通过了436号令，要求天然气管道公司在自愿的前提下，开放管道，输送其他生产商的天然气。1992年，美国联邦能源监管委员会颁布636号令，要求管道公司只负责天然气运输，

---

[1] 参见中华人民共和国自然资源部：《中国矿产资源报告2018》，地质出版社2018年版，第31页。

[2] 数据来源于自然资源部行政公开项目—矿业权市场，http://ky.mnr.gov.cn/（访问日期：2020-11-23）。

[3] 参见中国石油天然气集团有限公司：《2017年度报告》，第36页。

将天然气的生产、分配和销售全部市场化，[1] 美国天然气产业由此实现了管道开放以及业务的分拆，对管道使用实现市场化有里程碑的意义。具体到我国来看，《油气管网设施公平开放监管办法（试行）》（国能监管〔2014〕84号）的出台及实施，表明天然气管网的开放已经实现，但是实现天然气寡头业务的分拆，组建独立的管道公司依然还在路上。

从下游来看，成熟的天然气销售市场应该是形成由市场决定价格的定价机制，而取代由行政机关或是监管机关直接进行干预的价格体系。但现实情况是，目前只做到了部分价格放开，一部分价格仍在管制。天然气门站销售价格分两种类型，一种是门站销售价格执行市场调节价，另一种是执行政府指导价。[2] 执行市场调节价的天然气由石油天然气交易中心供应，2015 年和 2017 年分别成立了上海与重庆两个石油天然气交易中心，正在筹备成立的还有新疆油气交易中心。根据上海石油天然气交易中心的数据，2018 年该中心的天然气交易量已突破 600 亿立方米，[3] 在年消费量中已占有不小的份额，这表明天然气交易中心的市场化改革效应正在逐步显现，未来会有更大作为。执行政府指导价的天然气由国家发改委进行价格管制，2017 年先是降低了非居民用天然气基准门站价格，减轻非居民用气的价格压力，又在 2018 年将最难撼动的居民用气价格进行调整，实现居民用气门站价格与非居民用气门站价格的并轨。供需双方还可以基准门站价格为基础，在上浮 20%、下浮不限的范围内协商确定具体门站价格。从整体上看已经实现了政府指导价的统一，终结了居民用户与工业企业之间交叉补贴的现象。天然气定价机制的改革应当循序渐进，最终的目标是要实现“气与气”竞争的完全市场化定价机制。[4]

---

[1] 参见吕江：《规则的背后：对美国页岩革命的制度反思》，载《美国研究》2016 年第 2 期，第 100 页。

[2] 参见张颙：《我国天然气产供储销价格体系：现状、问题与建议》，载《天然气工业》2019 年第 1 期，第 132 页。

[3] 参见仝晓波：《上海石油天然气中心年交易量突破 600 亿方》，载《中国能源报》2019 年 1 月 7 日，第 2 版。

[4] 参见国务院发展研究中心、壳牌国际有限公司著：《中国天然气发展战略研究》，中国发展出版社 2015 年版，第 305 页。

三、“一带一路”下的天然气选择

天然气的发展有着提高人民生活质量、推动我国能源结构转型、缓解气候变化压力的重要意义，未来天然气发展的前景十分广阔。由我国提出的“一带一路”倡议也在世界范围内广受欢迎，它带来了共商共建共享的治理新模式，为世界的经济发展带来了新的可能性。中国目前已经与123个国家和29个国际组织签署了171份合作文件，其中既有发展中国家，也有发达国家；有国际组织，还有不少发达国家的公司、金融机构。[1] 我国未来的天然气发展战略必然与“一带一路”倡议的实施紧密联系，要在增强供应能力、保障用气安全、加强能源合作等各个方面寻找公约数，实现互利共赢的发展。

（一）坚持能源转型思路，应对气候变化

天然气代替煤炭等能源的使用的确有减少环境污染及碳排放的显著效果，我们应当在观念上明确天然气的优良特性及其重要意义。未来几十年内，天然气还是有很广阔的发展前景，关键要找准并坚持其在我国能源结构转型大局中的定位，加大国内勘探开发与基础设施建设的力度，完善价格机制，将天然气的环境效益外部化，多措并举推动天然气在我国的发展。天然气发展程度的最直观体现就是在一次能源消费中的占比，英美等发达国家普遍占比均已在20%以上。2018年在我国能源结构中，天然气消费占比为7.8%，与上年相比增加0.8个百分点，[2] 但是与国际水平还有很大差距。

能源结构转型的根本动力还是应对环境污染与气候变化，这与“一带一路”沿线各个国家的利益都息息相关。2015年通过的《巴黎协定》，描绘了2020年以后的全球气候变化治理格局，2018年的卡托维兹会议也如期完成了《巴黎协定》实施细则的谈判。根据国家自主承诺行动目标的原则，中国确立了到2020年自主行动目标：①2020年单位国内生产总值二氧化碳排放比2005年下降40%~45%；②森林面积比2005年增加4000万公顷，森林蓄积

[1] 十三届全国人大二次会议记者会上，国家发展和改革委员会副主任宁吉喆回答中外记者提问，http://www.yidaiyilu.gov.cn/xwzx/bwdt/81576.htm（访问日期：2020-11-23）。

[2] 参见刘朝全、姜学峰：《油气秩序重构 行业整体回暖——2018年国内外油气行业发展概述与2019年展望》，载《国际石油经济》2019年第1期，第31页。

量比 2005 年增加 13 亿立方米；③非化石能源占一次能源消费比重为 15%左右。[1] 截至 2017 年年末已经完成了前两项，可再生能源也已经占到一次能源的 13.8%，完成目标指日可待。[2] 中国政府在应对气候变化方面身体力行、重诺守信，中国企业也积极参与区域内清洁能源领域的投资和贸易。[3] “一带一路”倡议下的经济合作在全球气候变化治理方面发挥着积极的作用，2018 年亚洲基础设施投资银行就批准了为土耳其境内 Tuz Golu 岩穴储气库扩容项目提供 60 亿美元的资金支持，[4] 这将会对土耳其的天然气稳定供应及冬季调峰提供很大的帮助，也是助力“一带一路”倡议下共同应对气候变化的重要体现。

（二）加强资源技术合作，实现互利共赢

随着世界油气供应的长期相对宽松，市场秩序正由资源主导向市场主导转变，“一带一路”倡议下的油气合作，区域油气资源与市场融合有着难得的历史机遇。[5] 与中国进行管道气贸易的国家现有土库曼斯坦、哈萨克斯坦、乌兹别克斯坦、缅甸，通过西部的中亚天然气 A、B、C 线管道，南部的中缅天然气管道进行输送，其中土库曼斯坦一国在 2018 年提供的管道气就占到总进口管道气的 69%。[6] 这些国家都是“一带一路”倡议的参与国，在本身蕴藏着丰富的天然气资源而国内消费较充足的情况下，通过与中国邻近的优势向庞大的需求市场出口，未来随着俄罗斯东线以及中亚 D 线输气管道的开通，天然气供应量又将迎来一次大幅度增长，中国的陆上天然气合作也将拥有更多可能性。LNG 的贸易不受地理位置的局限，通过 LNG 船可以进行远洋运输。我国主要的 LNG 供应国包括美国、俄罗斯、澳大利亚、卡塔尔、马来西

[1] 参见国家发改委：《强化应对气候变化行动——中国国家自主贡献》，https://www4.unfccc.int/sites/submissions/INDC/Published%20Documents/China/1/China´s%20INDC%20-%20on%2030%20June%202015.pdf（访问日期：2020-10-23）。

[2] 参见生态环境部：《中国应对气候变化的政策与行动 2018 年度报告》，2018 年。

[3] 参见丁金光、张超：《“一带一路”建设与国际气候治理》，载《现代国际关系》2018 年第 9 期，第 55 页。

[4] See AIIB, *Turkey: Tuz Golu Gas Storage Expansion Project*, https://www.aiib.org/en/projects/approved/2018/golu-gas-storage-expansion.html (last visited on 2020-11-23).

[5] 参见姜学峰等著：《“一带一路”油气合作环境》，石油工业出版社 2016 年版，第 20 页。

[6] 数据来源于国家海关总署海关统计数据在线查询平台，经笔者整理得出。

亚、印度尼西亚、尼日利亚、巴布亚新几内亚、安哥拉等国，其中参与“一带一路”倡议的国家2018年对我国的供应量约占总供应量的一半。[1] 2017年LNG出口量达百万吨以上的国家有18个之多，贸易量达293.1百万吨（约合3986亿立方米），其中“一带一路”国家所占市场份额达71.3%，[2] 对中国LNG的需求有着充足的供应能力。总的来说，无论是管道气还是LNG，中国与“一带一路”国家天然气资源合作方面的前景都十分广阔，我们应当围绕“一带一路”平台提供的各种机遇，丰富天然气进口来源渠道，采用长期、中期、短期、现货的合同组合方式，规避供应的安全风险。

与“一带一路”沿线天然气资源国的技术合作也是一个重点合作领域。就国内天然气开发来说，非常规气的开发将是未来产量的重要增长点。尽管中国非常规气开发取得了长足的进步，但与北美对比，在钻完井、压裂改造技术以及单井开发效果等方面依然存在着较大差距。[3] 我们可以尝试引进先进技术或工程技术服务团队，合作开发国内非常规的页岩气、煤层气等资源。值得注意的是，页岩气的开采也应当防范诱发地震的风险，四川自贡市荣县的高频地震就被怀疑与页岩气开采有联系，开采项目最终被叫停。[4] 对外合作方面，中国天然气企业可以积极参与“一带一路”沿线国家天然气开发项目，提供工程技术服务。即使中资企业在相关高端技术领域以及服务质量标准方面与国际大石油公司还有一定差距，尚不能满足“一带一路”区内高端市场的服务要求，但是工程技术服务能力较以前也有了较大幅度的提升，常规服务还是比较有竞争力的，[5] 目前也在与沿线国家开展天然气的基础设施建设合作。

“一带一路”倡议下的资源与技术合作，最终将实现资源国与市场国的互利共赢，在加强合作的同时，也应当警惕地缘政治、经济动荡、政策变动等外来风险，提前做好防范与风险化解工作。

---

[1] 数据来源于国家海关总署海关统计数据在线查询平台，经笔者整理得出。

[2] See IGU, *2018 World LNG Report*, Barcelona: International Gas Union, 2018, p. 11.

[3] 参见贾爱林：《中国天然气开发技术进展及展望》，载《天然气工业》2018年第4期，第83页。

[4] 荣县2天发生3次地震2死12伤，已暂停页岩气开采作业，http://www.rongzhou.gov.cn/xwfb/-/articles/9993701.shtml（访问日期：2020-11-23）。

[5] 参见姜学峰等著：《“一带一路”油气合作环境》，石油工业出版社2016年版，第122页。

（三）深化体制机制改革，完善法律配套

要破解天然气行业的系统性结构性问题，思路就是进行体制机制改革，实现天然气行业的市场化，同时也要保证监管工作的力度。2017 年中共中央、国务院印发的《关于深化石油天然气体制改革的若干意见》为天然气行业的体制改革指明了前进的方向，共部署了八个方面的重点任务，涵盖上游勘查开采、中游管网运营、下游市场竞价以及储备、安全环保等各个方面，[1] 改革的总体思路也是社会主义市场经济的改革方向：实现多市场主体准入，企业间良性竞争以促进资源的合理配置及效率的提高，改革的底线仍然是保证国家的能源安全，改革的目标是要形成富有活力的上游开发市场、中游管输市场、下游供应市场、储气调峰市场。目前我国已经超越日本成为世界第一大天然气进口国，未来也要努力将上海石油天然气交易中心建成亚洲枢纽性的交易中心，增强天然气的议价话语权。

除了依靠行政力量推动体制改革，配套的相关法律建设也是重点工作。然而我国目前在天然气产业发展及能源利用方面的立法还有大量空白，主体的法律支撑依赖《中华人民共和国矿产资源法》《中华人民共和国石油天然气管道保护法》等，但是依然缺乏专业性的、能够涵盖上中下游整个产业链的《石油天然气法》或《天然气法》。法律具有行政性质的文件不能比拟的优势，而且制定专项立法对具体原则性工作进行规定，更能保障天然气产业的发展。从国内来看，早在 1996 年我国就制定了煤炭的专项立法《中华人民共和国煤炭法》，而且经历过四次修正。对于将在我国能源结构转型中占据重要地位、供应安全形势严峻的天然气来说，立法的关注度明显不足。对比国外来看，美国、俄罗斯、意大利等国均有天然气的专门立法，日本更是颁布了世界上唯一一部《天然气储备法》。[2] 未来我国应当建立健全以天然气专项法律为核心，以上中下游产业链具体规定的法规规章为支撑的完善的法律框架体系，尤其针对我国储气设施严重跟不上调峰需求的情况，应尽快制定《储

---

[1] 中共中央 国务院印发《关于深化石油天然气体制改革的若干意见》，http://www.nea.gov.cn/2017-05/22/c_136304847.htm（访问日期：2020-11-23）。

[2] 参见陈守海、罗彬、姚珉芳著：《我国天然气储备能力建设政策研究》，中国法制出版社 2017 年版，第 153 页。

气条例》等法规或规章，明确政府与企业的储气责任，保障天然气行业的稳步发展。天然气相关立法的出台是深化体制改革的最大推动力，也将是未来我国融入世界天然气市场的重要基石。

结 语

随着各项政策的落实推进，天然气在我国能源结构中的地位上升是必然趋势，我们要对目前存在的供需紧平衡及结构性问题突出有清晰的认识。尽管我们面对的有环境保护与气候变化的压力，有对外依存度不断攀升的隐患，有市场竞争性较弱的现实，但是未来仍要不遗余力地坚持天然气在能源转型中的地位，协调供给侧与需求侧矛盾，深化体制机制改革，制定完善配套法律，在“一带一路”倡议的背景下加强天然气各个方面的合作，实现中国天然气产业的顺利发展，实现与“一带一路”沿线国家的互利共赢。

第九章

“一带一路”倡议下能源投资争端解决的适切性：以西班牙为视角

【本章摘要】 外资法的通过、负面清单的升级以及“一带一路”建设的深化，使中国进入对外开放的一个全新时代。而这其中，投资争端及其解决势必是中国未来可再生能源发展所不可避免的现实问题。尽管《能源宪章条约》是目前国际上解决能源争端最普遍适用的机制规则，但其解决西班牙可再生能源争端的现实经验却表明，中国应审慎考虑加入《能源宪章条约》；相反，却应更多地加强自身能源投资的有序管理和对投资协定中公平与公正待遇的再谈判，从而在规则制度上扼制可再生能源投资风险的促发和失控。

【关键词】《能源宪章条约》；国际投资仲裁；可再生能源

中国是世界上最大的可再生能源投资国，[1] 特别是随着“一带一路”建设的深入，中国对可再生能源的海外投资也呈现出上升趋势，而由此所引发的可再生能源争端或将成为中国无法回避的现实问题。倘若说 21 世纪的前十年，中国与欧美国家在可再生能源上的争端主要聚焦在反补贴、反倾销上。[2] 那么，目前“一带一路”可再生能源投资争端则存在进一步扩大到可再生能源环境问题上的可能性，这无疑也将是未来全球可再生能源争端解决面临的

---

[1] See REN21, *Renewables 2019 Global Status Report*, Paris: REN21 Secretariat, 2019, pp. 24-25.

[2] 参见史丹、白旻：《美欧“双反”情形下中国光伏产业的危机与出路》，载《国际贸易》2012 年第 12 期，第 15-20 页。向洪金、赖明勇：《全球视角下美国对华光伏产品“双反”案的经济效应研究》，载《世界经济》2013 年第 4 期，第 111-137 页。

新情况和新挑战。[1]

早在2013年“一带一路”倡议提出之后，就有学者结合国外经验，提出中国应加入《能源宪章条约》（Energy Charter Treaty，ECT），以便利于未来中国“走出去”后能源争端的解决。[2] 然而，近年来，多起可再生能源争端，依《能源宪章条约》被提起仲裁，特别是投资者与西班牙政府之间的可再生能源争端尤为甚之。[3] 这提示中国：随着《中华人民共和国外商投资法》的通过、负面清单的不断缩减，以及“一带一路”可再生能源合作的扩大，中国正处于一个对内对外的全方位开放时期。那么，在这一过程中，加入《能源宪章条约》是否是一可取之道，加入是否会造成顾此失彼的窘迫局面，都需要中国从全局角度审慎考虑这一问题。

本章旨在以《能源宪章条约》下西班牙可再生能源争端仲裁为切入口，剖析东道国在可再生能源投资方面所面临的法律风险，进而提出在中国语境下，特别是在对内外资法的通过和对外“一带一路”场域下，中国在可再生能源投资方面应采取的策略及法律进路。

一、西班牙可再生能源项目争端

从21世纪初到2008年金融危机爆发前，西班牙的经济始终保持着高速增长。[4] 但不容回避的是，其能源供应难以自给，严重依赖进口，自20世纪90年代以来西班牙的能源净进口就一直保持在本土能源生产两倍以上的水平，能源安全形势不容乐观。[5] 然而，地处欧洲西南部的西班牙，却是整个欧洲阳

---

[1] 任何能源的开发都存在环境问题，这也包括环境友好型的可再生能源投资。例如，水电站的建设会对周边生态环境产生直接影响，风电场、光伏产业都会造成环境污染。因此，随着全球可再生能源投资的扩大，这些环境问题将会逐渐凸显出来。See Frank R. Spellman, *Environmental Impacts of Renewable Energy*, Boca Raton, FL: CRC Press, 2015. See also Alexander Clarke, *Rethinking the Environmental Impacts of Renewable Energy*: *Mitigation and Management*, London: Earthscan, 2016.

[2] 参见单文华、王鹏、王晗，《“一带一路”建设背景下中国加入〈能源宪章条约〉的成本收益分析》，载《国际法研究》2016年第1期，第39-61页。

[3] 据能源宪章组织网站统计，到2018年6月，共有50起可再生能源投资案件依《能源宪章条约》提起仲裁。

[4] See *GDP Development of Spain*, *The WORLD BANK*, https://data.worldbank.org/country/spain (last visited on 2020-11-23).

[5] See *Key stats for Spain*, 1990-2016, *IEA Countries*, https://www.iea.org/countries/Spain/ (last visited on 2020-11-23).

光最充足的国家，[1] 自然禀赋使西班牙发展可再生能源成为可能。此外，欧盟《2009 年可再生能源指令》要求，所有欧盟成员到 2020 年可再生能源消费要占到 20%，[2] 以及《京都议定书》的批准也使西班牙必须通过可再生能源发展，履行其气候变化下的责任。[3] 这些内外部条件都决定了西班牙将大力发展可再生能源项目作为其政府的重要发展目标。

（一）西班牙可再生能源发展及其法律政策的变化

1997 年，西班牙出台 *Electricity Sector Law 54/1997*，为可再生能源电力的上网电价补贴（Feed-in Tariff，FIT）建立了基本框架。1998 年，*Royal Decree 2818/1998*（以下简称"RD"）正式确立了可再生能源发电的激励制度，并且特别支持光伏项目的发展。在 2004 年的 RD 436/2004 中，激励制度进一步拓展，可再生能源电力的生产者可以直接售电给供应商，获得合同价格及额外的收益（feed-in premium），或者以固定的补贴价格售电给市场，生产者的电力接入电网及获得收益都有可靠的保证。激励制度给光伏和光热发电提供了十分有利的条件，加速了西班牙可再生能源发电技术的发展。[4] 但隐藏的问题是，政府只规定了 FIT 在 25 年后减少，却并没有明确规定补贴的年限。[5] 2007 年出台的 RD 661/2007 法案取代了 RD 436/2004，其带来更为丰厚的预期收益，吸引了大量国外投资者，尤其是太阳能光伏与光热发电行业。[6] 在有力的上网电价补贴与各种激励制度的支撑下，西班牙的光伏发电市场迅速扩

---

[1] See Pedro A. Prieto & Charles A. S. Hall. *Spain's Photovoltaic Revolution: The Energy Return on Investment*, Springer 2013, pp. 7-10.

[2] See The European Parliament, *Directive 2009/28/EC of the European Parliament And of the Council of 23 April 2009.* Official Journal of the European Union: Volume 52, 5 June 2009.

[3] See Spain Ratified *Kyoto Protocol to The United Nations Framework Convention On Climate Change* on 31 May 2002, https://treaties.un.org/Pages/ViewDetails.aspx?src=TREATY&mtdsg_no=XXVII-7-a&chapter=27&clang=_en (last visited on 2020-11-23).

[4] See Sana Zeeshan Shirazi & Syed Mohammad Zeeshan Shirazi, "Review of Spanish renewable energy policy to encourage investment in solar photovoltaic," *Journal of Renewable and Sustainable Energy*, Vol. 4, 2012, p. 3.

[5] See Luigi D & Enrico T, "Economic analysis of different supporting policies for the production of electrical energy by solar photovoltaics in western European Union countries," *Energy Policy*, Vol. 38, 2010, p. 3304.

[6] See Carmen Otero García-Castrillón, *Spain and Investment Arbitration: The Renewable Energy Explosion*, CIGI Investor-State Arbitration Series Paper, 2016, No. 17, p. 2.

张，2008年西班牙成为全球风电并网与光伏发电技术的领导者。❶

然而，金融危机的到来打破了这一形势，可再生能源发电项目仍在不断发展而电力需求却急剧下降，这给西班牙政府带来沉重的补贴"赤字"。为了维持经济的稳定与可持续性，西班牙政府于2008年9月出台了RD 1578/2008，一方面，削减对安装在屋顶及立面的光伏发电设备补贴；另一方面，又对补贴进行限额以减少FIT对经济的影响。❷ 结果，2008年光伏总装机容量为2500兆瓦，而到2009年则直接锐减到375兆瓦。❸ 2010年的RD 1614/2010对光热发电与风力发电获得补贴的时长再次进行了限制。

但即便如此，到2013年5月西班牙政府所积累的债务仍高达260亿欧元。❹ 为改变这一局面，西班牙政府出台了Royal Decree Law 2/2013（以下简称"RDL"），进行追溯地取消自2004年建立起来的激励制度，生产商在补贴模式中只有FIT这一种选择。❺ 到2013年7月，西班牙最终彻底地废除了上网电价补贴制度。取而代之的是，2014年的RD 413/2014制定了新的规则，即合格可再生能源生产者应获得包括"合理"费率的投资回报，但所谓的费率所带来的收益却远远低于之前FIT制度下的补贴。❻

---

❶ See Itziar Martí nez de Alegría Mancisidor, "European Union's Renewable Energy Sources and Energy Efficiency Policy Review: The Spanish Perspective," *Renewable and Sustainable Energy Reviews*, 2009, Vol. 13, p. 112.

❷ See Luigi D & Enrico T. "Economic Analysis of Different Supporting Policies for the Production of Electrical Energy by Solar Photovoltaics in Western European Union Countries," *Energy Policy*, Vol. 38, 2010, p. 3304.

❸ See Sana Zeeshan Shirazi & Syed Mohammad Zeeshan Shirazi, "Review of Spanish Renewable Energy Policy to Encourage Investment in Solar Photovoltaic," *Journal of Renewable and Sustainable Energy*, Vol. 4, 2012, p. 4.

❹ 国家财政因为累积的补贴赤字而背负着沉重的债务压力，政府的公共债务从2007年只占GDP总额的40%飙升到2011年的80%，电力系统的"上网电价补贴"赤字是主要原因，从2005年到2013年，电力系统的花费增长2.2倍，而收入只增长了1倍，对可再生能源电力的补贴是唯一且最大的支出。See IEA, *Energy Policies of IEA Countries Spain 2015 Review*, Paris: IEA, p. 10.

❺ See Carmen Otero García-Castrillón, *Spain and Investment Arbitration: The Renewable Energy Explosion*, CIGI Investor-State Arbitration Series Paper No. 17, 2016, pp. 4-5.

❻ See Joseph Tirado & Jerry Bloom, *Renewable Energy Reforms in Europe: Growing Threats to International investors*, *LEXOLOGY* (2014), http://cdn2.winston.com/images/content/8/4/v2/84476/IA-RenewableEnergyReformEurope-6-9-2014.pdf.

（二）可再生能源争端的爆发

西班牙可再生能源法律政策的急遽变化，使其可再生能源领域出现了极度混乱。一方面，投资者遭受巨额损失。国内投资者选择通过国内的司法途径，将政府告上法庭。2013 年，14 个本国可再生能源生产者宣称西班牙政府的措施是法律不确定性的体现，并且还有溯及既往的性质。[1] 但西班牙最高法院认定制度变更的过程中没有权利被侵犯，不予支持投资者。[2] 与国内投资者相比，国外投资者除了国内司法途径，还可以在国际仲裁庭起诉东道国，这也是短时间内西班牙在国际仲裁庭上频频被诉的原因。多项国际仲裁缠身的西班牙，在系列案件中的花费也是相当不菲，2013 年西班牙在诉讼中花费数百万欧元，这大致相当于其卫生支出的 22% 和教育支出的 18%，[3] 这对于财政本就困难的西班牙来说，如同雪上加霜。另一方面，从对可再生能源发电项目的大力支持与慷慨资助，到不停变更制度以削减投资者的收益，给投资者们营造了西班牙政策极度不稳定的形象，而这对其今后吸引投资产生极为不利的负面影响。

二、西班牙可再生能源争端案件的解决现状及其法律争议焦点

截至 2018 年 12 月 31 日，西班牙作为东道国而被他国投资者起诉的案件共有 49 起，因可再生能源争端被诉的即有 44 起。从 2011 年的第 1 起至今，数量一直在增加。需要指出的是，西班牙目前已签订的生效双边投资条约（BIT）有 67 个，[4] 同时其还是《关于解决国家和他国国民之间投资争端公

---

[1] 溯及既往是指投资者声称变更后的法律制度，对之前就已经在西班牙管理机构注册的设备产生影响。See Fernando Dias Simões, "When Green Incentives Go Pale: Investment Arbitration and Renewable Energy Policymaking," *Denver Journal of International Law & Policy*, Vol. 45, 2017, p. 253.

[2] See Isabel Bassas, "Renewable Energy in Spain: Additional Remuneration and Other Issues," *Renewable Energy Law & Policy Review*, Vol. 7, 2016, p. 6.

[3] See Cecilia Olivet & Pia Eberhardt, *Profiting from Crisis: How corporations and lawyers are scavenging profits from Europe's crisis countries*, Transnational Institute & Corporate Europe Observatory, 2014, p. 6.

[4] See UNCTAD, *BITs of Spain IIA Mapping Project*, https://investmentpolicyhubold.unctad.org/IIA/mappedContent#iiaInnerMenu (last visited on 2020-11-23).

约》又称（《华盛顿公约》）的缔约国，[1] 它们均可以提供国际仲裁的争端解决方式。但这44起案件中提起仲裁的依据均是《能源宪章条约》（ECT），[2] 可见，ECT在这一系列争端解决中处于核心地位。

（一）西班牙可再生能源争端案件的解决现状

截至2020年11月，在涉及西班牙的44起案件中，有7起已作出裁决，而36起还未作出裁决，剩余1起案件没有继续进行。[3] 在已决案件中，西班牙与各案投资者分别就程序上仲裁庭是否具有管辖权、实体上西班牙是否违反ECT所规定义务进行了论辩。

西班牙提出管辖权异议的主要理由有：①投资者的身份不符合ECT的规定；②投资者的投资不符合ECT规定；③仲裁庭无权审理欧盟内部投资争端；④ECT附录ID保留的适用；⑤有关税收的管理措施，仲裁庭无权管辖。仲裁庭普遍接受税收管理措施的异议，认为其对此事项没有管辖权，而对西班牙的其他异议予以拒绝，即认定仲裁庭有管辖权。

裁决在实体上的认定，主要集中在西班牙是否违反ECT第10条（1）款及第13条规定的义务。7起已决案件形成支持东道国或投资者的两种结论。仲裁庭选择支持东道国西班牙的有Charanne and Construction Investments v. Spain（以下简称“Charanne案”）与Isolux v. Spain（以下简称“Isolux案”）2起案件，均认定西班牙没有违反条约义务，拒绝了投资者的诉求。仲裁庭选择支持投资者的有Eiser and Energía Solar v. Spain（以下简称“Eiser案”），Antin v. Spain（以下简称“Antin案”），Masdar Solar v. Spain（以下简称“Masdar案”），Foresight and others v. Spain（以下简称“Foresight案”）及Novenergia v. Spain（以下简称“Novenergia案”）共5起案件。这5案的裁决均认定西班牙违反第10条（1）款，而投资者提出西班牙的行为违

---

[1] See ICSID WORLD BANK GROUP, *Spain ratified ICSID Convention on August 18 1994 and entered into force on September 17 1994*, https://icsid.worldbank.org/en/Pages/about/Database-of-Member-States.aspx (last visited on 2020-11-23).

[2] See UNCTAD Investment Policy Hub, *The Cases of Spain as Respondent State*, *UNCTAD Updated as of 31 December 2018*, https://investmentpolicy.unctad.org/investment-dispute-settlement/country/197/spain (last visited on 2020-11-23).

[3] 数据来源于联合国贸易和发展委员会（UNCTAD）。

反第 13 条即行为构成征收的诉求，则均被仲裁庭予以否决。

（二）西班牙可再生能源争端解决的法律争议焦点

1. 关于《能源宪章条约》的管辖权问题

《能源宪章条约》作为规范能源投资同时带有争端解决机制的多边条约，在国际能源法律规制中具有重要意义。条约下的争端解决机制，是西班牙一系列仲裁案件管辖权的唯一依据。西班牙于 1997 年批准了《能源宪章条约》，1998 年 4 月对其生效。[1] ECT 为增强投资者的信心，以及将东道国和投资母国对国际能源投资的保护上升到法律层面，在条约的争端解决部分设立了一缔约国与另一缔约国投资者间的争端解决机制（Investor-State Dispute Settlement，即 ISDS 机制）。[2]

ECT 第 26 条为其 ISDS 机制的主要内容。其第（1）款要求投资者与缔约方所涉违反投资促进保护义务的争端应尽可能友好地解决。第（2）款规定如若争端在三个月内未友好解决，则可以通过向缔约方所在地法院或行政法庭提起诉讼、可适用先前商定的程序、以下款落规定的仲裁程序这三种方式解决。不同于一般的"岔路口条款"，根据本款的语义其并没有规定只能选择其中一种。第（3）款 a 项规定各缔约方对国际仲裁或调解给予无条件同意，而 b 项禁止重复提交争议和 c 项禁止"保护伞条款"[3] 项下争议的无条件同意则是 a 项无条件同意的除外情形，缔约方可以进行保留。第（4）款规定选择第（2）款 c 项即仲裁的方式，投资者应当为争议提交其书面同意至国际投资争端解决中心（ICSID）、根据联合国国际贸易法委员会（UNCITRAL）仲裁规则设立的独任仲裁员或特别仲裁庭、斯德哥尔摩商会（SCC）仲裁院的仲裁程序，也即仲裁通过以上三种程序进行。第（5）款规定了缔约方与投资者的同意等同于 ICSID、《承认及执行外国仲裁裁决公约》（《纽约公约》）、UNCI-

---

[1] See International Energy Charter, Spain ratified1994 *Energy Charter Treaty* on 11 December 1997 and entered into force on 16 April 1998, https://energycharter.org/who-we-are/members-observers/countries/spain/ (last visited on 2020-11-29).

[2] See*Energy Charter Treaty* 1994article 26, Settlement of Dispute Between Investor and a Contracting Country.

[3] 《能源宪章条约》第 10 条第（1）款最后一句"每一缔约方在与另一缔约方的投资商或投资项目签订合约时，应当履行相应义务"，此句即一般意义上的"保护伞条款"。

TRAL 规则下同意通过仲裁解决争端的规定，并对保证裁决执行作了安排。第（6）款规定第（4）款所设仲裁庭应根据本条约及可适用的国际法规则与原则作出裁决，排除了国内法的适用。第（7）款规定在争议产生前至提交书面同意时，东道国国籍的非自然人投资者被另一缔约方投资者所控制，则应当被视为 ICSID 及附加便利规则下的另一国国民，即争端解决机制中适格的投资者主体。第（8）款则对仲裁的约束力及执行力作出了规定。

ECT 的 ISDS 机制体现了其争端解决强制性的特点，最大程度吸收了现有的争端解决机制，有利于减轻国际法的“碎片化”现象。[1] 但是也因其强制性使特别强调主权的国家往往难以接受国际仲裁庭的管辖，其裁决结果超出了它们的控制范围。而能够接受这一机制的主要原因，还是希望它们对投资者或法律或合同的承诺更加可信。[2]

西班牙是 ECT 的缔约方，因此 ISDS 机制得以对其适用。其后，在投资者认为遭受损失后，首先应根据第（1）款友好协商解决，而三个月内未能解决，则可选择第（2）款的解决途径。根据第（3）款 b 项的规定，如果投资者已选择前两种途径解决争端，而东道国是附录 ID 中所列国家，则国际仲裁或调解的无条件同意则进行保留。西班牙正是第 3 款 b 项中附录 ID 所列国家，因此投资者不能在第（2）款 a、b 项与 c 项争端解决途径中重复选择。[3] 在根据第（2）款 c 项提起国际仲裁后，因西班牙不属于第（3）款 c 项中附录 IA（禁止“保护伞条款”项下争议的无条件同意）所列国家，其无法通过此例外规定规避国际仲裁的无条件同意，所以投资者将其书面同意提交至仲裁庭即可提起仲裁。在投资者依第（4）款所列仲裁机构提起的 44 起仲裁案件中共有，ICSID 仲裁案件 32 起，SCC 仲裁院案件 10 起，UNCITRAL 规则所设仲裁庭管辖案件 2 起。其余的款项，为仲裁的顺利进行及最终的执行起到保障作用。

---

[1] 参见白中红：《〈能源宪章条约〉的争端解决机制研究》，载《外交评论》2011 年第 3 期，第 91-92 页。

[2] See Andrei Konoplyanik & Thomas Wdlde, “Energy Charter Treaty and its Role in International Energy”, *Journal of Energy & Natural Resources Law*, 2006, Vol. 24, p. 546.

[3] 在 Charanne 诉西班牙一案中，西班牙主张投资者在本国最高法院及欧洲人权法院提起诉讼，根据 b 项规定其没有对投资者提起国际仲裁无条件同意，这是本案其抗辩的理由之一。

2. 关于是否违反《能源宪章条约》的实体规定问题

这一系列仲裁案在实体方面的争议焦点实际上最终落在西班牙是否违反ECT第10条第（1）款义务的认定上。

ECT第10条名为投资的促进、保护和待遇，共有12款内容。其中第（1）款包含5项缔约国应当履行的义务，分别是：缔约方应创造稳定、公平、有利且透明的条件鼓励投资；始终给予投资以公平公正待遇；不得采取不合理或歧视性措施损害投资；投资待遇不低于国际法（包括条约义务）的要求；遵守与投资者或投资达成的义务（“保护伞条款”）。与国民待遇和最惠国待遇等相对待遇相比，本款规定的应是东道国的绝对待遇义务。根据条文款项安排的顺序，5项义务应当是并列关系，但在国际仲裁实践中前4项经常被认为同是公平公正待遇的一部分。基于此，不同的仲裁庭认定西班牙是否违反第10条第（1）款义务时，其说理过程呈现出对公平公正待遇所含内容的理解差异。

“Charanne案”仲裁庭认为，投资者合法期待（legitimate expectation）的存在是认定是否违反第10条第（1）款义务的重要因素，[1] 而西班牙是否对投资者进行特殊承诺，[2] 制度是否不合理、不成比例及违背公共利益的变动，[3] 都是认定合法期待的基础。“Isolux案”仲裁庭认为，合法期待是公平公正待遇的重要判断标准。通过论证投资者不存在制度不变的合法期待，认定西班牙没有违反公平公正待遇。[4] “Eiser案”仲裁庭认为，公平公正待遇包括法律的稳定性与透明度，投资时所依赖的制度不会彻底改变的合理期待。[5] “Antin

[1] See Charanne B. V. & Construction Investments S. A. R. L. v. Kingdom of Spain, Final award, SCC Arbitration（2012/062）, para 486.

[2] See Charanne B. V. & Construction Investments S. A. R. L. v. Kingdom of Spain, Final award, SCC Arbitration（2012/062）, para 504.

[3] See Charanne B. V. & Construction Investments S. A. R. L. v. Kingdom of Spain, Final award, SCC Arbitration（2012/062）, para 514.

[4] See Isolux Infrastructure Netherlands, B. V. v. he Kingdom of Spain, Award, SCC Arbitration（2013/153）, para 773-815.

[5] See Eiser Infrastructure Limited and Energia Solar Luxembourg S. À. R. I. v. The Kingdom of Spain, A-ward, ICSID Case No. ARB/13/36, para 379-381.

案”仲裁庭认为，解释公平公正待遇，应该包含法律的稳定性及透明度。[1]“Masdar 案”仲裁庭认为，公平公正待遇的解释多样，但是其包括不应有不合理、不公正的法律制度变更，不应违反对投资者的特殊承诺，[2] 有特殊承诺才会保护投资者的合法期待。[3]“Novenergia 案”仲裁庭认为，公平公正待遇最主要的部分是投资者的合法与合理期待，[4] 信守稳定与透明度义务是尊重投资者合法期待的体现。[5]“Foresight 案”仲裁庭认为，法律的稳定性、保护投资者的合法期待是公平公正待遇的一部分，[6] 透明度义务、一致性义务以及善意义务是尊重投资者合法期待的体现。[7]

最终的裁判决定中，似乎还存在仲裁庭对第 10 条第（1）款与公平公正待遇之间关系认识的不同倾向。支持投资者的 5 起案件中，“Eiser 案”“Antin 案”及“Masdar 案”责任认定部分的说理，都是围绕公平公正待遇展开，或许正如“Eiser 案”仲裁庭指出的，对西班牙是否给予公平公正待遇的认定为评价复杂的事实情况提供了最合适的法律环境，[8] 在这样的考虑下，裁决才会特别指明西班牙违反第 10 条第（1）款的公平公正待遇，但这样的行为不排除仲裁庭将第 10 条第（1）款总括为公平公正待遇的可能。“Novenergia 案”和“Foresight 案”也在说理过程中认定西班牙违反公平公正待遇，但投资者进一步要求认定西班牙违反第 10 条第（1）款第 3 项及第 5 项义务时，两案仲裁庭均认可西班牙违反第 3 项义务，但其本身是公平公正待遇的一部分，

[1] See Antin Infrastructure Services Luxembourg S. à. r. l. and Antin Energia Termosolar B. V. v. The Kingdom of Spain, Award, ICSID CASE No. ARB/13/31, para 523.

[2] See Masdar Solar & Wind Cooperatief U. A. v. Kingdom of Spain, Award, ICSID Case No. ARB/14/1, para 484.

[3] See Masdar Solar & Wind Cooperatief U. A. v. Kingdom of Spain, Award, ICSID Case No. ARB/14/1, para 489.

[4] See Novenergia II-Energy & Environment (SCA), SICAR v. The Kingdom of Spain, FINAL ARBITRAL AWARD, SCC Arbitration (2015/063), para 648.

[5] See Novenergia II-Energy & Environment (SCA), SICAR v. The Kingdom of Spain, Final arbitral award, SCC Arbitration (2015/063), para 646.

[6] See Foresight Luxembourg Solar 1 S. à. r. l. v. The Kingdom of Spain, Final award, SCC Arbitration (2015/150), para 351-352.

[7] See Foresight Luxembourg Solar 1 S. à. r. l. v. The Kingdom of Spain, Final award, SCC Arbitration (2015/150), para 361-362.

[8] See Eiser Infrastructure Limited and Energia Solar Luxembourg S. À. R. I. v. The Kingdom of Spain, Award, ICSID Case No. ARB/13/36, para 353.

已经作出有效认定因而不再另作处理。两案仲裁庭也均否认西班牙违反第5项“保护伞条款”。基于此，两案在裁决中概括性地认定西班牙违反第10条第（1）款。

作出裁决的7起案件中，事实背景都围绕西班牙的激励制度变更展开，投资者都声称在过程中遭受了损失，而依据ECT提起国际投资仲裁。但我们看到，仲裁庭除了管辖权的最终认定及是否存在征收保持了一致意见，具体认定公平公正待遇的内容，及西班牙是否给予投资者公平公正待遇的论证过程中，均存在着明显的差异。

三、西班牙可再生能源争端解决对中国的启示

（一）对西班牙可再生能源争端解决的反思

《能源宪章条约》提供便利的ISDS机制作为事后救济，东道国承担着高标准的绝对待遇义务，投资者得而享受充分的保护。但相反的是，救济的便利与高标准义务的结合，对国家的规制权造成极大的破坏。西班牙被投资者提起44起国际仲裁，就是充分的例证。

《能源宪章条约》的ISDS机制，其中最能突出便利性特点的当属缔约国对国际仲裁的无条件同意，这是同ICSID公约及双边或多边投资条约实践相比的明显突破。ICSID公约第25条第（1）款要求中心对东道国与另一国国民投资争端的管辖权以双方书面同意为基础。最新签订但尚未生效的《美加墨协定》（USMCA）也在文本第14章投资部分附件D采取了对投资仲裁限制同意的立场。[1] 中国新近签订的双边投资协定，如中国与加拿大的双边投资协定规定了同意仲裁的诸多前提条件，[2] 中国与坦桑尼亚的双边投资协定要求仲裁

---

[1] See *Agreement between the United States of America, the United Mexican States, and Canada* 05/30/19 *Text, Article 14. D. 5: Conditions and Limitations on Consent*, available on https://ustr.gov/trade-agreements/free-trade-agreements/united-states-mexico-canada-agreement/agreement-between (last visited on 2020-11-23).

[2] 《中华人民共和国政府和加拿大政府关于促进和相互保护投资的协定》第二十三条：按照本协定规定的程序，每一缔约方均同意将诉请提请仲裁。未能满足第二十一条所规定的先决条件中任何一条，则使该同意归于无效。

前用尽当地救济，❶ 中日韩三国的投资协定要求缔约国同意仲裁，❷ 协定中对仲裁手段的限制，明显地区别于 ECT 的无条件同意仲裁立场。同时，该机制，对于国际投资条约常见的“岔路口条款”、仲裁意图通知要求、时效、用尽当地救济、提交仲裁范围限制等，统统没有采用。❸ 只有三个月的友好解决期限这一前置条件，经过此期限即可寻求仲裁解决，而机制中所谓的“岔路口条款”仍需通过缔约国保留才能达到应有的效果。机制第（6）款排除国内法而适用条约或国际法更是为仲裁庭发挥裁量权提供了便利。不得不说，该机制尽最大可能地为投资者维护利益提供便利，缔约国似乎是表达了对投资者充分保护的态度，但本机制的特点将会在投资者寻求利益保护时变成一柄利剑。

ECT 第 10 条第（1）款规定的高标准绝对待遇义务，最关键的往往还是公平公正待遇，而理论与实践针对公平公正待遇的纷争，揭示了很难形成普遍接受的待遇界定。❹ 在其内容由仲裁庭把握时，不论认定主要义务是保护投资者的合理期待、维持制度的稳定性与可预见性，还是要求措施合理且成比例，在西班牙制度变更的背景下，似乎都可以通过“合理”的解释将责任归咎于东道国。国际仲裁庭对公平公正待遇认定的不一致性，对东道国所承担保护投资义务的准确理解产生严重影响，进而限制其规制外资的权力。❺ 正如支持投资者的仲裁庭均表达了这样的观点：东道国当然地享有管理的权力，这是毫无争议的，但是 ECT 公平公正待遇的保护就使得其权力受限，东道国

❶ 《中华人民共和国政府和坦桑尼亚联合共和国政府关于促进和相互保护投资协定》第十三条第二款：缔约另一方可以要求该投资者在提交国际仲裁之前，用尽缔约另一方法律和法规所规定的国内行政复议程序。

❷ 《中华人民共和国政府、日本国政府及大韩民国政府关于促进、便利及保护投资的协定》第十五条第四款：各缔约方在此同意争议投资者依据本条规定将投资争议提交第三款规定的仲裁。

❸ 参见马迅著：《〈能源宪章条约〉投资规则研究》，武汉大学出版社 2012 年版，第 241 页。

❹ See Barnali Choudhury, “Evolution or Devolution? Defining Fair and Equitable Treatment in International Investment Law,” *The Journal of World Investment & Trade*, Vol. 6, 2005, p. 320.

❺ 参见梁开银：《公平公正待遇条款的法方法困境及出路》，载《中国法学》2015 年第 6 期，第 184 页。

不能以随意与不合理的方式变更制度。❶ 进一步地讲，除公平公正待遇内容外，认定东道国是否违反义务的标准也由仲裁庭把握。"Foresight 案"提到，西班牙新制度发生的根本性变更，越过了不需要赔偿的管理措施到违反 ECT 公平公正待遇的界限。❷ 其"界限"通过制度的变更是否是彻底的（radical）、根本的（fundamental），或是消除了制度的本质性特点（Essential Features）来认定，但这些要素其实都通过仲裁庭进行判断，而没有明确的标准参照。另外，论证东道国违反条约义务的说理过程，均援引大量与本仲裁庭持相同意见的案例，而援引案件中公平公正待遇的内容事实上也是仲裁庭裁量的结果。如果在先的裁决本身是错误的，相互援引论证的结果只能是"一错再错"！可再生能源发电技术在不断革新，难免要通过规范的修改来适应经济与技术背景的转变。东道国通过条约具体义务及公平公正待遇条款的承认作了多项保证，已是最大的妥协，不能将公平公正待遇作为任由国际仲裁庭操持的"帝王条款"。❸ 如果因此而使国家对行业管理畏手畏脚，其后果是不可想象的。

回归案件的实质来看，丰厚的收益吸引规模大、数量多的外资进来，这是西班牙系列仲裁案件集中爆发的一个原因，ECT 提供便利的救济制度与任由国际仲裁庭解释的条约义务结合才是关键所在。纵然现在有 2 起支持东道国的案例，但像"Novenergia 案"仲裁庭总结的那样，"Charanne 案"是因为仲裁庭只对截至 2010 年的制度变更行为进行认定，而"Isolux 案"的投资者是 2012 年 10 月才进行投资，没有经历制度从丰厚补贴到完全废除的整个过程，在这两起案件中仲裁庭最后选择支持西班牙。❹ 按照 5 起支持投资者案的

---

❶ See Eiser Infrastructure Limited and Energia Solar Luxembourg S. À. R. I. v. The Kingdom of Spain, Award, ICSID Case No. ARB/13/36, para 362; Antin Infrastructure Services Luxembourg S. à. r. l. and Antin Energia Termosolar B. V. v. The Kingdom of Spain, Award, ICSID CASE No. ARB/13/31, para 530; Masdar Solar & Wind Cooperatief U. A. v. Kingdom of Spain, Award, ICSID Case No. ARB/14/1, para 485-486; Novenergia II-Energy & Environment (SCA), SICAR v. The Kingdom of Spain, Final arbitral award, SCC Arbitration (2015/063), para 688; Foresight Luxembourg Solar 1 S. à. r. l. v. The Kingdom of Spain, Final award, SCC Arbitration (2015/150), para 356.

❷ See Foresight Luxembourg Solar 1 S. à. r. l. V. The Kingdom of Spain, SCC Arbitration (2015/150), para 398.

❸ 参见徐崇利：《公平与公正待遇标准：国际投资法中的"帝王条款"?》，载《现代法学》2008 年第 5 期，第 124 页。

❹ See Novenergia II-Energy & Environment (SCA), SICAR V. The Kingdom of Spain, Final arbitral award, SCC Arbitration (2015/063), para 685-686.

观点继续延伸的话，44 起仲裁案缠身的西班牙可以说正在经历一场深刻的国际仲裁危机，但西班牙当然也不会“坐以待毙”，仲裁的国内司法审查及仲裁机构的撤销程序依然是可选择项。

（二）未来中国在可再生能源争端上的法律路径选择

虽然我国尚未加入 ECT，但仍然需要通过能源投资来加强国际能源合作，西班牙经历的国际仲裁危机给我们带来如下的启示。

1. 保留加入《能源宪章条约》态度

截至 2018 年 10 月 17 日，ECT 有 55 个成员。[1] 我国目前是能源宪章组织的观察员国，签署了旨在加强能源合作却没有法律约束力的《国际能源宪章》，[2] 仅是一个政治意义的宣言。诚然，加入《能源宪章条约》能够促进与缔约国之间的能源合作，ISDS 机制对我国投资者的对外能源投资也可以提供强有力的保护。但是如上文所分析，ECT 的便利救济制度及高标准的绝对待遇义务都表现出过度保护投资者的价值倾向，而在国际仲裁庭对条约义务的“任意”解释下，国家的主权或是规制权会受到过分限制。同时，其还存在适用范围缺乏边界的重大法律缺陷，地缘政治、价值观念差异及仲裁机构（员）枉法裁判等因素叠加，都会给中国带来主权或主权权利方面的巨大风险。[3]

因此，笔者认为目前我国应当保留加入现行 ECT 的态度，在《国际能源宪章》的基础上，可以继续加强能源合作。“一带一路”倡议的发展，也在形成独有的能源合作机制。多方面能源合作机制的建设，其效果应当优于加入存在巨大风险隐患的《能源宪章条约》。

---

[1] See Energy Charter, *55 states or Regional Economic Integration Organizations have signed or acceded to the Energy Charter Treaty*, https://energycharter.org/who-we-are/members-observers/ (last visited on 2019-6-9).

[2] See Energy Charter, *China became observer by Invitation granted by the Energy Charter Conference on 17 December 2001 and signed International Energy Charter on 20 May 2015*, https://energycharter.org/who-we-are/members-observers/countries/china/ (last visited on 2020-11-23).

[3] 参见胡德胜：《中国应该如何对待〈能源宪章条约〉》，载《政法论丛》2017 年第 6 期，第 85 页。

2. 能源投资的有序管理

2016年全球对外直接投资1.83万亿美元，电力与天然气等新建投资项目就达1290亿美元，高居“绿地投资”前十行业的榜首。❶ 可以说，能源是国际投资的重要领域。我国新颁布了《中华人民共和国外商投资法》，向世界传达了继续扩大开放的决心与努力。最新发布的《外商投资准入特别管理措施（负面清单）》（2019年版）相比2018年版，也取消了石油、天然气（含煤层气，油页岩、油砂、页岩气等除外）的勘探、开发限于合资、合作的限制，意味着外商在这些领域可以独资进入。我国从法律制度到政府决策都在为能源类投资的进入充分地创造条件。

但是，能源类投资的周期长且投入较大，而且关涉国家的主权利益，因此投资者与东道国之间的争端频发。❷ 以ICSID的数据来看，登记在中心的案件中以《能源宪章条约》作为管辖权依据的占9%，根据不同领域划分的各类案件中能源类能占到41%。❸ 由此不难看出，加强能源投资秩序管理十分有必要。事实上，欧洲其他国家如捷克、罗马尼亚、保加利亚等国也采取了可再生能源发展的激励措施，❹ 但西班牙的教训最为惨痛。其正在经历的这次国际仲裁危机提醒我们，国家应当做好外资引入的风险管理，保证产业平稳发展的秩序。良好的营商环境与完备的法律体系才是吸引外资进入的硬性条件，一味地追求以丰厚的利益引资并不可取。在应对气候变化与节能减排的背景下，还要特别关注可再生能源投资的发展。可再生能源行业是资本集中型并伴有长偿还期的产业，可能面临着其他新技术或新资源突破的风险，❺ 因此高度依赖政策或法律制度的支持。在扶持可再生能源行业发展的过程中，特别要维持政策的稳定性，一方面保证国内外投资者的收益，另一方面也可以规

❶ See UNCTAD, *World Investment Report 2018: Investment and New Industrial Polices*, Geneva: United Nations, 2018, p. 2-8.

❷ 参见李瑞民：《〈能源宪章条约〉与国际能源投资争端解决》，载《国际石油经济》2008年第8期，第43页。

❸ See ISCID, *The Icsid Caseload—Statistics (Issue 2019-1)*, https://icsid.worldbank.org/en/Documents/resources/ICSID%20Web%20Stats%202019-1(English).pdf.

❹ See Fernando Dias Simões, “When Green Incentives Go Pale: Investment Arbitration and Renewable Energy Policymaking,” *Denver Journal of International Law & Policy*, Vol. 45, 2017, p. 254.

❺ See World Bank, *Inclusive Green Growth: The Pathway To Sustainable Development*, http://siteresources.worldbank.org/EXTSDNET/Resources/Inclusive_Green_Growth_May_2012.pdf.

避潜在的投资争端风险。

3. 投资协定中公平公正待遇条款改进

公平公正待遇的内容本就难以确定，国际仲裁庭对此条款的解释应当充分考虑复杂环境下发展中国家东道国面临的发展问题及挑战，[1] 能源行业的发展更是如此。但目前来看，国际仲裁庭“任意”解释的倾向，不仅提醒我们谨慎对待《能源宪章条约》，同样要防范已签条约中公平公正待遇条款潜在的法律风险。

中国已经签署大量的双边投资协定及自由贸易协定等保护与促进投资的国际协定，其中大部分也包含公平公正待遇条款。以发展过程来看，我国的双边投资协定从不予规定或是不附加条件地概括性规定如只要求给予公平公正待遇，到开始通过“依照国际法原则”或“最低待遇”进行限制以及对具体义务内容细化，[2] 表明了我国也开始关注公平公正待遇的发展趋势，并且认识到国际仲裁庭裁量权可能造成的损害。未来我国必然还要签订新的投资协定或是完成已签投资协定的升级，对其中的公平公正待遇条款可以将其内容明确规定，或是明确其适用的条件或是例外，甚至于直接将其排除在投资者可诉事项之外。[3] 这样都可以规避潜在的公平公正待遇条款任意性解释风险。防止公平公正待遇条款的不合理运用对国家的管理权力进行限制，可以平衡投资者利益保护与东道国主权行使之间的关系。

---

[1] See Rumana Islam, *The Fair and Equitable Treatment* (*FET*) *Standard in International Investment Arbitration Developing Countries in Context*, Singapore: Springer, 2018, p. 183.

[2] 参见邓婷婷著：《国际投资协定中的公平与公正待遇研究》，法律出版社 2017 年版，第 252 页。

[3] 参见余劲松：《国际投资条约仲裁中投资者与东道国利益保护平衡问题研究》，载《中国法学》2011 年第 2 期，第 137-138 页。

第十章

WTO 框架下可再生能源补贴的法律问题及中国应对

【本章摘要】 近年来，可再生能源补贴成了 WTO 的主要争端来源之一，截至 2020 年，已有 11 起针对可再生能源补贴计划的案件。需要指出的是，当前的 WTO 规则中没有针对可再生能源的特别规制，因此，对于可再生能源补贴的分析只能建立在《补贴与反补贴措施协议》（以下简称《SCM 协定》）的基础上。本章认为可从 WTO 和中国两个层面，对现行制度进行反思并提出完善建议。就 WTO 层面而言，提出了三个制度设想，第一，GATT 第 20 条能否适用于《SCM 协定》仍不确定，因此有必要对其进行澄清；第二，《SCM 协定》关于不可诉补贴的规定条件和程序都过于烦琐，以至于即使恢复也意义不大，因此提议修改此条款；第三，结合《农业协定》的箱子模式，根据补贴的贸易扭曲程度和对环境的正外部性，将可再生能源补贴划分为绿箱、蓝箱和黄箱。就国内层面而言，必须提高相关政策的合规性，避免使用禁止性补贴，可采取研发补贴，逐步放宽对国有企业和私营企业的控制。

【关键词】 WTO；可再生能源；补贴与反补贴措施协定

随着全球气候变暖，人们越发关注环境问题。第 21 届联合国气候变化大会达成了一项新的普遍适用的全球气候协定，为 2020 年后全球应对气候变化行动作出安排，该协定于 2020 年后开始付诸实施。[1] 在此背景下，各国也在积极调整能源供应结构。可再生能源以其绿色可持续的独特优势，成了各国能源转型中的焦点。中国作为碳排放大国，近些年也一直在努力调整产业结

---

[1] 参见吕江：《〈巴黎协定〉：新的制度安排、不确定性及中国选择》，载《国际观察》2016 年第 3 期，第 92-104 页。

构，积极发展可再生能源。自2006年出台《可再生能源法》后，中国政府相继实施了一系列针对可再生能源产业的支持计划。特别是在《可再生能源发展“十三五”规划》中明确将可再生能源定位为重大战略，并肯定其在全球应对气候变化和能源转型中的重要性。[1] 该规划意在通过加大政府的投入力度，致力发展相关可再生能源产业。

中国可再生能源产业在这一系列的政策支持下迅速发展，然而，机遇与挑战并存。截至目前，WTO争端解决机制受理的案件中已经有11起与可再生能源补贴有关，而中国作为当事方或者第三方的案件已经多达7起，分别是DS379、DS412、DS419、DS426、DS437、DS452和DS456。但是WTO目前的框架体系内没有针对可再生能源的专门规定，因此，对涉案措施认定时采用的标准同常规意义下的补贴一样。如今大力提倡绿色可持续发展理念，而前述的现实情况与该理念存在一定的矛盾。

一、WTO可再生能源补贴认定的理论与实证分析

根据《SCM协定》第1条，补贴的认定有以下几个条件：（1）由政府或者公共机构提供；（2）通过财政资助提供；（3）为接受者创造利益。[2] 当然，某一项措施根据《SCM协定》第1条构成“补贴”并不意味着会受到《SCM协定》的约束，只有符合第2条规定的“专向性”才会被认定为受《SCM协定》规制的补贴。现行的《SCM协定》中补贴分为两类，一类是可诉性补贴，另一类是禁止性补贴。可诉性补贴并没有被《SCM协定》一律禁止，但当其构成对其他国家产生“不利影响”的“专向性”补贴时，则会经WTO争端解决程序被撤销。禁止性补贴包括出口补贴和进口替代补贴，由于其具有很高的贸易扭曲性而一律被禁止使用。本章将结合相关案例，尤其是可再生能源补贴相关案例对上述内容进行分析。

---

[1] 参见《国家发展改革委关于印发〈可再生能源发展“十三五”规划〉的通知》。

[2] 《SCM协定》第1.1条 就本协定而言，如出现下列情况应视为存在补贴：（a）（1）在一成员领土内，存在由政府或任何公共机构提供的财政资助……（b）则因此而授予一项利益。

（一）《SCM 协定》第 1 条补贴定义分析

1. 公共机构

根据《SCM 协定》第 1.1（a）（1）条的规定，补贴的提供者除政府外，还包括公共机构以及受政府委托或指示的私人机构。对“政府”一词的解释，在实践中存在两种不同的观点：一种认为政府有狭义和广义之分，广义的政府包括狭义的政府和履行政府职能的实体（如公共机构）；另一种则认为政府和公共机构是不可混同的概念。至于什么样的机构被视为“公共机构”，《SCM 协定》以及其他 WTO 文件都没有具体规定。

在美国对中国产品双反案（DS379）中，专家组认为“政府”是“政府”和“公共机构”的统称，这个统称仅仅是简化文本的一种手段。[1] 对于这种解释方法，上诉机构认为不符合条约有效解释的原则。该案的一个关键的争议是，就《SCM 协定》而言，国有企业和国有商业银行是否构成公共机构。如果它们不是公共机构，那么为企业提供原材料的国有企业和提供贷款的国有商业银行只不过是市场上的私人参与者。如果它们是公共机构，那么原材料和贷款很可能被视为潜在的补贴。

在对中国出口的新型充气越野轮胎、环形焊接碳钢管、薄壁矩形钢管和层压编织袋这四种商品的调查中，美国商务部都根据所谓的多数股份原则，将相关的中国国有企业认定为公共机构。专家组承认对“公共机构”一词没有明确的定义，并提出不同的国家的法律以许多不同的方式界定何为“公共机构”。他们指出，其中有些远远超出政府机构或类似政府机构的范围，尤其包括提供货物或服务的政府所有或控制的公司。专家组认为需要解决的问题是，国有企业或国有商业银行是私人机构还是专门为《SCM 协定》之目的而设立的公共机构，于是将讨论框架定为公共机构与私人机构之间的关系，而不是介于政府和非政府职能之间。他们认为“公共机构”是受国家控制的实

---

[1] See Panel Report, *United States–Definitive Anti–dumpling and Countervailing Duties on Certain Products from China* [*hereafter US – Anti – Dumpling and Countervailing Duties* (*China*)], WT/DS379/R, para. 8. 66.

体，而“私人机构”则相反，它们是不受政府控制的实体。[1] 通过将控制作为标准，专家组排除了实体行使政府职能的需要，并基于这一观点支持美国商务部的认定结果。对于专家组将“公共机构”一词解释为“由政府控制的任何实体”[2]，中国认为，政府所有权或控制权不足以证明一个实体是公共机构，故上诉。上诉机构推翻专家组的结论，认为公共机构应该是拥有、行使或被授予政府权力的实体。[3]“政府”与“公共机构”的核心共性就体现在政府职能的履行或被赋予和行使这些职能的权力的事实上。仅仅根据政府是某一实体的大股东这一事实，不足以说明政府对其进行有意义的控制，那么更不能就此证明政府将政府权力赋予该实体。

此外，由于中国国有商业银行近乎完全国有，且法律规定银行必须在国家产业政策的指导下满足国民经济和社会发展的需要等原因，美国商务部在对新型充气越野轮胎的调查中，还将中国国有商业银行认定为公共机构。这一调查比上述四项对于国有企业的调查分析更为广泛，不再仅限于所有权和控制权方面。专家组确定了在该案调查期间，政府广泛参与和控制国有商业银行业务，且政府持有国有商业银行全部或多数股份，因此认为美国商务部据此认定国有商业银行为公共机构的依据是充分的，专家组的这一结论得到上诉机构的支持。

中美之间关于“公共机构”认定问题的争论，还体现在另一典型案例之中，即美国对来自中国的某些产品的反补贴措施案（DS437）。DSU 第 11 条[4]要求专家组对摆在面前的问题作出他们自己客观地评估，但同时 WTO 争端解决有遵循先例的习惯。于是，专家组首先审查了美国对中国产品双反案

---

[1] See Panel Report, *US - Anti - Dumpling and Countervailing Duties* (*China*), WT/DS379/R, para. 8. 69.

[2] See Panel Report, *US - Anti - Dumpling and Countervailing Duties* (*China*), WT/DS379/R, para. 8. 94.

[3] See Appellate Body Report, *US-Anti-Dumpling and Countervailing Duties* (*China*), WT/DS379/AB/R, para. 317.

[4] 《关于争端解决规则与程序的谅解》（简称 DSU）第 11 条：专家组的职能是协助 DSB 履行本谅解和适用协定项下的职责。因此，专家组应对其审议的事项作出客观评估，包括对该案件事实及有关适用协定的适用性和与有关适用协定的一致性的客观评估，并作出可协助 DSB 提出建议或提出适用协定所规定的裁决的其他调查结果。专家组应定期与争端各方磋商，并给予它们充分的机会以形成双方满意的解决办法。

（DS379）的上诉机构相关调查结果，以考虑这些调查结果可以在多大程度上为该案的评估提供指导。审查之后，他们也认为确定公共机构的关键因素是履行政府职能的权力问题。[1] 因此，调查机关在确定某一实体是否有履行政府职能的权力时，必须评估所涉实体的核心特征及其与政府的关系。

中国主张，公共机构必须拥有或被赋予行使政府职能的权力，必然意味着公共机构同狭义的政府一样，必须拥有管理、控制或监督他人的权力。这一点没有得到专家组的支持，他们认为中国错误地解读了上诉机构所提及的“政府的本质”。上诉机构援引了加拿大奶制品案的分析，即“政府的本质”是其通过行使合法权利来管理、控制、监督或约束他人，或通过其权力以其他方式行使。[2] 从这一概念中可以提取出两点信息，一个是政府履行的职能，另一个是有权履行这些职能的政府。“政府机构”是指行使政府赋予其的权力，以履行政府性质的职能，即管理、控制、监督和约束公民行为的实体。[3] 中国的解释是将“公共机构”一词等同于“政府机构”。而政府职能的履行、任务和活动范围相当广泛，除了对经济的管制外，还涉及货物和服务的提供等，这要取决于国家的实际运作方式。以专家组的意见来看，无论是政府自身还是通过由其建立、控制、拥有、经营或管理的实体，履行的职能或责任往往超出管理、控制、监督和约束的范围。这种实体包括国有企业、大学、医院、博物馆等。

美国商务部在该案中的论证仍围绕所有权展开，如上所述，上诉机构在美国对中国产品双反案（DS379）中明确指出，政府对一个实体的拥有或控制不足以证明它是公共机构。美国主要依赖所有权方面的信息，专家组认为这是不够的，政府所有权并不是政府有意义地控制一个实体的证据，如果没有更多的证据，就不能确定该实体有履行政府职能的权力。

根据上述分析，尽管某一实体可能是私人的，但它现在行使的职能是公共的，因此是“政府的”。相反，如果某一实体是私人的，尽管多数由政府官

---

[1] See Panel Report, *United States-Countervailing Duty Measures on Certain Product from China* [*hereafter US-Countervailing Measures*（*China*）], WT/DS437/R, para. 7. 64.

[2] See Appellate Body Report, *Canada-Measures Affecting the Importation of Milk and the Exportation of Dairy Products*, WT/DS103/AB/R, para. 97.

[3] See Appellate Body Report, *Canada-Measures Affecting the Importation of Milk and the Exportation of Dairy Products*, WT/DS103/AB/R, para. 97.

方拥有和领导，但如果它不行使被认定为政府的权力，它很可能不受监督。由于可再生能源具有公共产品属性，且其发展对资金技术的需求巨大，大多数国家通过政府委托或指示的私人机构来提供支持。我国政府不仅为可再生能源提供专项研发资金和贷款担保，甚至还授权某些私人机构为光伏电池的生产商提供低价多晶硅。这些私人机构一旦被认定行使了政府职能，就极有可能被认定构成《SCM协定》第1.1（a）（1）（iv）条的补贴提供者。此外，国家所有权虽然不是一个决定性因素，但可以作为证据，与其他因素一起表明政府权力的授予。国有企业和国有商业银行独具中国特色，而国有商业银行已有被认定为公共机构的先例，这无疑增加了中国被诉的风险。

2. 财政资助

《SCM协定》中规定的“财政资助”不限于政府赠款，而是一个包含了多种形式的概念。《SCM协定》第1.1（a）（1）条列举了构成财政资助的措施清单，包括直接转移资金、潜在的资金或债务的直接转移、放弃应征收的政府税收、提供货物或服务以及购买货物。为防止政府通过私人机构发放补贴，从而逃避《SCM协定》的规定，《SCM协定》还规定这些措施不必是公共的，在政府或公共机构的委托或指示下，私人机构采取这些措施仍然符合“财政资助”。

此外，上述列举的措施并不是相互排斥的。在加拿大可再生能源/FIT案[1]中，上诉机构援引了先前的一项争端，指出“一项交易可由多个条款涵盖”，因为“在条款之间没有‘或’的表述”。[2] 在该案中，日本最初声称，根据《SCM协定》第1.1（a）（1）条，安大略省的上网电价计划应同时被视为“资金的直接转移”和“购买货物”。受质疑的措施在某些方面表现出“资金的直接转移”的基本特征，因为这些措施涉及包括支付款项在内的权利和义务的交换。但是专家组不同意申诉人的意见，认为如果政府“购买货物”

[1] 专家组和上诉机构将加拿大影响可再生能源发电行业的某些措施案（DS412）和加拿大与上网电价计划有关的措施案（DS426）合并在一起审理。

[2] See Appellate Body Report, *Canada-Certain Measures Affecting the Renewable Energy Generation Sector* and *Canada-Measures Relating to the Feed-In-Tariff Program* [*hereafter Canada-Renewable Energy/FIT*], WT/DS412/AB/R WT/D/DS426/AB/R, para. 5. 118.

在法律上也可以定性为“资金的直接转移”，将违反条约有效解释的原则。❶上诉机构推翻了专家组的调查结果，认为一项措施可能属于两种或两种以上财政资助形式。然而，由于申诉人关于 FIT 是直接转移资金的证据不充分，专家组仅考虑 FIT 是否构成购买货物。

加拿大安大略省政府为寻求更清洁的方式来取代煤炭逐步淘汰而失去的产能，在 2009 年实施了 FIT 计划，以鼓励风力发电和太阳能发电。由政府和符合条件的能源生产商签订一份 20 年到 40 年的长期合同，以固定价格获得批发电力。在加拿大可再生能源/FIT 案中，日本、欧盟和加拿大都同意这些措施构成财政资助，但三方对财政资助的具体形式认定提出了不同的意见。之所以产生此种争论，是因为根据《SCM 协定》第 14 条的规定，补贴数量的计算方式依据财政资助形式的不同而不同。专家组在审查了有关措施后认为 FIT 计划和合同应定性为《SCM 协定》第 1.1（a）（1）（iii）条所指的政府“购买货物”形式的“财政资助”。❷

一方面，安大略省电力局（以下简称“OPA”）将资金转移给 FIT 发电商，用于支付输送到安大略省电网的电力。安大略省政府正是通过为交付的电力支付 FIT 合同价格，以确保对新发电设施进行投资，从而实现安大略省电力供应的多元化。合同价格的设定旨在为整个项目提供合理的投资回报，但这不能改变一个事实，就是只有在电力供应的情况下，才会向太阳能光伏和风力发电商支付合同款项。因此，专家组认为在设计和运作 FIT 计划时，不存在固有的赠款因素。❸ OPA 不支付可再生能源设备或设施的费用，也不会向发电商提供任何预付款项。OPA 的付款责任仅在电力根据合同条款生产和输送到系统时产生。专家组还着重指出，虽然 FIT 合同将有助于发电商寻求适当的项目融资，但将合同本身定性为建造发电设施的财政支付是错误的。❹ 因为提供项目融资的实体如果获得担保不足，就要接受亏损风险，而 OPA 不需要接受此种风险，它只有在发电商提供电力后才支付相应款项。

---

❶ See Panel Report, *Canada-Renewable Energy/FIT*, WT/DS412/R WT/D/DS426/R, para. 7.246.

❷ See Panel Report, *Canada-Renewable Energy/FIT*, WT/DS412/R WT/D/DS426/R, paras. 7.222 and 7.243.

❸ See Panel Report, *Canada-Renewable Energy/FIT*, WT/DS412/R WT/D/DS426/R, para. 7.223.

❹ *See* Panel Report, *Canada-Renewable Energy/FIT*, WT/DS412/R WT/D/DS426/R, para. 7.224.

另一方面，安大略省政府取得了电力的所有权，因而“购买”了电力。当政府或公共机构通过某种付款形式取得货物的所有权时，将根据《SCM 协定》第 1.1（a）（1）（iii）条认定为政府“购买货物”。购买货物并不要求购买货物的实体，也不要求对购买的货物进行实际占有。物理上拥有电力本来就是不可能的，因为它是一种无形的货物，通常无法储存，必须在生产的同时消耗。鉴于电力的这种特殊性，专家组倾向于将购买电力定性为转让电力的权利，而不是实际占有电力。

就中国而言，《金太阳示范工程财政补助资金管理暂行办法》对光伏发电项目给予补助的规定，就是资金的直接转移。《可再生能源建筑应用专项资金管理暂行办法》第二条和第十三条明确该文件中的专项资金为中央财政支出，并且以无偿补助的形式给予支持。[1] 这很有可能被认定为资金的直接转移。此外，中国进出口银行提供的金融担保则有可能被认定为潜在的资金转移。

3. 利益

财政资助必须给予接受者“利益”，才能被视为《SCM 协定》所约束的补贴。但是《SCM 协定》没有明确规定“利益”的定义及判断标准，导致各成员对“利益”的解释不同引发争论。财政资助的具体形式在很大程度上决定了确定是否给予利益的难度。在直接转移资金的情况下，确定利益存在与否的难度要比政府购买货物形式的财政资助小得多。[2] 与前一情形不同，后一情形涉及购买价格是否超过适当的金额（参考当时的市场条件）。但是，无论政府采用何种形式，都要将财政资助的接受者与市场上的接受者进行对比，评估前者是否获得了比后者更优惠的条件。

通过与市场条件即市场价格和利率进行比较的方式，来确定是否存在“利益”。但是，在许多情况下，市场价格是什么并不清楚。例如，对于贷款，金融机构需要考虑借款人的信贷能力、贷款金额、贷款时的市场利率及其他情况，以此评估风险。经过协商后，最终确定贷款条件。为了确定从政府获

[1] 《可再生能源建筑应用专项资金管理暂行办法》第二条：本办法所称“可再生能源建筑应用专项资金”是指中央财政安排的专项用于支持可再生能源建筑应用的资金。第十三条：专项资金以无偿补助的形式给予支持。

[2] See Henok Birhanu Asmelash, “Energy Subsidies and WTO Dispute Settlement: Why Only Renewable Energy Subsidies Are Challenged”, *Journal of International Economic Law*, No. 18, 2015, p. 271.

得贷款的公司是否获得“利益”，需要确定市场价格，而通常不太可能存在某家公司从私人金融机构那里获得贷款的情况与该公司从政府获得贷款的情况完全相同。市场价格是需要根据具体的各种情况进行估算的。因此，实践中倾向于寻求有说服力的证据（包括经济计量分析[1]）来分析政府提供资金的情况，以确定适当的可供比较的市场价格。

然而，政府干预可能会扭曲市场，如能源市场，以至于无法作为利益比较的基准，如加拿大可再生能源/FIT案中所建议的，在这种情况下应当使用替代基准，这是因为依赖严重扭曲的市场基准会导致错误的结论。在加拿大可再生能源/FIT案中，欧盟和日本都声称，如果没有FIT合同，太阳能发电商和风力发电商将由于财务问题无法运作，安大略省政府向发电商支付的款项显然提供了利益。这一结论没有得到上诉机构的支持。此外，上诉机构称，申诉人错误地将安大略省的FIT计划与整个竞争性批发电力市场进行比较，以确定该计划是否根据《SCM协定》赋予了“利益”。[2] 相反，他们应该将安大略省的FIT计划与风能和太阳能光伏发电的竞争市场进行比较。上诉机构认为，“相关问题是，如果没有FIT计划，风能和太阳能光伏电力供应商能否进入风能和太阳能光伏发电的电力市场，而不是他们能否进入混合电力批发市场”。[3]

上诉机构在确定第1.1（b）条的利益分析的相关市场之前，考虑了需求和供应方面的因素。在需求侧，消费者通常不会根据所使用的生产技术来区分电力，无论电力是如何生产的，在物理上都是相同的。这样看来，通过不同技术生产的电力在需求侧具有很高的可替代性。但上诉机构更在意供应侧因素。尽管需求侧因素有助于将市场定义为所有能源发电的单一市场，但是供应侧因素表明，发电技术之间的运营结构、成本和特征都具有较大差异，阻碍了风能和太阳能光伏发电的存在，而政府也缺乏对发电技术的能源供应

---

[1] 经济计量分析是用统计推论方法对经济变量之间的关系作出数值估计的一种数量分析方法。这种分析方法有两个特点：一是理论与观察资料相结合，赋予理论以经验的内容；二是将随机因素对经济关系的影响纳入分析之中，得出的结论具有概率性。

[2] See Appellate Body Report, *Canada – Renewable Energy/FIT*, WT/DS412/AB/R WT/DS426/AB/R, para. 5. 178.

[3] See Appellate Body Report, *Canada – Renewable Energy/FIT*, WT/DS412/AB/R WT/DS426/AB/R, para. 5. 199.

结构的定义。❶

最终，上诉机构得出结论，应参照政府对其能源供应结构的定义，进行第 1.1（b）条下的利益分析，且指出“政府对某一供应组合的定义本身不能被视为授予《SCM 协定》第 1.1（b）条所指的利益”。❷ 根据这一标准，反对政府可再生能源支持计划的各方将需要证明，该计划促使可再生能源生产商进入特定的可再生能源市场。

就目前的能源市场而言，没有政府的支持，仅靠可再生能源发电商，可能无法从其可再生能源投资中获利，甚至无法生存。有了政府的支持，可以在一定程度上弥补高昂的技术成本，从而使可再生能源供应商得到一定的发展。“由无利可图到向一定的发展潜力转变”和“更有利的条件”在含义上有很大的区别。❸ 上诉机构认为，应当区分创造市场的政府干预和对已经存在的市场的政府干预。如果政府没有创造市场，就不会有市场，因此，在政府创造市场的语境下，不能说政府的干预扭曲了市场。❹ 在这种情况下使用替代基准的理由不是因为市场被扭曲，而是因为它是由政府干预创设的。

基于上述分析，被质疑措施没有被认定为《SCM 协定》意义上的补贴。这一争端暴露了 WTO 协定对可再生能源的约束力有限。在可再生能源这样一个政府干预的市场中，如何对政府的支持措施作出适当的定义这一问题亟待解决。从经济学的角度分析，政府有必要对可再生能源市场进行干预。因此，在各国政府意图保护可再生能源，而《SCM 协定》对其约束力有限的情况下，很难实现维护国际能源市场秩序的目标。

（二）可诉性补贴的认定

某一措施根据《SCM 协定》第 1 条被认定为补贴后，紧接着要进一步区

---

❶ See Appellate Body Report, *Canada - Renewable Energy/FIT*, WT/DS412/AB/R WT/D/DS426/AB/R, para. 5. 178.

❷ See Appellate Body Report, *Canada - Renewable Energy/FIT*, WT/DS412/AB/R WT/D/DS426/AB/R, para. 5. 175.

❸ See Xu Jian, A Research on Legal Issues on Renewable Energy within the Framework of the WTO, *Journal of WTO and China*, No. 4, 2016, p. 77-75.

❹ See Panel Report, *Canada - Renewable Energy/FIT*, WT/DS412/AB/R WT/D/DS426/AB/R, para. 5. 188.

分该补贴是可诉性补贴还是禁止性补贴。可诉性补贴主要由对其他国家的影响来界定，是指并没有被一律禁止，但由于具有专向性且对其他国家产生不利影响而会被提起申诉的补贴。如果专家组或上诉机构确定补贴具有专向性且对其他国家产生不利影响，那么给予该补贴的国家必须撤销补贴或者采取措施以消除补贴的不利影响。

1. 专向性

如果某项政府措施符合前文分析的三个标准，即可认定构成补贴，但不表示其一定受《SCM 协定》的约束。这些措施只有根据《SCM 协定》第 2 条被认定为具有专向性，才是《SCM 协定》规制的补贴。

《SCM 协定》第 2.1 条规定了若干原则，用以确定补贴是否因限于某一企业或行业，或某一组企业或行业（以下简称为“某些企业”）而具有专向性。[1] 第 2.2 条确定了与接受者的地理区域有关的限制，这些限制使补贴具有地区专向性。[2] 第 2.3 条指出所有的禁止性补贴自动被视为具有专向性。最后，第 2.4 条要求对专向性的确定要依据肯定性证据明确证明。

第 2.1 条的（a）项和（b）项有某些共同因素，都要求审查“授予机关或其运行所依据的立法”，并且都涉及补贴获得的指标。[3] 第 2.1（a）条的重点不在于是否向某些企业提供了补贴，而在于是否明确限制了获得补贴的机会。[4] 也就是说，调查的重点是某些企业是否有资格获得补贴，而不是它们是否实际获得补贴。同样地，第 2.1（b）条的调查重点应该是“获得补贴资格和补贴数量的客观标准或条件”。而第 2.1 条的（c）项规定根据前两项表现

---

[1] 《SCM 协定》第 2.1 条：为确定按第 1.1 条规定的补贴是否属于对授予机关管辖范围内的企业或产业，或一组企业或产业的专向性补贴，应适用下列规则……

[2] 《SCM 协定》第 2.2 条：限于授予机关管辖范围内制定地理区域的某些企业的补贴属专向性补贴。各方理解，就本协定而言，不得将有资格的各级政府所采取的确定或改变普遍使用的税率的行动视为专向性补贴。

[3] 《SCM 协定》第 2.1 条：为确定……适用下列规则：（a）如授予机关或其运作所根据的立法将补贴的获得明确限于某些企业，则此种补贴应属专向性补贴；（b）如授予机关或其运作所根据的立法制定适用于获得补贴资格和补贴数量的客观标准或条件，则不存在专向性，只要该资格为自动的，且此类标准和条件得到严格遵守。标准或条件必须在法律、法规或其他官方文件中明确说明，以便能够进行核实。

[4] See Appellate Body Report, *US–Anti–Dumpling and Countervailing Duties*（*China*）, WT/DS379/AB/R, para. 368.

为非专向性，但可能在事实上构成专向性时，可以结合其他因素予以确定。换句话说，授予机关或其运行所依据的法律文书都不满足（a）项和（b）项的要求，但实际上可能产生专向性。综上，上诉机构认为，《SCM协定》第2.1条的原则应该一起解释。❶ 当然，当所审议的证据可能因法律或事实原因，在其中一项下明确表明具有或不具有专向性时，这种情况对第2.1条其他项下的进一步审议是不必要的。

第2.1条（a）项和（b）项是对法律专向性认定的规定，具体表现在相关法律文件或其他官方文件中。而（c）项是对事实专向性认定的规定，可能没有书面文件的证明，但可以通过一系列行为来证明。

关于补贴计划的性质和范围的证据可以以各种形式存在。例如，以法律法规或其他官方文件的形式，规定补贴资格的标准或条件。还可以通过一系列系统的行动加以证明，根据这些行动，向某些企业提供给予利益的财政资助。❷ 需要注意的是，仅仅根据向某些企业提供财政资助这一事实，不能说明这些财政资助是根据第2.1（c）条意义上的补贴计划提供的。为了确定提供财政资助构成第2.1（c）条的补贴计划，调查机构必须有足够的证据证明两点：一是存在一系列相关的系统行为；二是根据这些行为，向某些企业提供利益的财政资助。❸

当补贴明确限于某些企业或行业时，确定专向性相对容易，如大多数的可再生能源补贴。在加拿大可再生能源/FIT案中，加拿大的措施被质疑构成含国内成分要求的禁止性补贴。由于禁止性补贴固有专向性，因此申诉人没有提出专向性争议，专家组和上诉机构也没有对专向性进行单独分析。即便是在可诉性补贴或普通反补贴调查的背景下，也可以相对容易地找到可再生能源支持措施的专向性。因为就可再生能源的性质及当前发展而言，开展该领域业务的企业数量不多。迄今为止，WTO提起申诉的可再生能源支持措施都是针对可再生能源生产商的激励措施。由于可再生能源部门只占整个能源市场的一小部分，对可再生能源生产商的补贴很可能是具有专向性的。

---

❶ See Appellate Body Report, *US-Anti-Dumpling and Countervailing Duties* (*China*), WT/DS379/AB/R, para. 370.

❷ See Appellate Body Report, *US-Countervailing Measures* (*China*), WT/DS437/AB/R, para. 4.141.

❸ See Appellate Body Report, *US-Countervailing Measures* (*China*), WT/DS437/AB/R, para. 4.143.

2. 不利影响

《SCM 协定》第 5 条规定了三种“不利影响”。第一种是对另一成员方地区产业的损害，这也是征收反补贴税的必要条件。基于这一规定的补救措施即根据 WTO 的建议采取反措施，与征收反补贴税具有相同的效力，因为都是为了防止国内产业受到损害，所以成员方在不能根据 WTO 的建议采取反措施的同时征收反补贴税。第二种是使另一成员根据 GATT 给予的利益（特别是关税减让的利益）的丧失或减损，这一点被规定与 GATT 第 23.1 条具有相同含义。第三种是对另一成员利益的严重损害，《SCM 协定》第 6.3 条规定了构成“严重损害”的情形。[1]

相关市场在计算补贴造成的损害（“不利影响”或“严重损害”）方面发挥着关键作用，特别是解决第 6.3（c）条中“同一市场”的问题。与反垄断法类似，在计算严重损害时，相关市场包括地理市场和产品市场。第 6.3（c）条的措辞没有进一步界定地理市场的限制。在美国陆地棉案（DS267）中，上诉机构指出“如果两种产品在同一市场上进行实际或潜在的竞争，它们将处于同一市场”，并认为“对形成市场的地理区域没有限制”。[2]根据这一结论，在某些情况下，相关市场甚至可以是世界市场。

至于产品市场，欧共体大型民用飞机案（DS316）中，上诉机构提到了反垄断法的经济主张，并明确指出，如果两种产品互相实施竞争约束，那么它们就处于同一市场。[3] 在这种情况下，相关产品是可替代的。对于评估替代性，上诉机构建议在 WTO 法的背景下也可以使用类似于反垄断法中的“假定垄断者测试”（SSNIP）[4] 的方法。

---

[1] 《SCM 协定》第 6.3 条 如下列一种或多种情况适用，则可产生第 5（c）条意义上的严重侵害：（a）取代或阻碍另一成员的同类产品进入补贴成员的市场；（b）在第三国市场中取代或阻碍另一成员同类产品的出口；（c）与同一个市场中另一成员同类产品的价格相比，补贴产品造成大幅价格削减，或在同一市场中造成大幅价格抑制、价格压低或销售损失；（d）与前三年期间的平均市场份额相比，补贴成员的某一特定初级补贴产品或商品的世界市场份额增加，且此增加在给予补贴期间呈一贯的趋势。

[2] See Appellate Body Report, *United Stated-Subsidies on Upland Cotton*, WT/DS267/AB/R, para. 400.

[3] See Appellate Body Report, *European Communities and Certain member States - Measures Affecting Trade in Large Civil Aircraft* [*hereafter EC-Large Civil Aircraft*], WT/DS316/AB/R, para. 1120.

[4] 根据“假定垄断者测试”的方法，一个被假定的垄断者，在持续一段时间内适度提高价格，结果消费者转向了其他替代品，那么替代与诉争产品则属于同一市场，有竞争关系；反之，则不属于。

在评估两种产品是否在一个市场时，需求侧可替代性是一个不可或缺的标准，但并非是唯一相关的标准。所谓的需求侧可替代性是指消费者对两种产品的可替代性的态度。除此之外，可能还需要考虑供给侧的可替代性。例如，根据供应商能否在短时间内以有限的或者高昂的成本将其生产从一种产品转向另一种产品的情况，也可以说明两种产品是否在同一市场上。后来，在加拿大可再生能源/FIT 案中也重申了这一观点。但是上诉机构没能澄清一个问题，就是为什么在《SCM 协定》第 6.3 条范围内作出的这些调查结果，同样适用于《SCM 协定》第 1.1（b）条范围内的利益基准分析。

为了证明补贴造成了“严重损害”，补贴的效果与“严重损害”之间需要有因果关系。关于因果关系，上诉机构裁定，构成“但为了”（but for）的条件关系是不够的，要求构成“真正和实质性的关系”。[1] 因此，在效果和原因之间的关系不紧密的情况下，声称“一件事导致另一件事”，是不满足该要求的。也就是说，即使补贴是导致严重损害结果的一个因素，补贴也不能被认定为构成了“严重损害”。

（三）禁止性补贴的认定

《SCM 协定》的目的并不是要约束政府对产业的所有支持方式，而是侧重于扭曲国际贸易市场的政府支持措施。不同的补贴针对不同的生产阶段和目标，这意味着它们对贸易的影响是不同的，因此，WTO 的监管方式也是不同的。禁止性补贴由获得补贴所需的条件来界定，是指取决于国内货物使用情况或出口实绩的补贴。该定义将禁止性补贴分为两类，分别是进口替代补贴和出口补贴。这种补贴被认为存在固有的贸易扭曲性，因此，无论是否对其他国家造成不利影响，一旦确定授予此类补贴，就必须立即撤销。

1. 进口替代补贴

根据《SCM 协定》第 3.1（b）条的规定，进口替代补贴是指视国内货物而非进口货物的使用情况给予的补贴，这一标准又被称为国内成分要求。国内成分要求是指在特定产品的生产中使用一定比例的国内货物的义务。人们普遍认为这些要求可以有效地实现产业政策目标，也可以确保国内产业的快

---

[1] See Appellate Body Report, *United Stated-Subsidies on Upland Cotton*, WT/DS267/AB/R, para. 438.

速稳定发展。因此，各国政府利用这些要求来确保包括可再生能源在内的关键性或战略性部门的稳定发展。

迄今为止，针对可再生能源补贴计划提起的案件，大都涉及国内成分要求。具体表现为要求可再生能源生产商采购一定比例的国产零部件，才可以获得更优惠的待遇。在加拿大可再生能源/FIT 案中，上诉机构并没有确定加拿大所涉措施是否构成补贴，但根据 GATT 第 3.4 条和《与贸易有关的投资措施协定》（以下简称《TRIMs 协定》）第 2 条，认定 FIT 的最低国内含量要求违反了国民待遇义务。

2013 年，美国提起申诉，指控印度的“国家太阳能计划”制定的某些政府支持措施包含国内成分要求，违反了 GATT 第 3.4 条、《TRIMs 协定》第 2.1 条以及《SCM 协定》第 3.1 条。然而，在随后的磋商请求和各项文件中，美国再未提及《SCM 协定》。美国之所以撤回这一指控，可能是因为它相信自己更有可能在《TRIMs 协定》和 GATT 下胜诉。[1] 最终也的确如此，上诉机构裁定印度该计划的国内成分要求违反了《TRIMs 协定》和 GATT。按照国内成分要求提供补贴构成禁止性补贴，但上诉机构尚未在可再生能源领域适用过这一规定。相比之下，《TRIMs 协定》和 GATT 也禁止国内成分要求，并且在实践中已经得到了适用，如加拿大可再生能源/FIT 案。

一个可能被认定为禁止性补贴的例子是中国的风力补贴计划。美国声称，中国风力补贴的给予，取决于中国风力发电设备制造商在零部件上使用国产产品而非进口产品的情况。尽管美国已将此争端诉至 WTO，但在中国同意终止该计划后，中美双方达成了和解，这一争端在磋商阶段得到解决。

虽然并非所有的可再生能源补贴计划都包含国内成分要求或者带有歧视性内容，但是截至目前，只有带歧视性的补贴受到了质疑。申诉人在提起申诉前会衡量胜诉的可能性大小，对哪些补贴提出申诉是有选择依据的。在对歧视性补贴计划提起申诉时，他们获得有利裁决的可能性更大。因为根据《TRIMs 协定》和 GATT 提起申诉，就足以阻止被诉成员继续推行其含有歧视性内容的补贴计划。

---

[1] See Wenzlau Sophie, *Renewable Energy Subsidies and the WTO*, Environs: Environmental Law and Policy Journal, No. 2, 2018, pp. 360-361.

2. 出口补贴

根据《SCM协定》第3.1（a）条的规定，出口补贴是指将出口实绩作为条件或条件之一而给予的补贴。这种附出口实绩要求的补贴分为“法律上”和“事实上”两种情形。通常来说，只要证明某一成员制定了对出口给予补贴的相关强制性法律规定，就完成了在“法律上”视出口实绩为条件的补贴的证明责任。对于“事实上”视出口实绩为条件该如何理解，《SCM协定》的脚注4作了说明，如果事实上与实际或预期的出口或出口收入有关，那么将符合“事实上”这一标准。[1]

上诉机构指出这一标准是客观标准，根据给予补贴的措施和有关事实，包括措施的设计、结构和运作方式来评估。[2] 由于客观标准的审查建立在客观证据基础上，而不是主观意图的基础上，故是否构成出口补贴取决于所涉补贴的客观结构，而不取决于给予补贴的政府的主观意图。

在欧共体大型民用飞机案中，主要围绕“预期出口实绩”展开分析。上诉机构从两个方面对补贴措施进行评估：一是由于给予补贴导致的补贴产品的预期出口与国内销量的比率，二是在没有补贴的情况下的比率。[3] 没有补贴的情况，可以根据补贴给予前，接受者在国内外市场销售同一产品的历史情况来理解。如果不存在未受补贴影响的历史数据，或者补贴的是不存在历史数据的新产品，那么可将其与在无补贴情况下公司利润最大化时在国内外市场上的预期业绩进行比较。如果有证据表明，在所有其他条件相同的情况下，与接受者的历史业绩或在没有补贴的情况下利润最大化后的假定业绩相比，补贴的给予鼓励了预期销售向出口倾斜，这将表明补贴的授予事实上与脚注4中的“预期出口实绩”相关。

根据《SCM协定》的附件一（即出口补贴例示清单）（k）项，出口信贷属于出口补贴，原则上是被禁止的。根据经济合作与发展组织（以下简称“OECD”）和《官方支持出口信贷的安排》（以下简称《信贷安排》）发放

---

[1] 《SCM协定》注释4：如果事实证明补贴的给予虽未在法律上视出口实绩而定，但事实上与实际或预期的出口或出口收入有关，则符合这一标准。不能仅依据向出口企业授予补贴的事实而认定其为本规定意义上的出口补贴。

[2] See Appellate Body Report, *EC-Large Civil Aircraft*, WT/DS316/AB/R. para. 1050.

[3] See Appellate Body Report, *EC-Large Civil Aircraft*, WT/DS316/AB/R. para. 1047.

的出口信贷不被视为出口补贴，当某一成员提供的出口信贷偏离 OECD 的《信贷安排》时，允许其他成员提供相匹配的偏离该安排的出口信贷。美国商务部在中美光伏案中，依据《SCM 协定》附件一，将中国的出口信贷认定为禁止性补贴。由于中国并不是 OECD 成员国，因此在分析出口信贷是否构成禁止性补贴时，不遵循《信贷安排》的相关规定，而是与资金成本和市场利率进行比较分析。在该案中，美国商务部要求中国政府证明没有给企业提供出口信贷补贴，这是不合理的。最终，美国商务部以中国没有提供相关信息为由，将中国出口信贷认定为禁止性补贴。

如前文所述，目前可再生能源领域涉及的禁止性补贴争端，几乎都是根据本地成分要求提起的。由于电力很少跨境交易，人们可能会认为出口补贴不适用于可再生能源部门。然而，各国可以通过补贴可再生能源技术的出口，使本国公司在国际市场上更具有竞争力。

二、GATT 第 20 条对可再生能源补贴的适用性

GATT 第 20 条被称为“一般例外条款”，列举了 WTO 成员可豁免 GATT 某些规则义务的特殊情况，其中的（b）项和（g）项与环境保护有关。对 WTO 有关可再生能源项目的申诉，最有用的抗辩很可能就包含在 GATT 第 20 条（b）项和（g）项下的例外条款之中。本章首先思考了 GATT 第 20 条能否适用于《SCM 协定》这一问题，然后将 GATT 第 20 条能够适用于《SCM 协定》作为前提，分析第 20 条（b）项保护生物健康例外和（g）项保护可耗竭自然资源例外对可再生能源补贴的适用性。

（一）在补贴领域援引一般例外条款的可行性

一般例外条款的确有可能为环境保护措施提供合法的豁免证明，但是一般例外条款能否适用于 WTO 其他协定，一直是个有争议的问题。在考量一般例外条款对可再生能源补贴的适用性之前，要思考一个问题，就是 GATT 第 20 条能否适用于《SCM 协定》。

关于反对将 GATT 第 20 条适用于补贴的论点主要有以下几个。第一，有些 WTO 协定在规定中明确援引 GATT 第 20 条。例如，《实施卫生与植物卫生

措施协定》在前言的脚注 1 和第 2.4 条❶中明确提及 GATT 第 20 条（b）项。而《SCM 协定》不包含这样的明确援引。第二，《SCM 协定》不仅没有提到 GATT 第 20 条，而且还在第 3.1 条中明确地将《农业协定》中规定的内容排除在该协定的范围之外。第三，《SCM 协定》第 8 条规定了一些补贴是不可诉的，其中就包括了用于环境保护的补贴。因为存在专门为《SCM 协定》设计的与第 20 条类似的例外条款，因此可以认为 GATT 第 20 条不适用于《SCM 协定》。

本书所持观点与此不同，更倾向于认为可以将 GATT 第 20 条适用于《SCM 协定》。首先，应当将 WTO 的法律制度看作一个整体，在 WTO 的法律框架内，存在着不同层次结构的协定。GATT 在货物贸易受到影响时立即适用，因此可以被归类为一般法。《SCM 协定》以及其他协定，如《实施卫生与植物卫生措施协定》《农业协定》以及《技术性贸易壁垒协定》等，各自具有其特定的适用范围，因此可以归类为特别法。根据普遍接受的条约解释原则，在特别法与一般法发生冲突时，特别法优于一般法。同时，在特别法没有特别考虑的情况下，一般法总是可以填补空白。因此，在发生冲突时，作为特别法的《SCM 协定》优先于 GATT 的一般法的规定，同时，《SCM 协定》缺乏环境例外是特别法中的一个空白，这使 GATT 第 20 条可以作为一般法来适用以填补空白。

其次，《SCM 协定》第 8 条规定的不可诉补贴与适用一般例外条款并不冲突，不能利用《SCM 协定》第 8 条作为否定适用 GATT 第 20 条的理由，不可诉补贴的相关规定恰恰在某种程度上说明了一般例外条款的重要性和在 WTO 法律框架下的地位。《SCM 协定》只是对 GATT 第 6 条和第 16 条的阐述，且《SCM 协定》和其他 WTO 协定都没有相反的规定，因此 GATT 可以适用于《SCM 协定》。由此，不可诉补贴条款是一般例外条款在补贴事宜的适用上进行的澄清和说明，并不是否定一般例外条款在补贴事宜上适用性的理由。

再次，以中国出版物和视听产品案（DS363）为例进行论证。在该案中，

---

❶ 《实施卫生与植物卫生措施协定》脚注 1：在本协定中，所指的第 20 条（b）项也包括该条的起首部分。第 2.4 条：符合本协定有关条款规定的卫生与植物卫生措施应被视为符合各成员根据 GATT 1994 有关使用卫生与植物卫生措施的规定所承担的义务，特别是第 20 条（b）项的规定。

上诉机构同意将 GATT 第 20 条适用于《中国入世议定书》。[1] 与《SCM 协定》一样,《中国入世议定书》也并没有明确援引 GATT 第 20 条。因此,持反对适用意见,认为必须在协定中明确援引第 20 条才能适用的论点站不住脚。

最后,基于 GATT 和《SCM 协定》所涵盖的不同措施进行逻辑分析,反对将 GATT 第 20 条适用于补贴将造成不合理的政策矛盾。GATT 涵盖了诸如全面禁令和配额之类的措施,这些措施被广泛认为比补贴更具限制性和贸易扭曲性。即使这种贸易扭曲程度的措施也可能根据 GATT 第 20 条的环境目的而被允许,那么,按照"举重以明轻"的原则,GATT 第 20 条不应该以相同理由禁止扭曲作用更小的补贴。[2]

(二) GATT 第 20 条在可再生能源领域的适用性

第 20 条 (b) 项和 (g) 项的例外情况分别适用于"为保护人类、动物或植物的生命或健康所必需的措施"和"与保护可耗竭的自然资源有关的措施"。如果所涉措施符合前述规定及第 20 条的起首部分,则该成员的行为有可能根据 GATT 第 20 条 (b) 项和 (g) 项获得豁免。但是欧共体石棉案、美国汽油案、美国海虾海龟案等 WTO 相关案例表明,根据现行的 WTO 规则,GATT 第 20 条的这两项例外在补贴领域的适用性不高。

1. 保护生物生命健康例外

GATT 第 20 条 (b) 项允许 WTO 成员采取"保护人类、动物或植物生命或健康所必需的措施"。这一例外可能适用于旨在缓解气候变化的某些措施,这些措施已被证明对人类等生物的生命健康造成了决定性的风险。然而,许多常见的可再生能源补贴,如包括当地成分或出口要求的补贴,可能是不必要的。即使是必要的,也会因为构成《SCM 协定》下的可诉性补贴或禁止性补贴而不享受豁免。

(1) 保护人类、动物或植物生命健康

为确定存在对人类、动物或植物生命的风险,专家组可考虑来自专家和

---

[1] See Appellate Body Report, *China-Measures Affecting Trading Rights and Distribution Services for Certain Publications and Audiovisual Entertainment Products*, WT/DS363/AB/R, paras. 205-233.

[2] 参见叶波、梁咏:《论可再生能源补贴国际规则的制定》,载《国际法研究》2014 年第 4 期,第 89-90 页。

科学报告的证据。在欧共体石棉案（DS135）中，专家组对于法国对石棉产品的贸易禁运适当地适用了第 20 条（b）项之例外。专家证词和科学报告的证据表明这些石棉产品对人类健康构成了威胁，专家组基于此进行了裁定。[1]上诉机构也在报告中指出，“在欧共体就使用温石棉存在健康风险确立了初步证据之后，加拿大（申诉人）承担了驳斥这一案件的责任，证明不存在这种危险”。[2]

气候变暖对人类等生物的生命健康构成威胁，这在全球科学界已经达成共识。自 1992 年以来，《联合国气候变化框架公约》（UNFCCC）已经认识到不断增加的二氧化碳浓度将在未来对人类福祉构成严重的威胁。[3] 政府间气候变化专门委员会（IPCC）预测，二氧化碳排放的增加，将引起气候变化并导致海平面上升，从而将产生一系列的危害，包括增加疾病爆发的概率、海岸线被毁和危及生命等。由于开发使用可再生能源有助于减少二氧化碳的排放量，因此大多数可再生能源项目当然应该符合 GATT 第 20 条（b）项之规定。

（2）“必要性”

由于上诉机构已经表示，为减轻全球变暖和气候变化而采取的措施原则上属于第 20 条（b）项的范围，故关键问题在于可再生能源补贴是否会被认为是缓解气候变化的所“必要”的措施。对于“必要性”的检验，尤其要注意是否存在合理可行的、对贸易限制较少的、可以对这一政策目标实现作出同等贡献的替代措施。值得注意的是，采取某一措施对于实现减缓气候变化的目标是“必要”的这一点，需要援引这一例外的成员方来证明。一个成员必须承担更多的行政负担，才能确定替代措施是不可行的。上诉机构在欧共体石棉案中说道，“追求的共同利益或者共同价值越重要，大家就越容易接受为实现这些目标而设计的‘必要’措施”。[4]

在 WTO 的判例中，对于“必要性”这一要求的解释有个演变过程。最初，专家组给出的解释比较严格。只有在没有“与 GATT 相一致或者稍有不

[1] See Appellate Body Report, *European Communities-Measures Affecting Asbestos and Products Containing Asbestos* [*hereafter ES-Asbestos*], WT/DS135/AB/R, para. 162.

[2] See Appellate Body Report, *ES-Asbestos*, WT/DS135/AB/R, para. 27.

[3] 参见《联合国气候变化框架公约》序言部分。

[4] See Appellate Body Report, *ES-Asbestos*, WT/DS135/AB/R, para. 172.

一致的替代措施”的情况下，才能通过“最低贸易限制性”的要求，这一措施才被认为是“必要”的。在处理第20条（d）项可能的例外情况时，根据专家组的观点，如果存在与GATT其他条款不相抵触的替代措施，并且该替代措施为该缔约方可用，则该缔约方不能将与GATT规定不相符的另一个措施证明为“必要”措施。❶ 后来，在泰国香烟案中专家组也使用了对“必要”的相同解释。专家组认为，泰国有各种符合GATT的措施，可以合理地控制香烟的质量和吸烟的数量来实现卫生政策目标，因此认定泰国所涉措施为没有“必要”。❷ 根据“最低限制性”要求，一旦发现存在与GATT相一致或稍有不一致的任何替代措施，那么第20条（b）项下的措施就不是“必要”的。这种要求过于严苛，在随后的案例中，“最低贸易限制性”逐渐演变成了“较低贸易限制性”，并辅以比例检验，也就是相称性检验。这一演变看起来好像降低了采取相关措施国家援引的举证负担，但在实践中仍然存在重大障碍。

上诉机构在巴西翻新轮胎案（DS332）中提到，根据GATT第20条的规定，一项措施应当是“必要的”且限制性较低的。❸ 在该案中，上诉机构考虑了是否可以根据GATT第20条维持对轮胎的进口禁令，可以说，进口禁令的限制远远大于补贴。上诉机构的结论是，某些环境问题只能通过综合政策来解决，该综合政策要包括多种相互作用的措施。成本分析也必须谨慎，因为上诉机构注意到时间的推移是评估某些措施有效性的一项要求。在这方面，上诉机构的结论是，“为减轻全球变暖和气候变化而采取的措施”属于“只能用时间效益去评估”的范畴。❹

尽管“必要性”的认定问题只能在个案基础上得到回答，但是FIT计划

---

❶ See Panel Report, *United States – Section* 337 *of the Tariff Act of* 1930, L/6439 – 36S/345, para. 5. 26.

❷ See Panel Report, *Thailand – Restrictions on the Importation of and Internal Taxes on Cigarettes*, DS10/R–37S/200, para. 81.

❸ See Appellate Body Report, *Brazil–Measures Affecting Imports of Retreaded Tyres* [*hereafter Brazil–Retreaded Tyres*], WT/DS332/AB/R, para. 150.

❹ See Appellate Body Report, Brazil–Retreaded Tyres, WT/DS332/AB/R, para. 151.

似乎更有可能满足此处的“必要”。[1] 因为 FIT 计划被广泛认为是促进绿色电力发展最有效的政策工具，在目前的跨境电力贸易中，只能产生有限的贸易限制影响。但是，即便如此，正如 Howse 指出的那样，“继续补贴肮脏能源（化石燃料）的成员，有可能很难援引第 20 条的规定来证明其措施是合理的。因为存在一种贸易限制较少的替代方法，即通过取消对肮脏能源的补贴，从而改变清洁能源与肮脏能源的相对价格”。[2]

通过鼓励对无排放或低排放能源生产的投资，可再生能源补贴无疑有助于减轻气候变化及其对人类、植物和动物生命健康的影响。然而，对与出口实绩或国内成分要求等挂钩的激励措施不太可能是“必要”的。这些要求以前主要被用来实现市场占领或国内工业保护的目标，破坏了 WTO 的贸易自由化原则。因此，根据世贸组织的要求，补贴不太可能是“必要的”。申诉人或者质疑者很容易指出存在其他限制更少的、可以促进缓解气候变化的同一目标的替代措施，特别是那些不歧视外国实体或者没有不合理的偏向国内产业的措施。缓解气候变化可能是一个至关重要的共同利益，为实现这一目标而采取的措施或许应该有更多的回旋余地。就目前的规定而言，成员可以在不对国际贸易造成严重损害的前提下，不施加出口实绩和国内成分要求的条件下提供补贴，以符合这一例外。

2. 保护可耗竭自然资源例外

GATT 第 20 条（g）项规定了成员方“与限制国内生产或消费相结合，为保护可耗竭的自然资源有关的措施”之例外，成员方若援引该例外，必须证明：（1）其目的是保护可耗竭的自然资源；（2）其措施与该保护目的“有关”；（3）对国际贸易的限制应当“不偏不倚地”（even-handed）与限制国内生产或消费相结合。

（1）保护可耗竭自然资源之目标

在美国汽油案（DS2）中，专家组认为，美国环境署颁布的《清洁空气

---

[1] See Ilaria Espa and Gracia Marín Durán, “Renewable Energy Subsidies and WTO Law: Time to Rethink the Case for Reform Beyond Canada-Renewable Energy/Fit Program”, *Journal of International Economic Law*, No. 21, 2018, p. 636.

[2] See Robert Howse, *Securing Policy for Clean Energy under the SCM: Alternative Approaches*, The E15 Initiative-Strengthening the Multilateral Trading System: Clean Energy and the Trade System Group: Proposal and Analysis, ICTSD Paper, 2013, p. 50.

法》有关汽油中的臭氧排放的规定受 GATT 第 20 条（g）项例外的保护。专家组得出结论，“清洁空气”是一种“可耗竭的自然资源”。[1] 基于该结论可得，“减少清洁空气消耗的政策”是一项旨在保护 GATT 第 20 条（g）项中所指的自然资源的政策。

此外，美国海虾海龟案（DS58）中还确认了“可耗竭的自然资源”包括“生物资源”。[2] 上诉机构的这一意见也进一步澄清了国际法中的环境商品概念。据此，第 20 条（g）项不限于保护“矿物”或“非生物”自然资源，还包括了“生物资源”。上诉机构还指出，“我们认为‘可耗竭的’自然资源与‘可再生的’自然资源之间不是相互排斥的”。无论是将清洁空气视为“可耗竭的自然资源”，还是将石油和煤炭等视为“可耗竭的自然资源”，都足以满足第 20 条（g）项的此种要求。因此，假设可再生能源补贴减少温室气体排放并缓解气候变化，那么几乎可以肯定的是，这些补贴有利于对可耗竭自然资源的保护。

与旨在减少臭氧排放的《清洁空气法》一样，一项旨在通过使用可再生能源来减少温室气体排放的措施，很可能是为了节约清洁空气这种可耗尽的自然资源。地球大气的稳定性取决于其自然存在和发生的化学物质的平衡组成，温室气体浓度的增加，损害了大气对稳定生态系统的适应性。人为的温室气体排放量的激增，会消耗清洁空气，降低大气质量，从而危害人类健康和地球生态系统。受气候变化威胁的生物资源和清洁空气这类非生物资源都符合第 20 条（g）项规定的可耗竭自然资源。因此，可再生能源政策旨在通过减少第 20 条（g）项下的温室气体排放量来保护这些资源。

（2）措施与该保护目标的“相关”

为了符合第 20 条（g）项的例外情况，措施还必须与其保护目标“相关”。这里需要指出的是，第 20 条（g）项中规定的“相关”（relating to）不同于第 20 条（b）项中的“必要”（necessary），后者的规定更加严格。

上诉机构在美国汽油案中指出，如果要使一项措施被视为与保护可耗竭

---

[1] See Panel Report, *United States-Standards for Reformulated and Conventional Gasoline* [*hereafter US-Gasoline*], WT/DS2/R, para. 4. 4.

[2] See Panel Report, *United States-Import Prohibition of Certain Shrimp and Shrimp Products* [*hereafter US-Shrimp*], WT/DS58/R, para. 127.

自然资源目的“相关”，它必须表现出与该保护目标之间具有“实质性联系”(substantial relationship)，而不能仅仅是“附带地或无意地针对”(incidentally or inadvertently aimed at)。[1] 结合WTO多项上诉报告可知，第20条（g）项规定的措施要求“主要是为了”（primarily aimed at）保护可耗竭自然资源，且其手段与该目的要“合理相关”(reasonably related to)。

对于一个成员来说，想要表明一项措施“主要是为了”保护可耗竭自然资源，并且与其目的“合理相关”，就必须证明该措施的设计和总体结构与保护目标之间联系密切。美国《清洁空气法》减少臭氧排放的规定与保护空气质量的目标“合理相关”，那么通过可再生能源发电减少温室气体排放的措施也一定与保护空气质量、大气平衡和其他自然资源的目标“合理相关”。

需要指出的是，这些措施必须要严格执行，以确保实现保护之目标。如果一个成员的措施违反了GATT或《TRIMs协定》，并且只有部分措施与实现保护目标是相关的，那么该措施不符合第20条（g）项豁免的条件。由于保护目标可以在没有出口实绩或国内成分要求的情况下实现，因此，如果可再生能源补贴取决于出口实绩或国内成分要求，专家组极有可能认为这项措施超出“合理”范围，其“主要是为了”保护国内工业，而不是为了保护自然资源。也就是说，不采用这种要求的可再生能源补贴，如果是为了实现其节能环保目标而实施的，则可能满足这一要求。

(3)“不偏不倚”(even-handed)

最后一点，一项措施必须是“不偏不倚”的。第20条（g）项要求以保护的名义对可耗竭自然资源的生产或消费实行限制时，要采取“不偏不倚”的态度。换句话说，某成员实施的一项政策必须同样适用于外国生产商和本国生产商，区别对待国内生产商和外国生产商的做法就不能称为“不偏不倚”。

毫无疑问，可再生能源补贴比较容易满足前两点的要求，即可再生能源补贴的实施能减少温室气体的排放，有保护清洁空气或大气环境的目的，并且该措施与目的之间“合理相关”。但是“不偏不倚”这一要求存在明显的局限性，促进可再生能源发展的FIT计划似乎不太可能满足这一规定。

---

[1] See Appellate Body Report, *US-Gasoline*, WT/DS2/AB/R, p. 19.

尽管针对出口实绩或国内成分要求的补贴方面，世贸组织已解决的争端中并没有提出过相关标准，但出口实绩和国内成分要求肯定会影响到同类货物的外国生产商。如果在补贴措施出台之前，特定生产者在补贴国家中占有很大的市场份额，情况尤其如此。因此，任何出口实绩或国内成分要求都可能不符合第20条（g）项豁免的条件。如果不采用出口实绩和国内成分要求的可再生能源补贴，则有可能满足“不偏不倚”的要求，进而可能符合第20条（g）项的规定。

3. GATT 第20条起首部分

起首部分的目的是限制第20条例外的滥用。除了要满足GATT第20条每项规定的具体要求外，如果一项措施的实施“在情形相同的国家之间构成任意或不合理歧视的手段，或构成对国际贸易的变相限制”，那么也将排除其豁免。

目前还没有明确的标准来适用起首部分，但是美国海虾海龟案和加拿大可再生能源/FIT案的解决表明，到目前为止提到的附条件的补贴都有可能违反第20条起首部分。在一个极端情况下，对某些市场的明令禁止或者公然的歧视性限制，即使满足了GATT第20条（g）项“不偏不倚”的要求，也会因为与起首部分不符而无法成功豁免。此外，援引第20条一般例外的成员必须证明其政策符合某种“正当目的”，并且还必须证明，这项措施与其他为实现这一正当目的的方法相比，所产生的负担是一样的或者更少的。

上诉机构在美国汽油案中得出结论，起首部分的适用必须以平等对待所有贸易伙伴的方式进行。[1] 根据上诉机构的观点，起首部分涉及采取措施的方式，而不是措施的内容。因此，即使是完全侧重于保护人类健康的贸易措施，如果其以歧视或者任意偏向某些国家的方式实施，也可能是被禁止的。例如，后来的美国海虾海龟案，采用了这一标准。在美国海虾海龟案中，美国要求海虾进口商必须获得进口许可证，并且只向那些使用美国批准的海龟保护装置的人提供进口许可证。与此同时，美国拒绝向“使用相对有效的方法排除海龟”的海虾进口商提供许可证。上诉机构指出，根据美国汽油案的说法，它应审查美国实施这一特别限制的方式，然后决定“被滥用以阻挠或挫败被

[1] See Appellate Body Report, *US-Gasoline*, WT/DS2/AB/R, pp. 11-12.

上诉人在 GATT 下的实质性权利”。[1] 由于美国没有考虑每个国家政策的适当性，而是将所有政策全部置于一个统一的标准之下，故上诉机构认定美国歧视其他国家。

尽管根据第 20 条（g）项，濒临灭绝的海龟被视为一种可耗竭的自然资源，但是美国的这种对设备装置的要求被认为是不合理的，是具有歧视性的，因此违反了起首部分。尽管该案最终并没有成功援引 GATT 第 20 条，但是不少人指出，该报告是一项具有里程碑意义的决定，表明在语调和推理上与过去的决定有所不同。因为专家组的推理允许采取一些旨在保护健康和自然资源的措施，它标志着国际贸易法中利用单边贸易禁令保护环境的趋势。

另外，在加拿大可再生能源/FIT 案中，尽管加拿大没有主张第 20 条豁免，但专家组肯定地认为，国内成分要求足以说明其目的是保护国内能源生产商，而不是环境或自然资源，这与 WTO 的原则相违背。如果提出第 20 条抗辩，很可能会被驳回，因为这项措施很可能构成“对国际贸易的限制”。

如果可再生能源补贴包括任何基于原产地的歧视性要求，这很可能会违反起首部分的规定。就像美国的许可政策一样，不合理地限制来自某些国家的贸易，即使这种原产地限制是偶然或者附带的。故而，明确要求出口实绩或国内成分的补贴计划肯定会违反第 20 条起首部分。只有那些不包括这类要求的，才是满足起首部分要求的可再生能源补贴。

无论成员提供补贴还是采取其他投资措施，采用出口实绩或国内成分要求等条件都不符合第 20 条对违反 GATT 或《TRIMs 协定》的例外规定。首先假设其他可再生能源激励措施违反了 GATT 或《TRIMs 协定》，那么如果这类措施不会对国际贸易产生不利影响，或者这是成员缓解气候变化的唯一手段，就有资格成为例外。然而，如果某项措施符合《SCM 协定》下“补贴”定义，并且符合《SCM 协定》关于禁止性补贴或可诉性补贴的规定，那么该措施将不能根据第 20 条任何一项例外规定获得豁免。

（三）一般例外条款在实践中的适用窘境

在加拿大 FIT 计划发生争议之后，经常有人提出扩大 GATT 第 20 条的适

---

[1] See Appellate Body Report, *US-Shrimp*, WT/DS58/AB/R, para. 39.

用范围，以此来解决国际贸易和气候变化制度之间的紧张关系。乍一看，该建议似乎很有吸引力，因为它可以通过上诉机构的灵活解释来克服《SCM 协定》中缺少例外条款的情况，而无须进行法律改革，就不需要 WTO 成员之间达成共识。然而，第 20 条是否能适用于《SCM 协定》，现在仍是个没有明确答案的问题。此处假设 GATT 第 20 条规定的一般例外能够适用于《SCM 协定》，它是否真的能为扭曲贸易的可再生能源补贴提供政策空间？

一个成员的政策旨在减少温室气体排放和缓解气候变化，那么它就有可能具有援引第 20 条（b）项例外的资格，但是还有个条件就是实现这一目标的“必要性”。按照目前的解释，必要性检验的重点是所涉措施的贸易限制性影响。根据《SCM 协定》第 6.3（a）条的规定，补贴的贸易扭曲性影响包括替代或阻碍另一成员的同类产品进入提供补贴成员的市场，这是 FIT 计划最可能产生的不利影响。其他可再生能源补贴，如向太阳能电池板制造商提供赠款或优惠贷款等，可能会通过增加补贴产品的出口而产生不利影响，例如，根据《SCM 协定》第 5（a）条，对另一成员的国内产业造成实质性损害，或者根据《SCM 协定》第 6.3（c）条，严重损害另一成员在第三国或世界市场上的出口竞争利益。

如果成员的意图被证明是纯环境的，则专注于环境目标的非歧视 FIT 计划可能满足 GATT 第 20 条（g）项规定的例外，但是第 20 条有非常严格的限制，在评估一项政策是否符合这些要求的时候，取决于成员的意图。虽然保护环境可能是一个考虑因素，但发展中国家对可再生能源感兴趣大都出于经济和政治原因。由于起首部分的根本意图，当前的第 20 条将不赞成那些出于不纯目的而制订计划的国家。因为它们将可再生能源技术纳入其中是为了其在工业发展中的特殊利益，而不是纯粹为了环境保护。这一要求给发展中国家，特别是那些可再生能源产业不发达的国家带来了一些困难，它们很难证明可再生能源计划的目标与当地工业发展之间不挂钩。因为有了这些限制，这一例外不会允许专向性补贴或那些有利于国内产品或服务的补贴。例如，中国和印度等拥有先进太阳能板产业的国家，如果环境政策与产业促进政策直接相关，可能就无法通过专向性门槛。

加拿大可再生能源/FIT 案表明，现行 WTO 规则不允许直接有利于国内产业或违反 GATT 中的“国民待遇”义务的补贴。尽管加拿大从未在该案中提出基于自然资源、人类健康或其他环境例外的抗辩，但其他成员在未来很可能会试图这样做。如果当地成分要求附属于任何类型的可再生能源补贴，鉴于这一歧视性因素与缓解气候变化目标之间没有“合理联系”，几乎可以肯定与GATT第20条的要求存在冲突。根据本章的分析，例外情况可适用于完全没有歧视性的补贴措施。如果存在任何歧视性影响，即使是附带的，第20条的适用就不那么确定了。

总而言之，虽然乍看起来，适用GATT第20条似乎是一条捷径，但经过更仔细的分析，很明显，它在维护具有贸易扭曲性的可再生能源补贴的政策空间方面不会有太大的进展。充其量，它可能适用于非歧视性的FIT计划。但根据《SCM协定》，非歧视性的FIT计划通常处于安全基础上，因此不太需要法律庇护。

三、《SCM协定》不可诉补贴对可再生能源的适用性

第8条的不可诉补贴包括不属于第2条范围内的非专向性补贴，以及属于第2条范围内的专向性补贴但符合第8.2条（a）—（c）项规定的各项条件的补贴。只要某些补贴符合这些严格界定的条件，便不会因为“专向性”而构成可诉性补贴。“不可诉”意味着不能根据《SCM协定》第三部分第7条规定的补救措施和第五部分征收反补贴税对其提出诉讼，即可以免受WTO多边争端解决和国内单边反补贴税的挑战。但是，这一规定在生效之日起的5年后失去效力。有学者提出要恢复不可诉补贴的效力，以此为可再生能源补贴提供“避风港”。那么，第8条的规定是怎样的，可再生能源补贴又是否能够成功援引，在下文中将对此进行探讨。

（一）不可诉补贴的相关规定与失效现状

最初的《SCM协定》涵盖了三类补贴，分别为禁止性补贴、可诉性补贴和不可诉补贴。如果补贴属于第3条所确定的两类补贴，即出口补贴和进口替代补贴，则被视为禁止性补贴；如果补贴属于第8条所确定的四类补贴，则属于不可诉补贴。最初，如果补贴属于第2条意义上的专向性补贴，但既不属于禁止性补贴，也不属于不可诉补贴，则被视为可诉性补贴。第8条规定的不可诉补贴，也被称为“绿灯补贴”，包括了非专向性补贴以及研究与开

发补贴、区域发展补贴和环境保护补贴。

1.《SCM 协定》关于不可诉补贴的规定

补贴的定义规定在《SCM 协定》第 1 条，但并非满足第 1 条的补贴都受规制，只有符合第 2 条的专向性补贴才受该协定的约束。第 8 条除了非专向性补贴外，还明确规定了三种不可诉的专向性补贴，分别是对研究与开发项目给予的补贴、出于区域发展需要对落后地区给予的补贴，以及环境保护补贴。

研究与开发补贴指的是对企业进行的研究活动，或其与研究机构签订合同进行的研究活动的援助。由于这些补贴具有专向性，《SCM 协定》施加了严格的条件限制。以工业研究成本和竞争前开发成本为例，这种援助不得超过前者的 75%或后者的 50%，而且这种援助仅限于某些类别的成本，包括人事成本、长期专门用于研究的设备仪器或建筑物成本、研究活动运行成本等五类成本。[1] 区域发展补贴是指成员为了区域发展而对落后地区进行的援助。对于“落后地区”的认定，必须依靠中立客观的标准，不能任由成员任意定义。[2] 乌拉圭回合期间，《SCM 协定》就某些与环境有关的条款进行了谈判。特别是，第 8.2（c）条将某些为了适应新的环境标准而给予的补贴界定为不可诉补贴。只要这些援助符合规定条件，就可以为那些旨在促进企业适应新环境法规的公共支持计划提供安全庇护。同样地，该种补贴也被规定了一系列的适用条件。[3]

为了援引第 8 条的补贴计划，成员有义务在措施实施之前通知补贴与反补贴措施委员会。委员会应一名成员的请求对通知进行审查，以确定是否达到了不可诉的标准。此后，应一名成员的请求，委员会作出确定的决定，或者未作出确定并将相关情况提交进行有约束力的仲裁。但是，即使没有发出这种通知，如果发现这种补贴符合第 8 条规定的条件，也必须将其视为不可诉。在不可诉补贴条款生效的五年间（1995—1999 年），委员会没有收到任何根据第 8 条发出的通知。其中一个最重要的原因可能就是，根据脚注 35 的

[1] 参见《补贴与反补贴措施协定》第 8.2（a）条。

[2] 参见《补贴与反补贴措施协定》第 8.2（b）条。

[3] 参见《补贴与反补贴措施协定》第 8.2（c）条。

规定，如果发现某一成员的措施符合本条规定的标准，即使没有履行通知义务，该成员也将受益于不可诉性。

虽然第 8 条的补贴被指定为“不可诉”，但是第 9 条还规定了一个程序，以处理有关据称不可诉补贴的争端。尽管某一方案符合第 8.2 条规定的标准，但如果另一成员有理由相信该方案对其国内产业造成了严重的不利影响，则该成员可要求与给予或维持该补贴的成员协商。如果未能及时达成双方都能接受的解决办法，提出请求的成员可将此事提交补贴与反补贴措施委员会。如果委员会确定存在这种影响，它可以建议提供补贴的成员修改该计划，以消除这些影响。简言之，如果此类补贴对其他成员造成严重的不利影响，其他成员可以寻求补救。此处应当指出，在可诉性补贴的情况下，有必要证明的是“不利影响”，而在不可诉补贴的情况下，有必要证明的是“严重不利影响”。

2. 第 31 条临时适用条款的实施

根据《SCM 协定》第 31 条的规定，第 8 条和第 9 条自 WTO 协定生效之日起适用 5 年。在不迟于该期限结束前 180 天，委员会将审议相关规定的运行情况，以期确定是否延长适用期限，以及是按照现有的规定继续适用还是经过修订后继续适用。

自 1998 年年底开始，补贴和反补贴措施委员会就如何处理延长不可诉补贴相关条款展开非正式磋商。在 1999 年 11 月 1 日至 2 日举行的例会上，世贸组织成员对这一问题表达了截然不同的态度。巴西、马来西亚、巴基斯坦、印度等国家认为，第 8 条是专门为发达成员的利益而保留的，除非考虑到发展中成员的利益修改第 8 条，否则不接受延长有关规定。[1] 发展中国家提出的修改第 8 条的建议包括发展中国家为合理发展目标的实现而实施的禁止性补贴，如对多样化生产、采用环境友好型生产方法以及高附加值产品和高新技术提供补贴等。

1999 年 12 月 17 日召开了一次特别会议，以决定是否应延长《SCM 协定》第 8 条和第 9 条。委员会主席敦促各成员方在谈判最终结束之前接受有关这些规定的临时延期。然而，在 1999 年 12 月 20 日举行的一次特别会议上，巴基斯坦、马来西亚、埃及、泰国、印度等国家强烈反对延长建议，欧盟、

[1] See *Minutes of the Regular Meeting Held on* 1-2 *November* 1999, G/SCM/M/24, 26 April 2000.

美国和瑞士等赞同委员会主席的建议，支持暂时延长有关条款。由于各成员之间未能就延长期限达成共识，《SCM 协定》第 8 条和第 9 条自 1999 年 12 月 31 日起失去效力。

同年早些时候，在布鲁塞尔举行的非加太—欧盟部长级会议上，部长们表示在 WTO 法律框架下未能令人满意地解决一些对非加太国家重要的问题。因此，他们呼吁世贸组织第三次部长级会议立即作出决定，扩大协定第 8 条关于发展中国家成员提供的不可诉补贴。南盟各国商务部长认为，出口补贴应免除竞争力门槛，扩大到包括发展、多样化和产业升级补贴的不可诉补贴类别。1999 年 11 月至 12 月在西雅图举行的世贸组织第三次部长级会议上，他们还对发达国家和发展中国家在适用不可诉补贴方面的差异表示同样的关切，他们说，为了称得上“发展回合”，今后的谈判必须纠正这些不平衡现象。更具体地说，必须首先消除的最明显的失衡例子，就是发达国家有权大量补贴其农产品出口，并将其工业补贴置于不可诉类别。❶

21 世纪的头几年，成员致力于就扩大发展中国家豁免的提议进行谈判，以期实现合法的发展目标，如区域增长、技术研发资金、生产多样化以及开发和实施无害环境的生产方法等作为不可诉补贴。在谈判过程中，有人提议恢复不可诉类别，然而，这一问题仍处于非常初步的阶段，因为尚未进行详细的讨论。

3. 对第 8 条适用性的不同解读

对于《SCM 协定》第 8 条的适用性，学者们存在一些分歧。有的学者认为第 8 条既然已经到期，便不再具有效力，实践中无法援引。有的学者认为可以完全忽略其失效的事实而继续适用。还有一些学者以在《SCM 协定》下没有针对第 8 条效力提出过任何争端为由，认为 WTO 成员已默示同意维持第 8 条的效力。

一些学者充分认识到《SCM 协定》第 8 条的临时适用，指出全球变暖问题推动了控制碳排放的法规和政策的颁布。由于可再生能源的开发和利用可以减少碳排放，减缓全球变暖的趋势，减缓空气污染，因此相关行业和企业

---

❶ See *Implementation - Related Issues and Concerns*, WT/MIN (01) /17, 20 November 2001, para. 10. 2.

财政支持符合第 8.2 条（c）项规定的不可诉补贴的特点。然而，根据标题为“临时适用”的第 31 条的规定，第 8 条和第 9 条已经不具有效力。因此，成员无法通过援引这些条款为可再生能源补贴辩护。

通过阅读有关不可诉补贴的文章，可以发现，相当多的国内学者倾向于忽视《SCM 协定》第 8 条的失效，因为他们继续强烈建议豁免国内可再生能源补贴计划，而理由正是这些计划构成不可诉补贴。目前，我国的财政资助主要采取财政拨款、税收减免、转移支付和贴息贷款等形式，这些都容易受到财政补贴调查。因此，一些学者敦促中国充分利用不可诉补贴。有学者建议鼓励地方政府通过给予 WTO 允许的不可诉补贴来保护国内的新兴战略产业，特别是主张中国政府可以按照《SCM 协定》对不可诉补贴的豁免规定与新兴产业部门的研发中心达成协定，开展有针对性的基础研究，并进一步推动随后的商业技术发展。关于可再生能源补贴，持这一观点的国内学者进一步提出，只要中国政府能够证明受到质疑的补贴不具有专向性，其他 WTO 成员就无法获得《SCM 协定》下的救济。即使中国政府向可再生能源部门提供的补贴具有专向性，他们认为，仍然有可能通过第二类不可诉补贴来捍卫此类政策。显然，这些学者没有提及第 31 条中规定的到期条款。

其他一些学者虽然承认《SCM 协定》第 31 条规定的临时适用，但认为 WTO 成员方已默示同意维持第 8 条的效力，因为在《SCM 协定》下没有就这一点提出过任何争议。在实践中，WTO 成员方仍在大规模实施“绿灯补贴”。这些学者认为，WTO 成员方应继续遵守有关不可诉补贴的规定。自 2001 年 11 月在多哈举行的世界贸易组织第四届部长级会议注意到关于处理发展中国家为实现合法发展目标而采取的措施的建议，并同意根据第 13 段（未决执行问题）处理这一问题以来，这些学者认为不可诉补贴的相关规定仍然有效，其余规则将在未来得到批准。

（二）可再生能源补贴能否适用第 8 条之考量

《SCM 协定》第四部分中的不可诉补贴条款规定了研发活动援助、落后地区发展援助和环境保护援助不受《SCM 协定》的约束。有关可再生能源补贴这种绿色措施的一个关键问题是，它们能否在《SCM 协定》的不可诉补贴条款中找到“避风港”。假设在多哈回合谈判结束后，不可诉补贴条款在不久的将来恢复，那么成员方可能会为其可再生能源政策找到一些空间。抛开多哈回合谈判方案何时能达成一致这一不可预测的问题不谈，这些条款的引入肯定会使列举的政府援助项目免于《SCM 协定》的约束。在这方面，可再生能源项目或许可以找到一些出路。但不幸的是，即使第 8 条重新生效，可再生能源补贴也不太可能成为第 8 条规定的不可诉补贴，这在接下来的论述中会有所说明。

1. 研究与开发补贴

在美国大型民用飞机（第二条申诉）案中，韩国作为第三方，声称研发计划在许多成员的经济发展和学术进步中发挥着中心作用，它们很可能与追求合法的公共政策密切相关。在这方面，韩国指出，多哈发展议程包括恢复含研发计划在内的不可诉补贴。[1] 澳大利亚认为，失效的《SCM 协定》第 8 条为考虑如何根据《SCM 协定》对待政府“研究活动援助”提供了指导。在澳大利亚看来，研究活动援助被列入第 8 条，这表明谈判代表认为研发补贴应服从《SCM 协定》。第 8.2（a）条确认政府对与研发有关的广泛费用（包括服务和知识）的援助将在第 1.1（a）（1）（iii）条的含义范围内获得。[2] 对于专家组而言，第 8.2（a）条的规定没有产生必要的影响，政府购买研发服务是《SCM 协定》范围内的补贴。此外，政府可以通过购买研发服务以外的其他方式为企业开展的研究活动提供“援助”。[3]

另外，研发补贴仅在规定的金额范围内免除，且仅限于某些类型的成本方面。在许多情况下，研发项目在许多国家的经济发展和学术能力提高方面发挥着中心作用，与追求各种合法的公共政策密切相关。几乎所有国家的政府都在积极参与许多研发项目，以促进其境内学术机构和企业的科学技术发展。真正的研发计划应当由调查机构或专家组进行审查，应仔细审查研发计划的目标、运作方案和实际影响，要保障 WTO 成员方政府在履行重要社会经济职能时的权利不受过分限制。因此，第 8.2（a）条提出了这样一个例外。

---

[1] See Appellate Body Report, *United States－Measures Affecting Trade in Large Civil Aircraft－Second Complaint* [hereafter US-Large Civil Aircraft（2nd complaint）], WT/DS353/AB/R, para. 423.

[2] See Panel Report, *US-Large Civil Aircraft（2nd complaint）*, WT/DS353/R, para. 5. 16.

[3] See Appellate Body Report, *US－Large Civil Aircraft（2nd complaint）*, WT/DS353/AB/R, para. 559.

然而，该规定仅适用于企业在政府支持下进行工业研发的情况。当然不包括由政府机构进行的或在政府机构主持下进行的全国性的研发活动，但包括政府与私营部门的联合伙伴关系。即使这一规定再次启动，也只有少数特定类型的研发项目能够享受到例外的好处。这项规定不仅一开始就涵盖了研发活动的一小部分，而且甚至没有涉及不采取研发活动形式的其他可再生能源支持措施。

2. 区域发展补贴

根据美国对中国产品双反案（DS379）的专家组报告，中国认为其对《SCM 协定》第 8.2（b）条中“指定地理区域”一词的理解有上下文支持，其中将符合条件的落后地区称为“具有经济和行政特征的明确界定的毗连地理区域”。[1] 中国认为，第 2.2 条和第 8.2（b）条中措辞的相似性意味着，同样的概念应适用于《SCM 协定》第 2.2 条中的“指定地理区域”一词。第 8 条赋予了特定范围的补贴以特殊的不可诉地位，如果没有该条款，这些补贴本应因其专向性而可诉。在第 8 条失效后，原先不可诉的补贴只是恢复到与所有其他专向性补贴相同（可诉）的地位。

在欧共体大型民用飞机案小组报告中，美国指出，欧共体对第 2.2 条的理解将导致与第 8.2（b）条的重复，该条明确规定，对一成员领土内落后地区的援助，只要符合某些标准，就不可提起诉讼。加拿大在第三方提交的材料中也指出，研发经常带来超出生产者的特殊利益。因此，研发计划可能不适合与新飞机的发射融资相结合。《SCM 协定》的第四部分支持了研发是与众不同的观点。但是，本部分的规定因《SCM 协定》第 31 条而失效，各成员未采取任何行动来延长其适用。专家组认为，第 8 条现已过期，因此不再存在对落后地区援助的这类不可诉补贴。欧共体的立场有效地重新引入已经过期的第 8.2（b）条规定，使区域援助补贴根据第 2.1（b）条规定的非专向性不可诉，这不是一个理想的结果。[2]

根据上述判例，在 WTO 现行补贴法律制度范围内，目前只有《SCM 协定》所涵盖的两类补贴：禁止性补贴和可诉性补贴。虽然第 8.2（b）条已经

---

[1] See Panel Report, *US-Anti-Dumpling and Countervailing Duties（China）*, WT/DS379/R, para. 9.110.

[2] See Penal Report, *EC-Large Civil Aircraft*, WT/DS316/R. para. 7.1234.

过期并且很少适用于可再生能源项目，但是它确实是构成《SCM 协定》最初的“红绿灯”结构的一部分，对其分析可以为成员理解其他条款的预期范围提供重要背景。这些条款对于理解该协定的总体结构和各类型补贴的解决方案，仍然具有一定的指导意义。

3. 环境保护补贴

第 8.2（c）条确实为环境补贴规定了一个例外，乍看之下似乎适用于可再生能源补贴，但仔细研究制定第 8.2（c）条的初衷及具体条款后发现，其所称的例外在范围上相当有限。

第 8.2（c）条的目的是促进现有设施适应法律法规的新环境标准，这给企业造成了财政负担，但为可再生能源生产提供的补贴旨在建立新的设施，而不是促进现有设施适应新的环境标准。该规定仅适用于政府向私营公司提供财政援助，升级其现有设施，以达到新的环境标准的情况。这意味着开发可再生能源的计划，将不在这一条款的涵盖范围内，因为其只包括帮助公司调整现有设施以适应政府制订的新绿色标准的计划。

此外，该条款还要求政府举措满足五个更具体的条件，这进一步缩小了例外的范围。第 8.2（c）条的目的是促进现有的设施适应法律规定的新的环境标准，但为可再生能源生产提供的补贴旨在建立新的设施，而不是在现有设施基础上来适应新标准。另外，具有国内成分要求的补贴不太可能满足第 8.2（c）（i）条的条件，因为国内成分要求不是“一次性的临时措施”。随着项目开发商不断从中购买零部件，成员方制造商不断从绿色补贴中受益，这些项目与政府一次性拨款购买安装在工厂的新设备不是一回事。

《SCM 协定》的第四部分不可诉补贴仅从第三部分中排除了某些可诉性补贴，而第二部分规定的禁止性补贴没有被排除。如果国内补贴符合第 8 条的规定，且不取决于出口或国内成分，那么该补贴可免于起诉。但是如果措施包含国内成分要求，如中国风电专项基金，则无法获得第 8 条的保护，无法使其不受第 3 条的约束。即使《SCM 协定》的不可诉补贴仍然有效，中国也不可能通过援引第 8 条而使相关补贴计划（如风电专项基金）免受世贸组织的挑战。

第 8.2（c）条的限制性可以解释为什么在其生效的五年期间没有被援

引。人们似乎一致认为恢复乌拉圭回合谈判达成的《SCM 协定》第 8.2（c）条的作用有限。狭义的资格标准最多只能涵盖可再生能源领域国家实践的一小部分，并且根据援引第 8 条豁免所附带的要求之烦琐，将阻碍 WTO 成员诉诸这种例外。

四、可再生能源补贴的制度反思与完善

（一）完善 WTO 框架下可再生能源补贴的制度设想

1. 澄清和修改 GATT 第 20 条一般例外规定

GATT 第 20 条能否适用于《SCM 协定》仍是个悬而未决的问题，因此有必要对 GATT 和《SCM 协定》的关系进行澄清。以往专家组和上诉机构在解释 WTO 协定的时候，往往采取一种机械式的解释方法。但是，中国出版物和视听产品案的裁决是 WTO 判例中一个可喜的发展，这表明上诉机构可能愿意采取更大胆的解释方法。因此，WTO 专家组和上诉机构可以对 GATT 和《SCM 协定》之间的关系进行澄清，使 GATT 第 20 条的环境保护概念能够适用于《SCM 协定》。

尽管 GATT 第 20 条的（b）项和（g）项是最有可能为可再生能源补贴提供抗辩的条款，但是根据前文的分析，这两项的援引条件比较苛刻，在实践中援引成功的概率非常低。本章基于此提出一个大胆的设想，就是对 GATT 第 20 条的部分条款内容进行修改，以便为不存在明显歧视的可再生能源补贴措施提供更明确的余地。

首先，通过前文的分析了解到，GATT 第 20 条（b）项在适用时最大的障碍就在于“必要性”的证明。针对这一问题，笔者引入了 Waltman 教授的建议，将“必要”（necessary）一词改为“为了实施”（implemented in order to），（b）项条款的原文为“necessary to protect human, animal or plant life or health”修改后变成“implemented in order to protect human, animal or plant life or health”。[1] 人类、动物或植物的生命或健康例外可能适用于对自由贸易产生

---

[1] See Rick A. Waltman, "Amending WTO Rule to Alleviate Constraints on Renewable Energy Subsidies", *Willamette Journal of International Law and Dispute Resolution*, No. 2, 2016, pp. 367-398.

偶然性影响的措施，此外，与自由贸易原则“一致或者稍有不一致”的标准不再成为拒绝第20条（b）项豁免的理由。

其次，在第20条（b）项的后面增加一个“或”条件，即对外国生产的限制只持续到某种现实成就之时，例如，对外国生产的限制只持续到可再生能源的市场价格达到与化石能源相当的水平之时，依据该条款的豁免将被排除。增加这一措辞，将使第20条（b）项例外有效地消除对旨在保护大气、清洁空气或生态系统的可再生能源补贴的国内成分和出口要求的限制。然而，只有在需要支持国内可再生能源生产的情况下，这一例外才可以适用。无论最终负担是由申诉国承担还是由补贴国承担，与上述建议类似的修正案都有助于减少成员方在制定更环保的国内能源政策时的顾虑。

最后，GATT第20条的起首部分限制了第20条下所有例外的适用，以确保此类措施“不在情形相同的国家之间构成任意或不合理歧视的手段，或构成对国际贸易的变相限制”。为了允许甚至有利于国内发展的可再生能源补贴得以使用，并使上述提到的修改方案具有效力，可以将引言扩大到详细说明什么构成“任意或不合理歧视”或“对国际贸易的变相限制”。除此之外，还可以通过排除特定情况的方法进行规定，如“旨在减少温室气体排放或其他国际环境污染的措施，不是‘任意或不合理歧视’，也不是‘对国际贸易的变相限制’”。可以将这句话置于起首部分的末尾或者是整个第20条的末尾，又或者可以将类似的限定条件仅仅适用于第20条的（b）项和（g）项的例外情况。这样，那些希望采取可再生能源补贴，但又担心会由于与自由贸易规则相违背，进而使它们的计划不符合WTO规则的成员，可以少些顾虑。可再生能源补贴的合规，将会刺激可再生能源产业的发展。

2. 重新构建不可诉补贴

人们普遍承认，目前的《SCM协定》已经过时，它没有为绿色措施留出足够的空间，这与大多数世贸组织成员的政治和社会现实不相符。重新构建不可诉补贴，能够正确对待国际公认的可再生能源在缓解气候变化方面的作用。

目前，国际法对于不可诉补贴的规定是混乱的。上诉机构似乎承认绿色能源领域内的不可诉补贴，但是并没有明确批准或制裁这些补贴。缺乏明确性给实施绿色计划的国家和外国投资者带来了不确定性，尤其是在发展中国家，如果没有外国资本的注入，这些计划将不复存在。某种程度上来说，上诉机构在加拿大可再生能源/FIT 案中为《SCM 协定》现代化的对话奠定了基础。然而，虽然上诉机构报告可以作为判例法，为此后的案例所用，但上诉机构毕竟没有立法权。如果只依靠可再生能源补贴相关案例的结果来澄清，耗时过久，并且相关内容不全面。因此，可能需要召开一次部长级会议，并获得补贴委员会的共识，以审议第 8 条的规定。

在当前的国际贸易环境下，目前进程最不利于依赖外国投资发展新兴可再生能源产业的发展中国家。一方面，如果没有明确的政策，外国投资者可能会避开像太阳能光伏发电之类的高成本项目，因此发展中国家就必须尽力为投资者创造一定程度的财务确定性。另一方面，如果不能保证这些项目不会成为提起 WTO 争端的对象，那么外国投资者也将不愿意在发展中国家进行投资。最终的结果是，这些国家将被迫采取燃烧更便宜的、碳密集型的化石燃料的方法，以实现区域发展，这一结果与现在全球倡导的环境保护目标背道而驰。

迄今为止的实践表明，政府的绿色支持计划所面临的威胁主要来自两个方面，一个是来自其他成员向 WTO 提起的争端，另一个是针对受补贴绿色产品进口的单方面贸易救济措施。单方面征收反补贴税不会导致撤销可再生能源补贴，从这一点来说，其对绿色政策空间的约束不如多边救济措施。哪怕被征收了反补贴税，成员方仍被允许补贴可再生能源产品，只是不允许向决定征收反补贴税的成员方出口此类产品。这样一来，广泛征收反补贴税的结果是提高可再生能源产品的价格，将无法提高可再生能源与传统化石燃料竞争时的优势，不利于可再生能源的发展。

重新构建不可诉补贴具有重大意义，可以使符合要求的可再生能源补贴免受 WTO 多边争端解决和国内单边反补贴税的挑战。在此，本章提出关于重构不可诉补贴的一些设想，使政府或任何公共机构为环境保护而对某些产品或研究活动给予的补贴被视为绿灯补贴，可以在一定的门槛限制下给予。

首先，可将范围限定在与可再生能源直接相关的产品或研究活动。关于产品范围，修改后的条款可以规定只适用于指定的可再生能源商品清单。在关于环境商品和服务的多哈谈判中，主席根据成员方提出的清单确定了 408

种环境商品，这些商品主要分为六大类，分别为：空气污染控制、环保技术、可再生能源、碳捕获和储存、废物管理和废水处理及其他。[1] 其中，“环保技术”和“可再生能源”这两大类共列出了39种商品。该清单可以作为限定此处产品范围的基准。关于研究活动，除主要围绕上述产品清单的研发升级外，还应适当多给予一定的政策空间。尽管研发出的新技术可能会为企业带来更多效益，但由于研发结果的不确定性和投资规模要求高等因素，企业在研发方面的投资往往低于适当水平。如果研发补贴被认定为不可诉，那么政府就可以没有顾虑地给予企业这一补贴，便能够纠正这一问题，刺激企业进行研发活动的积极性，提高成员方的社会福利。

其次，可以限制补贴的次数或金额。为了寻找环境保护和市场贸易扭曲之间的平衡，可以对政府或公共机构给予的补贴次数或补贴金额进行明确规定。超过该补贴次数或补贴金额的，应当作为可诉性补贴由利益相关方提起诉讼。在加拿大可再生能源/FIT案中，由于缺乏可比的市场基准，政府的财政资助不能被视为补贴。为解决这一问题，WTO可以要求政府对国内可再生能源产品的价格实行多种定价，包括可再生能源产品的生产成本和相应的利润率。这样，不仅能在发生争端的时候找到一个合理可比的市场基准，还可以为如何确定补贴次数和补贴金额提供数据支持。

最后，根据绿色发展水平不同适用于各成员方。由于各国绿色发展水平之间差距较大，因此在适用该规则时，有必要区分拥有先进可再生能源产业和幼稚产业的国家。例如，可以在条款中界定有关成员方产品竞争力的具体标准，以确定其在适用时的差别待遇。随着时间的推移，成员方的绿色发展水平也在不断提高，对于可再生能源补贴的金额限制也应随之降低。总之，各成员既不能为了自己的贸易发展而牺牲环境，也不能用环境保护来掩盖滥用贸易保护主义的事实。

3. 创建新的可再生能源协定

在WTO框架下，并没有将可再生能源视为一种特殊商品类别而单独制定协定。可再生能源对于全球气候和国际政治都具有非常重要的意义，而可再

---

[1] See WTO, *Committee on Trade and Environment-Special Section-Report by the Chairman*, *Ambassader Manuel A. J. Teehankee*, *to the Trade Negotiations Committee*, TN/TE/20, 21 April 2011.

生能源补贴目前不仅仍旧受《SCM 协定》的约束，而且无法援引合理的例外条款以求豁免。因此，可以考虑达成一个针对可再生能源的单独协定。

可再生能源协定在制定时可以效仿《农业协定》，因为可再生能源和农业一样都是需要特殊保护才能蓬勃发展的重要产业。《农业协定》旨在尽可能少地扭曲贸易的同时，允许农产品获得与工业产品不同的待遇。该协定使用一个箱子系统，根据不同类型的农业补贴可能扭曲贸易的程度将它们分为三个箱子类别，分别为蓝箱、绿箱和黄箱。箱子分类是项具有挑战性的任务，因为它要求对补贴的利益进行计算，从而根据可容许的程度进行分类。一旦某一项措施被放在了一个特定的箱子中，它就变得容易评估。由于《农业协定》已经实施良久，各国都已经熟悉这种箱子分类系统的总体框架，因此可以利用这种分类系统建立新的可再生能源协定。

首先，“绿箱”应该包括 WTO 最希望各国或地区采取的政策，包括贸易限制最小、对市场扭曲最少的政策。主要关注环境但仍有经济影响的计划可能是绿箱计划，比如美国海龟海虾案，旨在保护海龟的政策就可以归入绿箱。绿箱还可以区分发达国家和发展中国家，使发展中国家能够分配到更多的资源，因为它们对低成本能源的需求极高，而现有的能源基础设施有限，这在《农业协定》中已经有所区别。

其次，“蓝箱”可以包含对环境有益处但同时也是为了寻求产业发展的计划。中国的“乘风计划”不符合《农业协定》中蓝箱的条件，因为其补贴是基于工业目标的。但是，如果根据笔者设想的这些标准，它可能会满足可再生能源蓝箱的要求。鼓励有利于环境的可再生能源计划非常重要，即使这可能不是补贴的主要目标。如果需要，还可以为发展中国家提供更为宽松的补贴，以推动这一目标的实现。

最后，“黄箱”包括那些保护环境目的和贸易扭曲影响之间不成比例的计划。如果补贴扭曲的贸易远远超过了可再生能源创造的利益，那么它将受到与《农业协定》中极度扭曲贸易的黄箱计划同样的限制。这一分类可以防止各国或地区企图将原本不允许的补贴伪装成可再生能源补贴来逃避其他成员方的挑战，防止成员方以环境保护为由滥用贸易保护主义。

由于各国必须向 WTO 提供以百分比为基础的箱子分类计算所需的信息量，因此在制定这样一项协定时可能会有困难。为了使《农业协定》发挥作用，成员方必须向 WTO 农业委员会提交年度报告，说明其根据《农业协定》提供的相关国内支持。建立如上的可再生能源委员会，并强制要求成员方提交此类信息将是一项严峻的挑战。

（二）提高中国可再生能源补贴的合规性

国际贸易多样化及可再生能源部门的发展，让 WTO 的某些现行规则显现出一定的滞后性。WTO 相关规则的不完善，导致各国在实施可再生能源支持措施时缺少了确定性。鉴于近些年针对中国可再生能源产品发动的单边反补贴和 WTO 争端频发，且 WTO 现行规则在短期内不会有所修改的情况，中国首先要做的就是完善本国的相关补贴政策，提高本国可再生能源补贴的合规性，以避免被诉诸 WTO。

1. 严格规避禁止性补贴

我国曾在《入世议定书》中承诺，加入 WTO 后，取消国内所有的禁止性补贴。但实际上我国自加入 WTO 后并未及时取消，甚至还出台了构成禁止性补贴的政策。在中美风能补贴案中，我国出台的政策规定，获取专项资金的风电设备必须满足国有化成分要求，这构成了进口替代补贴。在中美光伏案中，《金太阳示范工程财政补助金管理暂行办法》的第 4 条和第 5 条实际上排除了其他企业获取资金支持的可能，将获得资金的资格限定在了特定的光伏发电企业。这均构成《SCM 协定》所规制的补贴。

禁止性补贴通常会对出口实绩或当地成分有要求，这种形式极容易被其他国家发现进而采取贸易救济手段，应当在实践中避免使用。在制定相关法律法规时要谨慎措辞，避免出现“国有化率”和“进口替代”这类含义明显的词汇。另外，我国的补贴太过集中于生产环节，这不仅造成了相关产业长期处于产业链低端，而且还极容易被认为具有出口补贴或进口替代补贴的倾向。因此，要将补贴分散到产业链的多个环节，以避免财政资助过于集中，这样能使补贴更具有隐蔽性和间接性。

2. 引入竞争性补贴程序

根据前文的分析，首先，只要法律及相关官方文件中没有明确将补贴限定在特定范围，就能排除法律上的专向性。例如，“金太阳示范工程”将补贴限定在光伏发电企业，就具有很明显的专向性。其次，只要保证最终结果是补贴并没有单一地流向某些特定企业，就可以排除事实上的专向性。

针对专向性的规避，我们可以借鉴美国引入竞争性程序，即对本国企业发放补贴时，采取竞争性补贴的政策。对所有企业采用统一申请标准，这些标准在制定时要注意客观和自动原则。满足申请条件的企业通过一系列的审核程序，或者公开招标的方式来决定最终能否获得补贴。采用这种方式授予补贴，可能会在很大程度上规避《SCM 协定》第 2 条规定的“专向性”。首先，政府并没有以法律法规或其他官方文件的形式将补贴限制在某些企业，这样就排除了在法律层面被认定为专向性的可能。其次，政府也没有将补贴的绝大部分甚至全部都给予某些企业，这样就排除了在事实层面被认定为专向性的可能。引入竞争性补贴政策，既能够实现对可再生能源提供补贴的目标，又能够保证公平公正，同时还降低了被诉的法律风险。

3. 避免采用资金直接转移型补贴

我国关于能源的支持政策多数过于直接，容易被其他国家识别，缺乏隐蔽性和严谨性。因此，我国政府在制定相关支持政策的时候，应当尽量避免对生产环节直接进行资金资助，可以通过对不同环节给予补贴、丰富补贴的类型，使补贴措施更具有层次性。

根据财政资助形式的不同，计算补贴利益的方式也有所不同。在加拿大可再生能源/FIT 案中，日本声称安大略省采用的财政资助形式为“直接资金转移”，而加拿大则反驳称其采用的方式为“政府购买货物”。后者主张的“政府购买货物”之财政资助形式的利益相较前者更难计算。中国风能设备补贴案中，涉及相关规定的措辞为，“向境内风能设备制造企业提供补贴、奖金或奖励的措施”。这种表述无疑更像“直接转移资金”型，故我国应从加拿大可再生能源/FIT 案中得到启发，采用更加隐蔽的补贴形式。

4. 尽量采用研究与开发补贴

我国在制定可再生能源补贴政策时，可以考虑多采用不可诉补贴，如研发补贴。2007 年，美国向补贴与反补贴委员会通报其针对可再生能源开发和利用的研发补贴，其中涉及了太阳能、风能等项目。美国为了减少石油和天然气的消耗，激励可再生能源商业化，对地热能和太阳能装置的新技术进行税收抵免。《SCM 协定》第 8.2 条（a）项规定了研发补贴，虽然该条款已于 2000 年失去效力，但是从美国和其他国家的实践来看，基本没有针对此类补贴提起诉讼或者发起反补贴调查的案例。这不仅因为使用不可诉补贴仍被习惯性地认为是合法的，还因为高端的科技水平导致了落后的发展中国家存在举证困难。因此，目前看来使用这类补贴是相对安全的。

5. 逐步放宽对国有企业和私营企业的控制

在计划经济的体系下政企不分，政府对国有企业的财政支持大多被认为是一种内部的财务管理。但是后来国企改革，实行的是政企分开，政府大力支持国有企业建立现代企业制度。为鼓励国企改制，政府采取了一系列激励措施，如加大增资减债力度、税收优惠等，这时政府的政策很可能被认定为《SCM 协定》所规制的补贴。

可再生能源产品具有公共产品的属性，很多国家对其的支持措施都是由政府或者其委托或指示的公共机构完成的。就我国而言，国有银行给予可再生能源产业信贷支持，给满足条件的可再生能源企业进行金融担保等。国有银行和国有企业很容易被认定为《SCM 协定》第 1 条中的“政府公共机构”。虽然个案之间存在差异性，但是上诉机构曾经在裁决中就明确地将我国国有商业银行认定为“政府公共机构”。中国政府曾授权给几个私人机构对生产光伏电池的厂商提供低价多晶硅，这种类型的授权机构一旦被认定行使了政府职能，被授予了政府权力，那么就很可能构成《SCM 协定》第 1.1 条所规定的补贴提供者。因此，我国应当减少国有企业对可再生能源市场的参与，逐步放宽对国有企业和私营企业的控制，减少被认定为补贴的可能性，降低被诉风险。

结　论

加快构建双循环新发展格局下中国能源治理的制度性安排

当前，中国已进入“十四五”期间。十九届五中全会提出的要“加快构建以国内大循环为主体、国内国际双循环相互促进的新发展格局，推进国家治理体系和治理能力现代化”，已成为“十四五”经济社会发展的指导思想和遵循原则。就能源制度领域而言，这就要求在双循环新发展格局下，加强国家能源治理的制度性安排。对此，至少可以从以下三个方面加以考虑。

（一）应加快能源国内大循环建设，积极开展能源供给侧改革的制度性安排

能源的国内大循环主要应通过能源生产与消费之间的良性互动来形成。从目前国内能源生产与消费现状可以看出，经济的迅猛发展使得能源消费一直趋于上升，而国内能源生产却难以跟上这一进度。因此，未来在能源国内大循环建设中，开展能源供给侧改革、扩大能源生产将是实现这一目标的关键所在。为此，应着眼于三个制度建设领域。

首先，应加快市场在能源资源配置中基础性地位的制度性安排。从传统化石能源角度来看，国内煤炭领域的市场化层度较高，但这种市场化仍受到两个因素的影响：一方面是受到发电领域的影响，火电与煤炭供应之间的平衡关系有时需要国家进行合理管控，以保障能源安全；另一方面，煤炭开采方面，相比其他发达国家，市场化并没有完全实现国内开采效率的提升，因此，通过制度性安排，提升煤炭开采效率将是未来煤炭产业发展的重点领域。

就油气领域而言，供给侧改革应主要集中在中上游部分。尽管国家已出

台相关政策允许民营企业和外资企业进入这一领域，但由于长期以来，中上游一直被国企垄断，多年的积弊难以在瞬间消失，特别是相关配套政策都处于酝酿出台中，故而，加快中上游法律政策出台是促进油气供给侧走向市场化的重要举措。

其次，加快碳排放交易机制建设。除了传统化石能源以外，国内可再生能源发展也进入一个相对瓶颈期，这表现在国家对可再生能源的补贴将逐渐取消，未来可再生能源将不得不面对与传统化石能源竞争的局面。因此，要实现可再生能源的可持续性发展，就应加快碳排放交易机制的构建。这是因为可再生能源与传统化石能源相比，其环保性，特别是在应对气候变化方面是传统化石能源所无法比拟的，故而通过碳排放交易机制可以凸显出可再生能源生产的优势，使其具备与化石能源竞争的可行性。此外，中国已提出碳中和目标，这亦要求通过碳排放交易机制刺激国内能源生产减少碳排放。因此，未来在全国范围内、多领域展开碳排放交易机制，就需要吸收和借鉴发达国家在此方面的经验教训，尽快从制度层面设计出科学合理的机制安排。

最后，加快能源安全保障机制建设。市场化是加快能源国内大循环为主体的关键，但这不意味着所有涉及能源的事项都必须市场化。众所周知，市场也存在着失灵，在涉及公共产品时，市场往往无法做到最好，相反却会带来更多的负面效应。在能源领域亦是如此，尤其是能源安全问题的公共产品性质决定了加快能源安全保障的重要性。为此，在未来应通过制度性安排，形成一个具备可预警的、可应对突发性事件的能源安全保障机制。在能源储备、能源应急分享、能源信息库等领域应尽快通过法律政策的出台，科学地保障国内能源安全，从而为能源国内大循环为主体提供保障性支持。

（二）继续拓宽“一带一路”能源合作，建立起供需平衡的国际能源治理体系

当前国际社会的全球化发展已使能源国内大循环无时无刻不受到国际影响。因此，加强“一带一路”能源合作，建立起供需平衡的国际能源治理体系，是保障能源国内大循环为主体的重要措施。为此可从以下三方面入手。

第一，应充分利用“一带一路”能源合作伙伴关系，重塑国际能源秩序。

2020年新冠肺炎疫情下，全球油价的暴跌充分暴露出国际能源秩序的混乱以及能源治理的匮乏。作为全球较大的原油进口国，中国深受其害。故而，中国应充分利用“一带一路”能源合作伙伴关系，积极投入到新的国际能源秩序构建中。相比现有的全球能源治理机制，2019年成立的“一带一路”能源合作伙伴关系，是一个将能源出口国、进口国以及过境国联系在一起的国际性组织，而这正是其他国际能源组织所欠缺的重要因素。[1] 因此，通过“一带一路”能源合作伙伴关系，不仅能为中国能源进口注入新的制度保障力量，而且亦可通过其重构全球能源秩序，为国际社会带来稳定的全球能源供需平衡。[2]

第二，应加强国际能源金融建设，构建起新型的国家能源软实力。能源，特别是作为工业血液的石油，由于地域分布的不均衡，往往夹杂更多的非经济因素。1973—1974年欧佩克的石油禁运对西方社会是一次沉重的打击。美国为了保障其能源安全和货币稳定，最终在与沙特达成“不可动摇协议”后，形成了石油美元机制。这种以美元作为石油计价和结算的机制，不仅保障了美国能源进口安全，而且也使美元找到了货币“锚”。更为重要的是，美国利用石油美元机制，可对他国形成一种隐性制约，以保障其全球的霸权地位。故而，作为全球较大的原油进口国和美元债权国，往往会受到石油美元的消极牵制。此外，从理论层面而言，在能源治理方面，更高层次的制度安排应是建立在期货等金融衍生品上的能源金融制度，而能源的实物交易往往被能源金融所左右。是以，未来国家应加强国际能源金融建设，通过完善上海国际能源交易中心的金融制度建设、与其他国家建立本币互换机制等举措，摆脱美元在能源领域的影响，加强自身人民币在国际能源中的影响力。[3]

第三，通过“一带一路”倡议，促进可再生能源发展。中国是全球最大的可再生能源投资国。在风能、光伏产业方面具有领先的技术优势。在“一带一路”倡议之下，中国应与“一带一路”沿线国家大力开展可再生能源方

[1] 参见吕江：《“一带一路”能源合作伙伴关系：缘起、建构与挑战》，载《东北亚论坛》2020年第4期，第113-126页。

[2] 参见吕江：《“一带一路”倡议与全球能源供需平衡机制的构建：以新冠肺炎疫情为视角》，载《马克思主义与现实》2020年第6期，第1-8页。

[3] 参见吕江：《“一带一路”能源金融的制度建构：国家属性、现实挑战与应对策略》，载《马克思主义与现实》2019年第2期，第159-165页。

面的互联互通。这一方面可以促进中国可再生能源产业和技术的出口，形成中国能源不仅引进来而且走出去的国际大循环；另一方面，亦可通过可再生能源的输出，帮助其他国家积极应对气候变化，在未来国际气候变化领域形成一股合力。为此，在制度建设方面，中国在“一带一路”合作协议中应将可再生能源作为重要的沟通桥梁，促进国内国外可再生能源发展。

（三）实现能源国内国际双循环的相互促进，以制度推动中国能源革命

加快构建以能源国内大循环为主体、国内国际双循环相互促进的新发展格局，其最终的目标是在中国实现能源革命。2014 年习近平同志主持召开中央财经领导小组会议强调，积极推动我国能源生产与消费革命，加快实施能源领域重点任务重大举措。之后无论是国内能源体制改革，还是国际能源合作，都取得斐然成绩。故而，在双循环新发展格局下，应进一步加强能源法治建设，以制度推动中国能源革命的实现。

首先，从组织机构安排上，应在国家能源局基础上组建新的能源部。相比其他发达国家，国内能源监督和管理机关是分散的。[1] 尽管国家能源局有一定监管权力，但总体而言是分散的，各部委甚至少数国企都承担了与能源相关的管理工作。很显然，这不利于国家从总体上把握能源发展战略，特别是在遇到能源安全问题凸显时，会缺少及时有效的、从战略角度出发的应对策略，从而造成能源治理中的延误和滞后。因此，在国家能源局的基础上，应进一步整合相关力量，组建新的能源部，实现在战略部署、科技创新、环境保护等诸多方面围绕能源展开的集中监管和治理。

其次，从能源法治建设上，应尽早出台《能源法》。2007 年伊始，国家就《能源法》提出了征求意见稿，到 2019 年就修改后的《能源法》再次提出征求意见稿。可见，《能源法》的出台一直是步履维艰。迟迟不能出台的原因可能是多方面的，但《能源法》出台的不确定性则意味着相关能源各个领域的改革都可能受到消极影响。由于找不到责任主体、法律权利义务关系不明晰，某些亟待建设的能源安全设施领域可能会延误。此外，其他需要修订以

[1] 参见吴吟、王鹏、王冬容：《“炉子必须稳稳生在自己家中”——多措并举提升保障能源安全主动权》，载《中国能源报》2020 年 10 月 19 日，第 4 版。

及尚未出台的能源相关领域的法律则存在一旦过早出台，又可能会受《能源法》出台掣肘而不得不再次修改的问题。因此，在能源法治建设方面，要减少能源领域的不确定性，《能源法》的出台就是必要的。

最后，从能源决策咨询层面，应加强能源法治智库建设和人才培养。能源在整个国民经济生产中居于战略性地位，一旦方向选择错误，极可能造成严重的消极影响。在能源决策咨询方面，能源经济领域的智库和人才培养较多，而相较能源法治智库和人才培养方面则显得力量较为单薄。这表现在，第一，能源法治在整个能源领域没有取得应有的地位，往往是能源经济的一个附属物，缺少可以发声的主导性力量。第二，能源法治人才培养不足。一方面表现在能源法没有像能源经济那样自身独立的学科体系，而是附属于环境资源法之下。但从长远来看，能源法所涉及内容与环境资源法还是存在诸多不同点，后者在一定程度上无法完全涵盖能源法的研究属性。这造成的一个结果是，在环境资源法下培养出来的学生往往从环境角度或资源角度出发，没有能源整体观，从而无法提出正确的能源见解。第三，能源法治智库力量分散。全国专门从事能源法治的研究机构不仅在数量上较少，而且研究人员的研究实力也远远不能适应国家能源建设的需要。因此，要实现真正意义上的能源革命，能源法人才的培养和智库建设是不可或缺的。改变原有不合理的能源法治培养机制，构建起能源法学科的独立性，加强能源法研究将是实现这一目标的重中之重。

综上所述，加快构建能源国内大循环为主体、国内国际双循环相互促进的新发展格局，就需要从能源治理体系和治理能力现代化入手，而加强能源法治建设是实现双循环新发展格局下能源治理体系和治理能力现代化的应有之义。这正如习近平同志所言，“法治在国家治理体系和治理能力现代化方面具有着积极作用”，[1] 因此，拓宽能源法治的制度性设计，将是未来实现能源治理和治理能力现代化提升的关键一环。

---

[1] 参见习近平：《推进全面依法治国，发挥法治在国家治理体系和治理能力现代化中的积极作用》，载《求是》2020 年第 22 期。

参考文献

一、中文部分

（一）官方文献

［1］生态环境部．中国应对气候变化的政策与行动 2019 年度报告［R］．北京，2019.

［2］国家发展与改革委员会．关于推动碳捕集、利用和封存试验示范的通知［Z］．北京，2013.

［3］中共中央，国务院．关于进一步深化电力体制改革的若干意见［Z］．北京，2015.

［4］国家发展改革委，国家能源局．关于印发电力体制改革配套文件的通知［Z］．北京，2015.

［5］中共中央，国务院．关于深化石油天然气体制改革的若干意见［Z］．北京，2017.

（二）著作类

［1］国家发展改革委宏观经济研究院能源研究所．伟大的飞跃：中国能源发展 40 年［M］．北京：人民出版社，2018.

［2］杨泽伟．中国能源安全法律保障研究［M］．北京：中国政法大学出版社，2009.

［3］国家能源局石油天然气司，国务院发展研究中心资源与环境政策研究所，国土资源部油气资源战略研究中心．中国天然气发展报告：2018［M］．北京：石油工业出版社，2018.

［4］张立生．论大庆油田发现真相［M］．广州：中山大学出版社，2015.

[5] 曾宪章. 中国石油通史：三卷［M］. 北京：中国石化出版社，2003.

[6] 国务院发展研究中心资源与环境政策研究所. 中国天然气高质量发展报告：2020［M］. 北京：石油工业出版社，2020.

[7] 吕江. 英国新能源法律与政策研究［M］. 武汉：武汉大学出版社，2012.

[8] 克劳士比. 人类能源史：危机与希望［M］. 王正林，王权，译. 北京：中国青年出版社，2009.

[9] 中国21世纪议程管理中心. 碳捕集、利用与封存技术进展与展望［M］. 北京：科学出版社，2012.

[10] 吕江. 气候变化与能源转型：一种法律的语境范式［M］. 北京：法律出版社，2013.

[11] H. L. A. 哈特. 法律的概念［M］. 许家馨，李冠宜，译. 北京：法律出版社，2006.

[12] 巴里·尼古拉斯. 罗马法概论［M］. 黄风，译. 北京：法律出版社，2004.

[13] 卡尔·拉伦茨. 法学方法论［M］. 陈爱娥，译. 北京：商务印书馆，2003.

[14] 鲁道夫·冯·耶林. 法学的概念天国［M］. 柯伟才，于庆生，译. 北京：中国法制出版社，2009.

[15] 托马斯·格雷. 美国法的形式主义与实用主义［M］. 黄宗智，田雷，选编. 北京：法律出版社，2014.

[16] 格兰特·吉尔莫. 美国法的时代［M］. 董春华，译. 北京：法律出版社，2009.

[17] 莫顿·J. 霍维茨. 美国法的变迁：1780—1860［M］. 谢鸿飞，译. 北京：中国政法大学出版社，2004.

[18] H. L. A. 哈特. 法理学与哲学论文集［M］. 支振锋，译. 北京：法律出版社，2005.

[19] 本杰明·卡多佐. 司法过程的性质［M］. 苏力，译. 北京：商务印书馆，1998.

[20] 卡尔·N. 卢埃林. 普通法传统［M］. 陈绪刚，等，译. 北京：中国政法大学出版社，2002.

[21] 理查德·A. 波斯纳. 法理学问题［M］. 苏力，译. 北京：中国政法大学出版社，2001.

[22] 理查德·A. 波斯纳. 法官是如何思考的［M］. 苏力，译. 北京：北京大学出版社，2009.

[23] 安东宁·斯卡利亚. 联邦法院如何解释法律［M］. 蒋惠岭，黄斌，译. 北京：

中国法制出版社，2017.
[24] 布赖恩·H. 比克斯. 牛津法律理论词典 [M]. 邱昭继，等，译. 北京：法律出版社，2007.
[25] 杰克·金·巴尔金. 活的原旨主义 [M]. 刘边泰，刘玉姿，译. 厦门：厦门大学出版社，2015.
[26] 阿图尔·考夫曼. 法律哲学 [M]. 刘幸义，等，译. 北京：法律出版社，2003.
[27] 丹尼斯·帕特森. 布莱克维尔法哲学和法律理论指南 [M]. 汪庆华，等，译. 上海：上海人民出版社，2012.
[28] 斯科特·夏皮罗. 合法性 [M]. 郑玉双，刘叶深，译. 北京：中国法制出版社，2016.
[29] 斯蒂文·G. 米德玛. 科斯经济学：法与经济学和新制度经济学 [M]. 罗君丽，等，译. 上海：上海三联书店，2007.
[30] 弗里德里希·奥古斯特·冯·哈耶克. 自由秩序原理 [M]. 邓正来，译. 北京：三联书店，1997.

（三）期刊类

[1] 李昕. 1949 年以来中国石油进出口地位的演变 [J]. 西南石油大学学报，2014（1）.
[2] 张文显. 法治与国家治理现代化 [J]. 中国法学，2014（4）.
[3] 吕江. 社会秩序规则二元观与能源立法的制度性设计 [J]. 法学评论，2011（4）.
[4] 叶荣泗. 加强能源法治研究助推低碳发展 [J]. 中国能源，2010（9）.
[5] 张淑芳. 法律体系与法治体系之比较 [J]. 探索与争鸣，2011（9）.
[6] 张璐. 论我国能源法律体系的应然构建与完善发展 [J]. 北京理工大学学报（社会科学版），2011（5）.
[7] 董朝阳，赵俊华，文福拴，等. 从智能电网到能源互联网：基本概念与研究框架 [J]. 电力系统自动化，2014（15）.
[8] 曾鸣，贾景姿. 能源行业中的供给侧改革 [N]. 中国能源报，2016-1-15（2）.
[9] 郑佳宁. 能源市场准入许可制度法律规制刍议 [J]. 河北法学，2012（8）.
[10] 李挚萍，程凌香. 碳交易立法的基本领域探讨 [J]. 江苏大学学报（社会科学版），2012（3）.
[11] 吕江. 规则的背后：对美国页岩革命的制度反思 [J]. 美国研究，2016（2）.
[12] 吕江.《低碳转型计划》与英国的能源战略转向 [J]. 中国矿业大学学报（社会

科学版), 2010 (3).
[13] 王少勇. 我国页岩气可采资源潜力为25万亿方 [N]. 中国国土资源报, 2012-3-2 (1).
[14] 赵红军. 李约瑟之谜: 经济学家应接受旧解还是新解? [J]. 经济学: 季刊, 2009 (4).
[15] E. A. 里格利. 探问工业革命 [J]. 俞金尧, 译. 历史研究, 2006 (2).
[16] 俞金尧. 近代早期英国经济增长与煤的使用 [J]. 科学文化评论, 2006 (4).
[17] 舒小昀. 工业革命: 从生物能源向矿物能源的转变 [J]. 史学月刊, 2009 (11).
[18] 邱建群. 生态危机与能源转换: 英国首先发生工业革命原因之新解 [J]. 辽宁大学学报 (哲学社会科学版), 2010 (2).
[19] 吴晓煜. 中国古代煤矿史的基本脉络和煤炭开发利用的主要特征 [J]. 中国矿业大学学报 (社会科学版), 2010 (3).
[20] 蓝勇, 黄权生. 燃料换代历史与森林分布变迁: 以近两千年长江上游为时空背景 [J]. 中国历史地理论丛, 2007 (2).
[21] 周业安. 中国制度变迁的演进论解释 [J]. 经济研究, 2000 (5).
[22] 王覃刚. 中国政府主导型制度变迁的逻辑及障碍分析 [J]. 山西财经大学学报, 2005 (3).
[23] 丁金光, 张超. "一带一路" 建设与国际气候治理 [J]. 现代国际关系, 2018 (9).
[24] 贾爱林. 中国天然气开发技术进展及展望 [J]. 天然气工业, 2018 (4).
[25] 史丹, 白旻. 美欧 "双反" 情形下中国光伏产业的危机与出路 [J]. 国际贸易, 2012 (12).
[26] 向洪金, 赖明勇. 全球视角下美国对华光伏产品 "双反" 案的经济效应研究 [J]. 世界经济, 2013 (4).
[27] 单文华, 王鹏, 王晗. "一带一路" 建设背景下中国加入《能源宪章条约》的成本收益分析 [J]. 国际法研究, 2016 (1).
[28] 支振锋. 法律的驯化与内生性规则 [J]. 法学研究, 2009 (2).
[29] 刘叶深. 法律规则与法律原则: 质的差别 [J]. 法学家, 2009 (5).
[30] 方乐. 司法如何面对道德? [J]. 中外法学, 2010 (2).
[31] 黄宗智. 中西法律如何融合? 道德、权利与实用 [J]. 中外法学, 2010 (5).
[32] 苏力. 关于能动司法与大调解 [J]. 中国法学, 2010 (1).
[33] 王利明. 我国案例指导制度若干问题研究 [J]. 法学, 2012 (1).

[34] 刘永富. 元哲学自身的两个元问题："怎么才算"与"何以可能"[J]. 学术月刊，2009 (2).
[35] 段德智. 试论阿奎那存在论的变革性质和现时代意义 [J]. 华中科技大学学报(社会科学版)，2008 (5).
[36] 翟志宏. 阿奎那关于存在与本质相区分的思想 [J]. 现代哲学，2010 (2).
[37] 吕江. 气候变化立法的制度变迁史：世界与中国 [J]. 江苏大学学报 (哲学社会科学版)，2014 (4).
[38] 吴飞美，郗永勤. 我国低碳经济发展存在的问题与对策研究 [J]. 福建师范大学学报 (哲学社会科学版)，2015 (1).
[39] 王志芳. 中国建设"一带一路"面临的气候安全风险 [J]. 国际政治研究，2015 (4).
[40] 高继文，程美. 十八大以来中国特色社会主义发展的新趋向 [J]. 山东行政学院学报，2017 (1).
[41] 赵蕾，王国梁. 孟加拉国投资环境分析 [J]. 对外经贸，2017 (2).
[42] 朱成章. 我国风能资源到底有多少？[J]. 中国电力企业管理，2010 (7).
[43] 李俊峰. 全球气候治理加快第四次能源革命 [J]. 环境经济，2016 (Z1).
[44] 陈红彦. 碳税制度与国家战略利益 [J]. 法学研究，2012 (2).
[45] 王燕. 欧盟投资保护理念的"西学东渐"及其启示 [J]. 国际商务研究，2015 (3).
[46] 宗芳宇，路江涌，武常岐. 双边投资协定、制度环境和企业对外直接投资区位选择 [J]. 经济研究，2012 (5).
[47] 王斌. 论投资协议中的稳定条款：兼谈中国投资者的应对策略 [J]. 政法论丛，2010 (6).
[48] 吕江.《巴黎协定》：新的制度安排、不确定性及中国选择 [J]. 国际观察，2016 (3).
[49] 曾加，王聪霞. "一带一路"能源合作法律问题探析 [J]. 青岛行政学院学报，2016 (3).
[50] 何润民. 中国天然气市场发展分析与研究 [J]. 天然气技术与经济，2018 (6).
[51] 刘朝全，姜学峰. 油气秩序重构 行业整体回暖：2018 年国内外油气行业发展概述与 2019 年展望 [J]. 国际石油经济，2019 (1).
[52] 胡奥林，董清. 中国天然气价格改革刍议 [J]. 安全与管理，2015 (4).
[53] 郑民，等. 我国常规与非常规天然气资源潜力、重点领域与勘探方向 [J]. 天

然气地球科学，2018（10）.

［54］孙德强，等. 我国天然气供需现状、存在问题及政策建议［J］. 中国能源，2018（3）.

［55］张颙. 我国天然气产供储销价格体系：现状、问题与建议［J］. 天然气工业，2019（1）.

二、英文部分

（一）著作类

［1］SILTALA R. Law，Truth，and Reason：A Treatise on Legal Argumentation［M］. New York：Springer，2011.

［2］WEBER M. Economy and Society：An Outline of Interpretive Sociology［M］. Berkeley：University of California Press，1978.

［3］LANGDELL C C. A Selection of Cases on the Law of Contracts［M］. Boston：Little，Brown，and Company，1871.

［4］JHERING R V. Law as A Means to An End［M］. Boston：The Boston Book Company，1913.

［5］BARNA H PATTERSON E W. Jurisprudence：Men and Ideas of the Law［M］. Brooklyn：The Foundation Press，Inc.，1955.

［6］HOWARD，SCHWEBER. Law's History：American Legal Thought and the Transatlantic Turn to History［M］. Cambridge：Cambridge University Press，2013.

［7］WHITE M. Social Thought in America：The Revolt against Formalism［M］. Oxford：Oxford University Press，1976.

［8］RUMBLE E. American Legal Realism：Skepticism，Reform，and the Judicial Process［M］. Ithaca：Cornell University Press，1968.

［9］RILES A. Rethinking the Masters of Comparative Law［M］. Oxford：Hart Publishing，2001.

［10］MANGABEIRA U R. The Critical Legal Studies Movement［M］. Cambridge，Massachusetts：Harvard University Press，1986.

［11］HORWITZ M J. The Transformation of American Law 1870－1960：The Crisis of Legal Orthodoxy［M］. Oxford：Oxford University Press，1992.

［12］FISHER III W W，HORWITZ M J，REED T A. American Legal Realism［M］. Oxford: Oxford University Press, 1993.

[13] BERSON P. A Companion to Philosophy of Law and Legal Theory [M]. Oxford: Wiley-Blackwell, 2010.

[14] OLIVER W, HOLMES, JR. The Common Law [M]. Boston: Little, Brown, and Company, 1881.

[15] JAMES R HACKNEY Jr. Legal Intellectuals in Conversation: Reflections on the construction of Contemporary American Legal Theory [M]. New York: New York University Press, 2012.

[16] ROBINSON C. From Nationalisation to State Control: The Return of Centralised Energy Planning [M]. London: Institute of Economic Affairs, 2013.

[17] SOMRS J. Understanding Jurisprudence: An Introduction to Legal Theory [M]. Oxford: Oxford University Press, 2012.

[18] ALTMAN A. Arguing about Law: An Introduction to Legal Philosophy [M]. Belmont: Wadsworth Publishing Company, 2001.

[19] GEORGE R. Natural Law Theory: Contemporary Essays [M]. Oxford: Clarendon Press, 1992.

[20] PATTERSON D. A Companion to Philosophy of Law and Legal Theory [M]. Oxford: Wiley-Blackwell, 2010.

[21] O'NEILL J. Originalism in American Law and Politics: A Constitutional History [M]. Baltimore: The Johns Hopkins University Press, 2005.

[22] MORGAN J. Contract Law Minimalism: A Formalist Restatement of Commercial Contract Law [M]. Cambridge: Cambridge University Press, 2013.

[23] TAMANAHA B Z. Beyond the Formalist-Realist Divide: The Role of Politics in Judging [M]. Princeton: Princeton University Press, 2010.

[24] SUMMERS R S. Form and Function in A Legal System-A General Study [M]. Cambridge: Cambridge University Press, 2006.

[25] MAITLAND F W. Equity, also The Forms of Action at Common Law: Two Courses of Lectures [M]. Cambridge: The University Press, 1929.

[26] WRIGLEY E A. Energy and the English Industrial Revolution [M]. Cambridge: Cambridge University Press, 2010.

[27] TAMANAHA B Z. Law as a Means to an End: Threat to the Rule of Law [M]. Cam-

bridge: Cambridge University Press, 2006.

[28] WHITTINGTON K E, KELEMEN R D, CALDEIRA G A. The Oxford Handbook of Law and Politics [M]. Oxford: Oxford University Press, 2008.

[29] DAINTITH T. Finders Keepers? How the Law of Capture Shaped the World Oil Industry [M]. Washington DC: Earthscan, 2010.

[30] CASTANEDA J C, CLARANCE M S. Gas Pipelines and the Emergence of America's Regulatory State [M]. Cambridge: Cambridge University Press, 1996.

(二) 期刊类

[1] SUMMERS R S. How Law is Formal and Why It Matters [J]. Cornell Law Review, 1997 (82).

[2] SPEZIALE M. Langdell's Concept of Law as Science: The Beginning of Anti-Formalism in American Legal Theory [J]. Vermont Law Review, 1980 (5).

[3] FOULKES A S. On the German Free Law School [J]. Archives for Philosophy of Law and Social Philosophy, 1969 (55).

[4] PAULSON S L. Formalism, 'Free Law', and the 'Cognition' Quandary: Hans Kelsen's Approaches to Legal Interpretation [J]. The University of Queensland Law Journal, 2008 (27).

[5] CARTER N, JACOBS M. Explaining Radical Policy Change: The Case of Climate Change and Energy Policy under The British Labour Government 2006-10 [J]. Public Administration, 2004 (92).

[6] EHERGET J, WALLACE S. The German Free Law Movement as the Source of American Legal Realism [J]. Virginia Law Review, 1987 (73).

[7] POUND R. Mechanical Jurisprudence [J]. Columbia Law Review, 1908 (8).

[8] KENNEDY D. Legal Formality [J]. Journal of Legal Studies, 1973, (2).

[9] MCBARNET D, WHELAN C. The Elusive Spirit of the Law: Formalism and the Struggle for Legal Control [J]. Modern Law Review, 1991 (54).

[10] CARRIGAN F. A Blast from the Past: The Resurgence of Legal Formalism [J]. Melbourne University Law Review, 2003 (27).

[11] WALLACE J, FIOCCO J. Recent Criticisms of Formalism in Legal Theory and Legal Education [J]. Adelaide Law Review, 1980 (7).

[12] BEZAHSON R P. The Myths of Formalism [J]. Iowa Law Review, 1984 (69).
[13] GERGEN M P. Territoriality and the Perils of Formalism [J]. Michigan Law Review, 1988 (86).
[14] DYZENHAUS D. Formalism's Hollow Victory [J]. New Zealand Law Review, 2002 (200).
[15] LAWSON G. Territorial Governments and the Limits of Formalism [J]. California Law Review, 1990 (78).
[16] ZAMBONI M. Legal Realisms and the Dilemma of the Relationship of Contemporary Law and Politics [J]. Scandinavian Studies in Law, 2005 (48).
[17] SCHAUER F. Formalism [J]. Yale Law Journal, 1988 (97).
[18] WEINRIB E J. Legal Formalism: On the Immanent Rationality of Law [J]. Yale Law Journal, 1988 (97).
[19] KRESS K. Formalism, Corrective Justice and Tort Law [J]. Iowa Law Review, 1992 (77).
[20] WEINRIB E J. Corrective Justice [J]. Iowa Law Review, 1992 (77).
[21] COLEMAN J J. The Mixed Conception of Corrective Justice [J]. Iowa Law Review, 1992 (77).
[22] WEINRIB E J. Non-Relational Relationships: A Note on Coleman's New Theory [J]. Iowa Law Review, 1992 (77).
[23] PERRY S R. The Moral Foundations of Tort Law [J]. Iowa Law Review, 1992 (77).
[24] BENSON P. The Basis of Corrective Justice and Its Relation to Distributive Justice [J]. Iowa Law Review, 1992 (77).
[25] WRIGHT R W. Substantive Corrective Justice [J]. Iowa Law Review, 1992 (77).
[26] ALLEN A L, MORALES M H. Hobbes, Formalism, and Corrective Justice [J]. Iowa Law Review, 1992 (77).
[27] PATTERSON D. The Metaphysics of Legal Formalism [J]. Iowa Law Review, 1992 (77).
[28] STICK J. Formalism as the Method of Maximally Coherent Classification [J]. Iowa Law Review, 1992 (77).
[29] HYLAND R. The Spinozist [J]. Iowa Law Review, 1992 (77).
[30] CORCORAN M G. Aristotle's Poetic Justice [J]. Iowa Law Review, 1992 (77).

[31] HEYMAN S J. Aristotle on Political Justice [J]. Iowa Law Review, 1992 (77).
[32] PATTERSON D M. Foreword: The Challenge of Legal Formalism [J]. Harvard Journal of Law & Public Policy, 1993 (16).
[33] HORWITZ M. Law and Economics: Science or Politics [J]. Hofstra Law Review, 1980 (8).